Kathrin Kompisch

Die Erben Jack the Rippers

Kathrin Kompisch

# Die Erben Jack the Rippers

Englands spektakulärste Kriminalfälle

MILITZKE

Bibliografische Information der Deutschen Nationalbibliothek
Die Deutsche Nationalbibliothek verzeichnet diese Publikation in der deutschen Nationalbibliografie; detaillierte bibliografische Angaben sind im Internet über http://dnb.d-nb.de abrufbar.



Lektorat: Andreas Förster, Oliver Tekolf
Umschlaggestaltung: Thomas Butsch
Satz und Layout: Claudia Hofmann
Gesetzt aus der Garamond und der Univers
Druck und Bindung: Elbedruckerei Wittenberg GmbH

Printed in Germany
ISBN 13: 978-3-86189-767-5

Besuchen Sie uns im Internet unter: http://www.militzke.de

**Inhaltsverzeichnis**

# Mörderisches Albion

Die Morde Jack the Rippers, des viktorianischen Serienmörders, gehören zu den berüchtigtsten Kriminalfällen überhaupt. Der anonyme Killer, der im Spätsommer und Herbst 1888 in der britischen Hauptstadt mindestens fünf Frauen brutal ermordete, konnte, gerade weil er nie gefasst wurde, zum Prototyp des heutigen unheimlichen Mehrfachmörders aufsteigen. Die damals im Entstehen begriffene englische Massenpresse hatte daran nicht geringen Anteil, konnte sie doch mit diesem dämonischen Star des Boulevards ihre Verkaufszahlen in die Höhe treiben und die Doppelmoral im viktorianischen England bedienen - einerseits zugeknöpft und wohlanständig, andererseits fasziniert von Lust und Laster.

England gilt nicht von ungefähr als das Mutterland der Kriminalliteratur (obwohl der Amerikaner Edgar Allan Poe mit seinem Ermittler Auguste C. Dupin und der Geschichte »Der Doppelmord in der Rue Morgue«, die 1841 erschien, die Detektivgeschichte erfunden hat): Mary Shelley kreierte zu Beginn des 19. Jahrhunderts Dr. Frankenstein, Agatha Christie, die »Queen of Crime« schrieb 100 Jahre später ihre legendären Krimis, Dorothy L. Sayers sorgte auch in Deutschland für »Straßenfeger«, als Verfilmungen ihrer Bücher um Lord Peter Wimsey im Fernsehen liefen. Großbritannien mit seinem Nebel, den einsamen Mooren, verfallenen Industriezentren, seinen beschaulichen Dörfern und Kleinstädten, unter deren grasgrüner Oberfläche Missgunst und Gewalt zu brodeln scheinen, der glitzernden und alles überstrahlenden Metropole London und nicht zuletzt seinem verschrobenen Menschenschlag scheint prädestiniert, der Schauplatz Aufsehen erregender fiktiver und realer Mordfälle zu sein.

Doch viele der spektakulärsten Fälle, die das vereinigte Königreich erregten, sind uns nur in groben Umrissen bekannt. So war vor gar nicht langer Zeit zu lesen, Jack the Ripper habe 1904 mindestens 20 Frauen ermordet, obwohl es 1888 »lediglich« fünf waren. Solche Fehler zu korrigieren ist ein Anliegen des folgenden Buches. Ein anderes ist, spannende authentische englische Mordfälle erstmals auf Deutsch zu erzählen und so einem größeren Publikum zugänglich zu machen. Wer kennt hierzulande schon Edith Thompson, deren Hinrichtung in den 1920er Jahren für Entsetzen sorgte? Oder Ruth Ellis, die letzte Frau, die in Großbritannien gehängt wurde? Oder Ian Brady und Myra Hindley, die Moor-Mörder, die bis heute als personifiziertes Böses gelten? Schließlich stammt auch der wohl schlimmste Serienmörder aller Zeiten, Dr. Harold Shipman, aus England. Diese Mörder, ihre Opfer, der Umgang mit ihnen durch Gerichte und Öffentlichkeit haben sowohl die britische Populärkultur als auch das Selbstverständnis der Gesellschaft nachhaltig geprägt und beeinflusst. Ihre Geschichten zu kennen ermöglicht es, einen Zugang zum Bewusstsein der britischen Öffentlichkeit zu finden, denn auf sie wird u. a. in Filmen, Büchern und Musik auch heute noch immer wieder angespielt. Diese Namen und Fälle stehen so für kulturelle Chiffren, die dieses Buch aufzuschlüsseln versuchen möchte.

Hierbei zeigt sich, dass sich Kriminalfälle nicht im luftleeren Raum abspielen. Sie sind beeinflusst von der Zeit, in der sie sich ereignen. Somit eröffnet die Nacherzählung sensationeller britischer Mordfälle auch die Möglichkeit, englische Geschichte des 20. Jahrhunderts aus einem ungewöhnlichen und spannenden Blickwinkel zu betrachten. Dabei wird die Einführung der Ehescheidung ebenso eine Rolle spielen wie die Abschaffung der Todesstrafe oder die sich verändernde Rolle der Frau in der Gesellschaft. Exemplarisch für jedes Jahrzehnt habe ich einen spektakulären Fall ausgewählt, der die damaligen Gemüter erhitzte und so als Kristallisationspunkt öffentlicher Meinung anzusehen ist. Dabei wird die Frage, inwieweit hier Unterschiede, aber auch Gemeinsamkeiten zwischen Deutschland und England festzustellen sind, unterschwellig immer wieder auftauchen. Diese Angelegenheit möchte ich am Ende des Buches noch einmal aufgreifen.

Aus Gründen des Persönlichkeitsschutzes werden die Namen der Opfer und Zeugen in den meisten Fällen abgekürzt wiedergegeben.

Es folgen nun ein paar kurze Ausführungen zum englischen Rechtssystem, die das Verständnis der später geschilderten Fälle erleichtern werden.

## Das englische Rechtssystem

Das englische Rechtssystem unterscheidet sich fundamental vom deutschen. Es fußt nicht auf römischem oder französischem Recht, sondern orientiert sich am Common Law (gemeines Recht), das sich seit dem 12. Jahrhundert durchsetzte und eine Mischung aus tradiertem Gewohnheitsrecht und königlich angewiesenem Richterrecht darstellt. Nur in wenigen Fällen wurde es nachträglich in eine Form gebracht, die mit unseren deutschen Gesetzen vergleichbar ist. Diese »Acts« sind als Statutory Law dem Common Law jedoch untergeordnet. Meist orientiert sich die Rechtsprechung an Präzedenzfällen (Case Law), die teilweise bereits lange Zeit zurückliegen können, aber trotzdem immer noch für die Rechtsfindung maßgeblich sind. Seit dem Beitritt Großbritanniens zur Europäischen Union (EU) 1973 hat auch die Rechtsprechung des Europäischen Gerichtshofes Einfluss auf die Rechtsfindung englischer Gerichte, was wegen der unterschiedlichen juristischen Traditionen oftmals problematisch ist. So zogen wiederholt nach englischem Recht Verurteilte vor den Europäischen Gerichtshof für Menschenrechte und hatten dort mit ihren Klagen Erfolg, wenn es beispielsweise um die Festsetzung der Haftdauer ging. Darauf wird im Verlauf des Buches mehrfach eingegangen werden.

Das englische Strafrecht stellt jedoch insofern eine Ausnahme dar, als hier im Laufe der Zeit die wichtigsten Straftatbestände in Gesetzesform gegossen wurden. Es gibt jedoch kein Strafgesetzbuch wie in Deutschland. Daher ist auch hier neben dem Statutory Law das Common Law mit seinen Präzedenzfällen anzuwenden. Das Strafrecht setzt neben einer strafbaren Handlung (actus reus) vorsätzliches oder zumindest grob fahrlässiges Handeln (mens rea) voraus. Mord ist dabei definiert als vorsätzliche Tötung eines Menschen aus besonderen, niedrigen Beweggründen. Beim Totschlag wird geprüft, ob eine Provokation oder (seit 1957) verminderte Zurechnungsfähigkeit vorlag. Nicht bestraft werden können Kinder unter zehn Jahren, bei Jugendlichen zwischen zehn und 14 Jahren wird deren Einsichtsfähigkeit geprüft. Voll straffähig sind Personen über 14 Jahren.

Das House of Lords (Oberhaus) ist nicht nur eine Kammer des Parlaments, sondern gleichzeitig auch das höchste englische Gericht. Gesetze (Acts) werden zunächst als Entwürfe (Draft Bill) entweder von der Regierung oder von einzelnen Abgeordneten ins House of Commons (Unterhaus) eingebracht. Dort müssen sie drei Lesungen überstehen und angenommen werden. Anschließend verweist man die Bill ans House of Lords, das sie entweder annehmen oder ablehnen und ans Unterhaus zurückverweisen kann. Wird der Entwurf von beiden Kammern angenommen, benötigt er noch die königliche Zustimmung (Royal Assent). Erst danach tritt das Gesetz in Kraft.

Ein Strafverfahren läuft folgendermaßen ab: Der Director of Public Prosecution sorgt für das Tätigwerden der Polizei, wenn er einen Rechtsverstoß vermutet. Nach dem Durchführen von Ermittlungen wird dem jeweils zuständigen Gericht das Ergebnis mitgeteilt. Ein Richter erlässt daraufhin, wenn es ihm gerechtfertigt erscheint, einen Haftbefehl, und übergibt diesen der Polizei. Der darin Beschuldigte wird festgenommen und dem Gericht (meist einem Magistrates Court) vorgeführt. Dort prüft ein Richter die Beweislage. Innerhalb dieses Vorverfahrens können mehrere Termine vor Gericht nötig werden. Der Richter kann daher die Entlassung des Festgenommenen jeweils um einen bestimmten Zeitraum zurückstellen, wenn die bereits vorliegenden Befunde weitere Ermittlungen erforderlich erscheinen lassen. Ziel des Vorverfahrens ist es, festzustellen, ob genügend Beweise für einen Schuldspruch durch eine Jury vorliegen. Während dieses Vorverfahrens dürfen die Medien nur sehr eingeschränkt über das vorliegende Verbrechen und die jeweiligen Einzelheiten berichten, da sonst Vorverurteilungen die späteren möglichen Geschworenen beeinflussen könnten. Dies stellte sich in einigen der zu schildernden Sensationsprozesse als großes Problem dar, da oftmals das Interesse der Öffentlichkeit und ihr Recht auf Information einen Gegenpol bildeten zum Verbot der Berichterstattung über den jeweiligen Fall aus Gründen der Fairness gegenüber dem Beschuldigten.

Die Voruntersuchung endet entweder mit der Abweisung des Falles, wenn die Beweislage ungenügend ist, oder mit der Anfertigung der Anklageschrift. Diese wird den zuständigen Gerichten zugeleitet, die zunächst eine sogenannte »Pre-Trial Review« durchführen, also eine Sichtung des Beweismaterials, der Anklage, Gutachten usw. Spätestens acht Wochen nach diesen einleitenden Schritten muss dann der Strafprozess durchgeführt werden.

Der eigentliche Prozess beginnt mit der Verlesung der Anklageschrift im Gericht, bei der der Angeklagte anwesend ist. Er wird zu jedem einzelnen Punkt befragt, ob er sich für schuldig oder unschuldig erklärt. Bekennt er sich nicht schuldig, werden Geschworene ausgewählt, wobei Ankläger und Verteidigung einzelne Juroren ablehnen können. Dann legen zunächst die Anklage und dann die Verteidigung ihre Beweise vor und rufen Zeugen auf, die auch ins Kreuzverhör genommen werden dürfen. Das letzte Wort im Strafprozess hat jedoch immer die Verteidigung. Nach den Schlussplädoyers fasst der Richter nach strengen Regeln die dargelegte Beweislage zusammen, wobei Argumente von Anklage und Verteidigung gleich zu behandeln sind und persönliche Meinungsäußerungen zu unterbleiben haben. Auf Fehler, Mängel oder Widersprüche darf aber aufmerksam gemacht werden. Dann weist der juristisch ausgebildete Richter die Geschworenen auf anzuwendende Gesetze und zu berücksichtigende Präzedenzfälle hin.

Danach zieht sich die Jury zur Beratung zurück. Sie kann für schuldig oder nicht schuldig befinden oder aber wegen Geisteskrankheit freisprechen. Einstimmigkeit muss dabei nicht erreicht werden, es darf lediglich nicht mehr als zwei Gegenstimmen geben. Findet eine Jury kein gemeinsames Urteil, wird eine neue gebildet. Kann auch diese sich nicht einigen, wird der oder die Beschuldigte freigelassen.

Die untersten Gerichtsinstanzen in Strafsachen sind die Magistrates Courts oder die 1991 geschaffenen Crown Courts (bei schwereren Vergehen wie Mord, Totschlag, Vergewaltigung), als Obergerichte fungieren hier neben dem Oberhaus der High Court of Justice (bei Strafverfahren ist dort die Unterabteilung Divisional Court of the Queen's Bench Division zuständig) und der Court of Appeal (Criminal Division), die zusammen mit dem Crown Court den Supreme Court of Judicature bilden. Bei Mordfällen wird daher üblicherweise vom Crown Court an den Court of Appeal (Criminal Division) weitergeleitet. Dieser wird nur tätig, wenn neue Beweise vorliegen, die eine Neuaufnahme rechtfertigen. Der High Court of Justice sitzt als Zentralgericht für ganz England in London, hat aber mehrere über das Land verteilte Außenstellen (Assizes). Der Central Crown Court in London, vor dem die meisten der in diesem Buch behandelten Fälle verhandelt wurden, ist auch bekannt unter dem Namen »Old Bailey«.

An den Magistrates Courts wirken meist Laienrichter (auch Justices of the Peace, also Friedensrichter genannt), die jedoch nach ihrer Ernennung von juristisch ausgebildeten Mitarbeitern beraten werden. In Zukunft sollen Richter der untersten Ebene aber über eine mindestens siebenjährige juristische Berufserfahrung verfügen müssen. Diese Laienrichter führen bei Mordfällen allerdings nur die Voruntersuchungen durch. Am Crown Court sind dann High Court Richter beschäftigt, die über mehrjährige Erfahrungen in den Anwaltsberufen verfügen müssen.

Die höchste Gerichtsinstanz, das House of Lords, kann nach einer Entscheidung des Court of Appeal angerufen werden, wenn die zu behandelnde Rechtsfrage von außergewöhnlichem öffentlichen Interesse ist. Meist fünf Law Lords (in Strafsachen) und der Lord Chancellor entscheiden dann, ob ein Antrag abgelehnt oder angenommen wird. Dies ist, wie auch im Fall des Privy Council (Kronrat), der eigentlich kein Gericht ist, sondern nur Empfehlungen an den Monarchen ausspricht, besonders in Begnadigungsfällen bei der Verurteilung zur Todesstrafe wichtig gewesen.

Nicht nur das englische Rechtssystem unterscheidet sich vom deutschen, auch die juristischen Berufe folgen einer anderen Einteilung. Bei den Anwälten unterscheidet man in Solicitors und Barrister. Ein Solicitor ist ein Rechtsanwalt, der seine Mandaten juristisch berät, Korrespondenz führt, in Routinefällen rechtlichen

Rat erteilt und Prozesse vorbereitet. Barrister dagegen treten vor Gericht auf, stellen dort den vom Solicitor vorbereiteten Fall dar und erstellen selbst kompliziertere Rechtsgutachten. Der Barrister wird nicht vom Mandanten selbst gewählt, sondern vom Solicitor ausgesucht. Dies althergebrachte System ist in jüngster Zeit durch Gesetze von 1990 und 1999 jedoch einem Umbruch unterworfen. Besonders gute und erfolgreiche Barrister können vom Lord Chancellor in den Rang eines Counsel (Queen's Council, abgekürzt Q. C., also Berater der Königin) erhoben werden. Aus deren Reihen wiederum rekrutieren sich, nach einer Mindestanzahl von Berufsjahren, die meisten höheren Richter. Seltener können auch Solicitors Richter werden. In beiden Fällen ist eine Ernennung durch den Monarchen notwendig. Richter an höheren Instanzen kann in England also nur werden, wer zuvor in einem der Anwaltsberufe erfolgreich war. Geschworener kann in England dagegen jede/r werden, die/der älter als 18 Jahre und nicht vorbestraft ist.

## Der Beginn des 20. Jahrhunderts: Das »Edwardian Age«, der Erste Weltkrieg und die Nachkriegszeit

In England begann das 20. Jahrhundert mit etwas mehr als einem Jahr Verspätung: Am 22. Januar 1901 starb die seit 1837 regierende Königin Victoria im Alter von 81 Jahren. Damit endete eine Epoche, die später als »goldenes viktorianisches Zeitalter« verklärt werden sollte, aber mit Industrialisierung, rasanter Urbanisierung und ebenso schnellem Bevölkerungswachstum für einen Großteil der britischen Bevölkerung alles andere als glänzend verlief.

Um die Jahrhundertwende hatten die ersten Sozialerhebungen in Großbritannien Erschreckendes zu Tage gefördert. Seebohm Rowntree ermittelte 1901, dass mindestens 27 Prozent der Bevölkerung Yorks in Armut lebten. Verslumung, hohe Kindersterblichkeit und eine mit 47 Jahren geringe Lebenserwartung prägten das Dasein großer Teile der Bevölkerung, und das in einem Land, das sich als Mittelpunkt eines Weltreiches mit zivilisatorischer Mission sah. 1900 starben auf 1 000 Neugeborene 154 Babys, in Großstädten sogar 172 (zum Vergleich: 2005 lag die Kindersterblichkeit bei 5 Todesfällen je 1 000 Geburten). Als dann auch ein Großteil der zum Kampf im Burenkrieg eingezogenen Soldaten als krank, unterernährt und damit nicht einsatzfähig erkannt wurde, beschlich die britische Öffentlichkeit langsam die Einsicht, dass gerade die soziale Frage verstärkt angegangen werden musste.

Der englischen Königin und Kaiserin von Indien, die einer ganzen Ära ihren Namen verliehen hatte, folgte der damals schon ältliche Prinz of Wales Edward Albert, genannt Bertie, als Edward VII. nach. Der als Lebemann berüchtigte 59-jährige Thronerbe hatte sich die Wartezeit auf die Krone hauptsächlich mit Glücksspiel und Affären vertrieben und stand so in krassem Gegensatz zu seiner zumindest vordergründig so gesitteten Mutter. Seine bis

1910 währende Regierungszeit gilt heute als Übergangsperiode, die hauptsächlich durch sich steigernde außenpolitische Spannungen gekennzeichnet war, die schließlich 1914 in den Ersten Weltkrieg mündeten. Das britische Klassensystem erreichte in dieser Zeit seine stärkste Ausprägung, provozierte dadurch aber auch die Popularisierung sozialistischer Ideen (1906 erfolgte die Gründung der Labour Party) und als Reaktion darauf Überlegungen der liberalen Regierung zum Aufbau wohlfahrtsstaatlicher Einrichtungen wie einer Rentenversicherung - die in Deutschland bereits unter Bismarck zusammen mit anderen Sozialreformen in der Zeit zwischen 1883 und 1889 eingeführt worden war.

Zudem tobte zu dieser Zeit ein zunehmend erbitterter geführter Kampf um das Frauenstimmrecht. Die Suffragetten griffen immer öfter auch zu gewalttätigen Formen des Protestes, um ihr Wahlrecht einzufordern. Dabei ist jedoch zu beachten, dass das britische Wahlsystem zu dieser Zeit an Besitz gebunden war - da Frauen kaum etwas besitzen durften, verweigerte man ihnen auch das Wahlrecht - aber eben nicht nur ihnen, sondern auch 40 Prozent der männlichen Bevölkerung, die ebenfalls unter der geforderten Einkommensgrenze lagen.

Die schönen Künste blühten unter Edward VII. auf, die Belle Epoque entfaltete sich. Der theaterbegeisterte König förderte die Bühne, und für weniger betuchte Zeitgenossen setzte die Music Hall mit ihren Lustspielen ihren Siegeszug fort.

Als der König im Mai 1910 starb und sein Sohn als George V. die Nachfolge antrat, änderte sich bis zum Kriegsausbruch 1914 zunächst wenig. Die Wahl im Januar hatte erneut die Liberalen als Regierungspartei bestätigt. Das Jahr sah dann jedoch große politische Spannungen zwischen dem House of Commons und dem House of Lords. Um die geplanten Sozialreformen bezahlen zu können, hatte die liberale Regierung bereits 1909 beabsichtigt, eine neue Steuer auf hohe Einkommen zu erheben. Den darauf basierenden Haushalt lehnten die Lords jedoch ab, was zwar ihr Recht war, welches sie traditionell allerdings nicht ausübten.

Daneben zerriss die Irlandfrage die politischen Gruppierungen. Die Fraktion, die der Nachbarinsel limitierte Selbstverwaltung oder Home Rule zugestehen wollten, stand Hardlinern gegenüber, die

die britische Oberhoheit kategorisch beibehalten und dafür auch zu drakonischen Mitteln greifen wollten. Diese Krisen führten zu einer erneuten Unterhauswahl im Dezember 1910; die Liberalen waren nun auf die Unterstützung der noch jungen Labour Party einerseits und der irischen Abgeordneten, die sich für Home Rule einsetzten, andererseits angewiesen. 1911 beschnitt dann Premierminister Asquith das Vetorecht der Lords. Das Jahr 1910 war also gekennzeichnet durch eine sich andeutende Verfassungskrise, heftige Diskussionen über die Irlandfrage und Auseinandersetzungen über den richtigen Weg zur Finanzierung der Sozialgesetzgebung.

Am 4. August 1914 trat Großbritannien in den europäischen Krieg ein, der später als Erster Weltkrieg gelten sollte. Besonders der Stellungskrieg in den französischen Schützengräben, wo vier Jahre lang praktisch kein Durchbruch erzielt werden konnte, grub sich als traumatisches Erlebnis ins öffentliche Bewusstsein der Briten ein. Eine ganze Generation junger Männer ließ hier ihr Leben oder erlitt schwere Verletzungen und Verstümmelungen. Mindestens 750 000 Soldaten starben, davon alleine ca. 420 000 im Jahr 1916 an der Somme und 300 000 während der dritten Flandernschlacht um Passchendaele zwischen August und September 1917. Dazu kamen mehr als 2,5 Mio. Verwundete.

Die kriegerische Bedrohung förderte auf der britischen Insel aber auch ein nie gekanntes Zusammengehörigkeitsgefühl. Die Gewerkschaften, die in der Vorkriegszeit manchen bitteren Streik durchgestanden hatten und gerade beispielsweise für eine 48-Stunden-Woche für Eisenbahner kämpften, erklärten gegenüber den Arbeitgebern einen Burgfrieden für die Dauer der Kampfhandlungen. Auch die politischen Parteien begruben ihre Kriegsbeile. Wichtige innenpolitische Projekte wie die Home Rule für Irland legte man für die Kriegszeit auf Eis, was dazu führte, dass sich die Iren für neutral erklärten und 1916 im gescheiterten Osteraufstand erfolglos die Revolte gegen die englische Kolonialmacht probten. Dies Verhalten empfand Großbritannien als Verrat, und die Erfahrung der irischen Illoyalität prägten das negative Bild, das die Briten von ihren Nachbarn hatten, für lange Zeit. Erst nach beinahe bürgerkriegsähnlichen Zuständen 1919–21 wurde in Irland schließlich ab 1922 die lange versprochene Home Rule umgesetzt.

Dass der Krieg nicht, wie zunächst angenommen, bis Weihnachten beendet sein würde, zeigte sich schnell. Daher begann ab 1915–16 eine bislang nie da gewesene staatliche Regulierung des britischen Wirtschaftslebens, das bisher wegen Liberalismus, dem freien Spiel der Kräfte des Marktes und Freihandel als Ausgangspunkt des modernen Kapitalismus gegolten hatte. Das neue System staatlicher Kontrolle garantierte feste Preise und Mieten sowie hohe Löhne, und besonders die Rationierung von Lebensmitteln, die einen bestimmten Tagesbedarf an Nährstoffen festlegte und sicherte, verbesserte den Ernährungs- und damit auch Gesundheitszustand der Unterschichten enorm.

Um die Anstrengungen an der Home Front dieses ersten totalen Krieges schultern zu können, wurden besonders Frauen in die Kriegsmaschinerie mit einbezogen. Dass die eigenverantwortliche Arbeit von Frauen gerade aus der Mittelschicht – Frauen aus der Arbeiterklasse mussten traditionell das Familieneinkommen durch Erwerbsarbeit aufbessern – in diesem Ausmaß ein absolutes Novum für die englische Gesellschaft darstellte, zeigt die Skepsis und Ablehnung, mit der manche Arbeitgeber, Politiker und Gewerkschaften zunächst auf den Arbeitseinsatz der Frauen reagierten. Erst durch die immer verzweifelter werdende Kriegssituation ließen sich immer mehr Bevölkerungsteile von der Notwendigkeit der Frauenarbeit überzeugen, jedoch nur befristet auf die Kriegszeit. Die Vorbehalte gegen den Einsatz von weiblichen Kräften an der Arbeitsfront teilten übrigens auch zahlreiche Frauen, und das Engagement basierte auf Freiwilligkeit. Auch wenn der Anteil weiblicher Arbeitskräfte an den Bemühungen zum Sieg später heruntergespielt wurde, prägten die Erlebnisse des Krieges eine ganze Generation von Frauen, die es zunehmend schwieriger fanden, nach der erfahrenen Selbständigkeit wieder als brave Hausfrauen zu Heim und Herd zurückzukehren. In Würdigung ihrer Verdienste gewährte die liberale Regierung Lloyd Georges dem weiblichen Teil der britischen Bevölkerung endlich 1918 das lang ersehnte und hart erkämpfte Wahlrecht, allerdings nur Frauen über 30.

Das ehrgeizige Reformprojekt, nach Kriegsende endlich ein »Land Fit for Heroes« zu bauen, ja ein neues Jerusalem zu erschaffen, das den Unterschichten für ihren unermüdlichen Kriegseinsatz quasi als Belohnung eine signifikante Verbesserung ihrer sozialen Lage in Aussicht stellte, scheiterte jedoch. Trotz einer alle Facetten der britischen Öffentlichkeit erfassenden Aufbruchstimmung, die nach Erneuerung und manchmal sogar Umsturz strebte, versagte das britische Schatzamt zusammen mit der Bank of England die Finanzierung überfälliger Wiederaufbau-Maßnahmen. Pläne für die Schaffung einer allgemeinen Gesundheitsversorgung verliefen so im Sande. Allerdings konnte 1918 die Schulpflicht ausgeweitet werden, was nun allen Kindern zumindest den kostenlosen Volksschulbesuch ermöglichte. Außerdem nahm die Regierung ein ausgedehntes soziales Wohnungsbauprogramm in Angriff. Dies sollten jedoch zwei der wenigen auch tatsächlich verwirklichten Sozialreformen bleiben.

Spätestens ab 1922 setzte sich immer stärker die Ansicht durch, das erstrebenswerteste Ziel der Nachkriegszeit sei es, zu den Zuständen der Vorkriegszeit zurückzukehren. Dies war jedoch zum Scheitern verurteilt, denn nicht nur die wirtschaftlichen Gegebenheiten waren in den 1920ern völlig andere als vor dem Krieg, die Erfahrungen der Zeit von 1914 bis 1918 – sowohl in den Schützengräben als auch an der Heimatfront – zogen enorme gesellschaftliche Verwerfungen nach sich.

Ab 1921 stieg die Arbeitslosigkeit auf bisher unbekannte Höhen. Die demobilisierten Soldaten konnten nicht in den Arbeitsmarkt eingegliedert werden, was den Druck auf arbeitenden Frauen, ihre Stellen für Männer aufzugeben, erhöhte. Die alten Zentren der Schwerindustrie im Norden versanken immer tiefer in Depression, da keine Anpassung an die geänderte Bedarfslage und Nachfrage vorgenommen worden war. Besonders die Bergleute erlebten die 1920er Jahre als Zeit der Not und des Elends. 1926 riefen die britischen Gewerkschaften dann zum Generalstreik auf, dessen erfolgreiche Dauer von neun Tagen die Arbeitnehmervertreter selbst jedoch am meisten zu überraschen schien. Die so demonstrierte Macht der Arbeiter konnte allerdings nicht in für sie positive Ergebnisse umgesetzt werden.

Die frühen 1920er Jahre, geprägt von grandioser Aufbruchstimmung und dann bodenloser Enttäuschung, sahen in England den Fall der Edith Thompson, einer typischen modernen jungen Frau ihrer Zeit, die am Widerspruch ihrer eigenen Erwartungen zum traditionell von Frauen geforderten Lebensmodell zerbrechen sollte. Ihre Geschichte zeigt, wie oberflächlich die Modernisierung der Gesellschaft war, und was für fatale Konsequenzen die Betonung einer Rückbesinnung auf viktorianische Werte haben konnte.

## Edith Thompson, die »Messalina von Ilford«

Der ruhige Londoner Vorort Ilford wurde im Oktober 1922 von einer Tragödie erschüttert, die in diesem beschaulichen Umfeld enormes Aufsehen erregte. Der Vorhang suburbaner Idylle zerriss und gab für einen kurzen Augenblick die Sicht frei auf Zwänge und Abgründe, die die aufstrebende Mittelschicht sonst hinter einer biederen Fassade der Wohlanständigkeit zu verbergen suchte.

In der Nacht vom 3. auf den 4. Oktober 1922, kurz nach Mitternacht, hatte eine schreiende und völlig aufgelöste junge Frau späte Passanten an der Ecke Endsleigh Gardens und Belgrave Road in Ilford abgefangen. Ihrer unzusammenhängenden Stammelei entnahmen Mr. C. und Miss P., dass der Ehemann der Dame nicht unweit auf der Straße zusammengebrochen sei. In ihrer späteren Aussage vor der Polizei beschrieb Miss P. den Zustand der Hilfesuchenden als »hysterisch«. Nachdem die Gruppe einen Mann bewusstlos an eine Mauer gelehnt gefunden hatte, wurde ein in der Nachbarschaft wohnender Arzt alarmiert, der jedoch nur noch den Tod von Percy Thompson feststellen konnte und auf der schlecht beleuchteten Straße wegen der großen Menge ausgetretenen Blutes einen Blutsturz diagnostizierte. Dies teilte der Mediziner auch den am Ort des Geschehens eintreffenden Polizisten mit, die den Toten in die Leichenhalle von Ilford brachten. Die verstörte Witwe eskortierten zwei Constabler nach

Hause. Sie wohnte in der nächsten Querstraße, Kensington Gardens 41. Dort blieb sie in der Obhut ihrer Untermieterin, Mrs. L., die Mutter und Schwester der 28-jährigen Mrs. Edith Thompson zur Unterstützung herbeirief.

Zunächst schien der plötzliche Tod des 32-jährigen Angestellten der Schifffahrtsgesellschaft P & O unverdächtig, doch in der Leichenhalle, als der Körper bei besserem Licht betrachtet werden konnte, zeigten sich zahlreiche Stichwunden, wobei die Verletzung der Halsschlagader und die Durchtrennung der Speiseröhre dazu geführt hatten, dass sich der Magen des Verletzten sofort mit einer beträchtlichen Menge Blut gefüllt hatte, das ihm anschließend aus dem Mund gesickert war. Percy Thompson war also nach einem Angriff mit einem Messer verblutet. Die Londoner Polizei begann ihre Ermittlungen.

Percy Thompsons Witwe wusste von diesen neuen Entdeckungen der Polizei nichts. Über den Tod ihres Mannes befragt, gab sie gegenüber den Ermittlern noch in der Nacht an, sie sei mit ihrem Ehemann nach dem Besuch einer Theateraufführung im Londoner West End vom Bahnhof Ilford nach Hause gegangen. Plötzlich hätte sich ihr Mann an ihre Schulter gelehnt und wäre mit einem Stöhnen zusammengesunken. Da er stark blutete, habe sie schnell versucht, den ihr bekannten Arzt Dr. Maudsley zu benachrichtigen, und dabei zwei Passanten um Hilfe gebeten. Ihr Mann habe öfters über Unwohlsein geklagt und sei häufig krank gewesen. Einen Angreifer wollte sie nicht bemerkt haben, auch wäre niemand weggerannt.

Diese Aussagen standen in einem krassen Widerspruch zu den Autopsieergebnissen. Daher befragte Inspektor H. Edith Thompson am Morgen des 4. Oktober erneut. Als sie auch diesmal bei ihrer Version der Geschehnisse blieb, ließ er sie zusammen mit ihrer Mutter aufs Revier Ilford Hill bringen, um sie dort weiter verhören zu können. Sie wurde jedoch noch nicht als Beschuldigte behandelt.

Parallel dazu zog die Polizei Erkundigungen über Edith Thompson ein. Wer war diese Frau? Wen kannte sie? Wie stand es um ihre Ehe? Bei ihrem Arbeitgeber Carlton & Prior, einem großen Hutgeschäft in der Londoner City, fanden Ermittler in ihrem Schreibtisch das Foto eines jungen Mannes sowie mehrere Briefe mit intimen Inhalten, verfasst von einem Freddy Bywaters. Dies warf für die Polizei ein zweifelhaftes Licht auf die trauernde Witwe. Eine Fahndung nach Bywaters, einem Matrosen der Handelsmarine, wurde herausgegeben, die schließlich am Nachmittag des 4. Oktober zu seiner Verhaftung führte. Als an seinem Mantelaufschlag Blutspritzer festgestellt werden konnten, begann sich die Schlinge zuzuziehen. Bywaters leugnete jedoch zunächst, um Mitternacht in Ilford gewesen zu sein. Seine Beziehung zu Edith Thompson beschrieb er als rein freundschaftlich, er kenne ihre ganze Familie, besonders ihre ebenfalls zur See fahrenden Brüder und ihre Schwester Avis.

Thompson und Bywaters mussten die Nacht auf dem Polizeirevier verbringen. Keiner der beiden hatte bisher einen Anwalt hinzugezogen. Edith blieb bei ihrer Version der Geschehnisse und sagte in einer weiteren Befragung am 5. Oktober erneut aus, Percy sei ohne Fremdeinwirkung zusammengebrochen. Dann arrangierten die Ermittler jedoch eine angeblich zufällige Begegnung der beiden Beschuldigten auf dem Revier. Beim Anblick von Bywaters in Polizeigewahrsam brach Edith Thompson zusammen und rief schockiert aus:

*»Oh mein Gott, warum hat er das getan? Ich wollte nicht, dass er so was macht!«*

Inspektor H. behauptete daraufhin, man wisse bereits, dass Bywaters der Täter sei, er habe gestanden – ein Bluff, der Edith dazu bringen sollte, Details preiszugeben. Doch der Trick funktionierte, Edith glaubte alles verloren und gab nun zu:

*»Als wir Endsleigh Gardens erreichten, tauchte plötzlich ein Mann aus dem Gebüsch auf und warf mich zu Boden. Dadurch war ich einen Moment benommen. Als ich wieder klarer wurde, sah ich meinen Gatten mit einem anderen in ein Handgemenge verwickelt. Dann lief der andere Mann, den ich als Freddy Bywaters erkannte, davon. Ich erkannte ihn an seiner Kleidung – blauer Mantel, grauer Hut – obwohl ich sein Gesicht nicht sehen konnte.«*

Anschließend konfrontierte der Inspektor Bywaters mit dieser Aussage und erklärte ihm, er werde beide wegen Mordes anklagen, wenn Bywaters nicht endlich ein Geständnis ablege. Sollte dies Mrs. Thompson entlasten, dürfe sie, der es momentan nicht gut gehe, nach Hause fahren. Kurz nach 17.00 Uhr machte Bywaters dann folgende Angaben:

*»Edith Thompson wusste nichts von meinen Unternehmungen am Abend des 3. Oktober. ... Als ich Mrs. Thompson und ihren Ehemann an der Ecke zu Endsleigh Gardens sah, stieß ich sie zu Boden ... und sagte zu ihm: ›Sie müssen sich von ihrer Frau trennen.‹ Er sagte ›Nein‹. ... Wir kämpften. Ich griff zu meinem Messer und verletzte ihn damit. Mrs. Thompson nahm ich während des Kampfes nicht wahr. Dann lief ich davon. ... Ich griff Thompson an, weil er sich gegenüber seiner Frau nicht wie ein Mann benahm. ... Ich liebte sie und konnte es nicht mehr mit ansehen, welch ein Leben sie mit ihrem Gatten führen musste. Ich wollte ihn jedoch nicht töten, sondern nur verletzen. Ich habe ihm die Chance gegeben, mit mir von Mann zu Mann zu kämpfen, aber er weigerte sich.«*

Polizei und Scotland Yard waren zufrieden, der »Mord von Ilford« schnell gelöst. Doch obwohl Bywaters keinerlei Mitschuld seiner Geliebten eingestand, verdächtigte die Polizei Edith, die Anstifterin zum Gattenmord gewesen zu sein. Man vermutete, die ältere Geliebte habe ihren jungen Liebhaber zum schlecht beleuchteten und schwer einsehbaren Tatort in den Endsleigh Gardens bestellt und ihren Mann in diese Richtung gelotst. Niemand glaubte, Bywaters sei dem Ehepaar Thompson zufällig mitten in der Nacht dort über den Weg gelaufen, vielmehr wurde eine vorausgeplante Falle angenommen. Daher wurden Thompson und Bywaters gemeinsam am 6. Oktober den drei zuständigen Friedensrichtern am Stratford Magistrates Court vorgeführt. Nach dem Verlesen ihrer Aussagen verfügte das Gericht, beide bis zum 11. Oktober weiter in Haft zu behalten. Auf Bywaters Forderung nach juristischem Beistand erwiderte ein Gerichtsbediensteter lediglich:

*»Die Polizei wird Ihnen helfen – man wird Kontakt zu ihren Freunden aufnehmen.«*

Bywaters saß in Brixton in Untersuchungshaft. Edith Thompson kam als Untersuchungshäftling ins Frauengefängnis Holloway.

Der folgende Prozess sollte zumindest Freddys Familie finanziell ruinieren. Seine Mutter musste sich, um die £ 500 für die Verteidigung zusammenzubekommen, bis an ihr Lebensende verschulden. Auch Ediths Familie belasteten die Prozesskosten schwer.

Die Presse, die zunächst nur kurz und lokal über den *»mysteriösen Tod von Percy Thompson«* berichtet hatte, stürzte sich nun auf den Mordfall. Ehebruch, eine verheiratete Frau von 28 Jahren und ihr gerade 20-jähriger Geliebter, ein »love triangle«, das in einer blutigen Messerstecherei endete – all dies machte die Tat zu einem gefundenen Fressen für die Londoner Tabloids, die Tag für Tag ihre Leserschaft mit Sensationen fesseln mussten. Neben dem »Ilford Recorder« und dem »East Ham Echo« berichteten auch die »Daily Mail«, der »Daily Express«, der »Daily Sketch« und selbst die ehrwürdige »Times«. Dies gewaltige Medienecho auf die pikante Vororttragödie hatte zur Folge, dass am Morgen des 11. Oktober fast 2 000 Menschen das Gerichtsgebäude umlagerten, in dem Edith Thompson und Freddy Bywaters erneut erscheinen mussten. Edith hatte inzwischen zwar einen Rechtsanwalt, dieser war jedoch kein Strafverteidiger. Die Verhandlung endete mit der Anordnung einer weiteren Woche Haft. Nach und nach entfaltete sich nun das ganze Drama, welches sich in der kleinbürgerlichen Londoner Suburbia angespielt hatte.

Edith Thompson stammte aus den östlichen Londoner Vororten. Geboren wurde sie als Edith Jessie Graydon am 25. Dezember 1893 – dem Weihnachtstag – in Dalston, Hackney, ein damals kleinbürgerlich geprägter Stadtteil, in dem kleine Händler und Angestellte lebten. Eine Beschreibung von 1868 liest sich folgendermaßen:

*»Die Straßen verlaufen gerade, sind ordentlich gepflastert, sauber und mit Gaslampen beleuchtet [...]. Die Häuser sind geräumig und annehmbar, alle verfügen über einen Wasseranschluss. Die zahlreichen Seidenspinnereien, die es früher hier gegeben hat, sind lange verschwunden, und die Gegend wird nun hauptsächlich von Kaufleuten aus der City und Londoner Geschäftsmännern bewohnt.«*

Mit dem weiter südlich gelegenen armen East End hatte diese Gegend auch 30 Jahre später wenig gemein.

Als Edith fünf war, zog die Familie – Vater, Mutter, Schwester Avis und die drei Brüder Newenham, Bill und Harold – weiter hinaus ins Grüne, nach Manor Park im Stadtteil East Ham, wo gerade das Neubaugebiet »Poet's Estate« entstand. Das neue Heim der Graydons wurde 231 Shakespeare Crescent. Hier besuchte Edith bis zu ihrem 15. Lebensjahr die Schule, was zur damaligen Zeit gerade für Mädchen nicht selbstverständlich war, denn offiziell bestand nur eine Schulpflicht bis zum 12. Lebensjahr. 13-Jährige durften und mussten vielfach schon Vollzeit arbeiten, damals zehn Stunden am Tag, sechs Tage in der Woche. In der Schule begann Edith auch, Theater zu spielen, und die Leidenschaft für die Bühne behielt sie auch später bei. Daneben tanzte sie leidenschaftlich gern und gab mit ihrem Vater Tanzstunden. Anfang der 1920er Jahre nahm daran auch ein junger Mann aus dem benachbarten Stadtteil Leytonstone teil, dessen Eltern mit den Graydons bekannt waren: Alfred Hitchcock, damals Titeldesigner für Stummfilme in den Islington Studios, würde 1926 als Regisseur von »The Lodger« seinen Durchbruch feiern. Zu diesem Zeitpunkt war die Tochter seines Tanzlehrers bereits seit drei Jahren tot.

Wo und wie Edith Graydon und Percy Thompson sich begegneten, ist nicht bekannt. Die Thompsons waren einige Jahre nach den Graydons nach Manor Park gezogen. Percy verließ bereits mit zwölf die Schule, um seine verwitwete Mutter zu unterstützen, und fand 1904 schließlich eine Anstellung bei einer Schifffahrtsgesellschaft. Edith arbeitete nach dem Ende ihrer Schulzeit ebenfalls, zunächst als kaufmännische Angestellte bei verschiedenen Textilgroßhändlern, bis sie schließlich 1911 bei den Hutmachern Carlton & Prior als Buchhalterin anfing. Dass junge unverheiratete Frauen der Mittelschicht einer Erwerbstätigkeit nachgingen, war damals in der Großstadt London nicht ungewöhnlich. Sie wurden allerdings, da sie meist keinen eigenen Haushalt versorgen mussten, sondern, wie auch Edith, bis zur Heirat bei den Eltern wohnten, wesentlich schlechter bezahlt als ihre männlichen Kollegen. Edith jedoch verdiente nicht bloß ihren Lebensunterhalt, sie machte Karriere. 1913 schickte ihr Chef sie als Einkäuferin nach

Paris, ihr Gehalt war nun höher als das ihres Vaters, der als Angestellter bei der Imperial Tobacco Company arbeitete. Zum Zeitpunkt ihrer Verhaftung verdiente sie als Buchhalterin und Managerin bei Carlton & Prior £ 6 die Woche.

Wahrscheinlich lernten sich Edith und Percy, die wie so viele andere Pendler fast täglich um die gleiche Zeit zur Arbeit in die City fuhren, im Sommer 1909 beim Warten auf dem Bahnhof East Ham kennen. Zu Weihnachten des gleichen Jahres stellte Edith den jungen Mann ihren Eltern vor, und Percy erhielt die Erlaubnis, Edith »den Hof machen« zu dürfen. Zusammen engagierten sie sich in einer Laienspielgruppe, der »Stepney Elocution Class«. Doch erst Weihnachten 1915, mitten im Ersten Weltkrieg und nach einer auch für damalige Verhältnisse relativ langen Probezeit von sechs Jahren, feierte das Paar Verlobung. Der Hochzeitstermin wurde auf den 15. Januar 1916 festgelegt. Zehn Tage zuvor rief Premierminister Asquith die Generalmobilmachung aus. Nun konnten auch die ca. 650 000 Männer, die sich bisher nicht freiwillig gemeldet hatten, um in den schlammigen Gräben des Stellungskrieges in Flandern die sogenannte »Abnutzungsstrategie« umzusetzen, eingezogen werden.

Percy jedoch war entschlossen, dem schrecklichen Schicksal vieler seiner Altersgenossen zu entgehen. Mit allerlei Tricks gelang es ihm, bis Sommer 1916 wegen gesundheitlicher Probleme aus der Armee entlassen zu werden. Dies trug ihm jedoch den Ruf ein, ein Hypochonder und Drückeberger zu sein.

Ganz anders Freddy Bywaters. Aufgewachsen im gleichen Viertel, kannte er als Schulkamerad der jüngeren Graydon-Brüder Edith bereits von Kindesbeinen an. Sie scheint so etwas wie der Schwarm seiner Kindertage gewesen zu sein, doch Edith nahm den Jungen, der mit ihren kleinen Brüdern Fußball spielte, nicht wirklich ernst. Nachdem Freddy, was nicht unüblich war, mit 13 Jahren die Schule verlassen hatte, arbeitete er zunächst in den Büros verschiedener Schifffahrtsunternehmen, bevor es ihm im Februar 1918 gelang, sich einen Posten als Schreiber auf dem Truppentransporter Nellore zu sichern. Im Gegensatz zu Percy Thompson, der sich dem Kriegsdienst entzogen hatte, wollte der 15-jährige Freddy unbedingt seinen Beitrag zur Verteidigung seines Heimatlandes leisten, und musste sich dabei energisch gegen seine Mutter durchsetzen, die verhindern wollte, dass nach ihrem Ehemann auch ihr Sohn in den Krieg zog. Nach dem Tod seines Vaters 1919 - die Folge eines in Frankreich erlittenen Gasangriffs - wurde Freddy zum alleinigen Ernährer der Familie. Da sein Gehalt als Schiffsschreiber nicht hoch war, zogen Mutter und Schwester nach Norwood in Südlondon, eine preiswertere Wohngegend als Manor Park und ganz in der Nähe des damals noch existierenden Crystal Palace gelegen.

Trotz des Umzugs hielt Freddy Kontakt zur Familie Graydon, denn auch Ediths jüngere Brüder fuhren für die Handelsmarine zur See. Im Januar 1920 besuchte er dann seinen Freund Billie Graydon im Shakespeare Crescent und erneuerte so seine Bekanntschaft mit der ganzen Familie. Nach seiner Rückkehr von einer Asienfahrt zog er im Mai 1920 sogar als Untermieter bei den Graydons ein, da Manor Park günstiger in Hafennähe lag als Norwood. Da das Ehepaar Thompson regelmäßig den Freitag Abend bei Ediths Familie verbrachte - das Ehepaar hatte inzwischen ein Haus in Kensington Gardens, Ilford bezogen -, trafen sich Edith Thompson und Freddy Bywaters am 24. Mai 1920 erstmals seit mehreren Jahren wieder. Freddys Jugendschwarm war nun eine verheiratete Frau von 26 Jahren, aus dem kleinen Jungen war ein attraktiver junger Mann geworden, der amüsant von fernen Ländern erzählen konnte. Wahrscheinlich begann ihre Affäre bereits zu diesem Zeitpunkt.

Auch Percy Thompson fand den Matrosen sympathisch, und so kam es, dass Freddy Bywaters das Ehepaar Thompson und Avis Graydon auf ihrer Sommerreise im Juni 1921 auf die Isle of Whight begleitete. Spätestens hier verliebten sich Freddy und Edith ineinander. Nach ihrer Rückkehr aus der Sommerfrische zog Bywaters als Untermieter in das große Haus der Thompsons in Ilford. Edith verließ in diesem Sommer häufig ihre Arbeitsstelle, um Zeit mit ihrem jungen Geliebten zu verbringen, während ihr Ehemann Percy noch ahnungslos war. Doch bald schöpfte er Verdacht, da Bywaters sich um keine neue Heuer bemühte und seine Frau immer begeisterter von dem jungen Mann erschien, während sie sich gleichzeitig ihrem Ehemann gegenüber zunehmend gleichgültiger verhielt. Die Atmosphäre in Kensington Gardens muss immer angespannter geworden sein; Freddy verhielt sich Edith gegenüber ausgesprochen aufmerksam, zwischen beiden schien ein geheimes Einverständnis zu herrschen, Percy hingegen fühlte sich ausgeschlossen und vernachlässigt. Im Zuge der Mordermittlungen sagte Percys Bruder Richard später aus, er habe nicht geglaubt, dass die Eheleute Thompson glücklich miteinander gewesen seien.

Am 1. August schließlich kam es zu einer emotionalen Eruption. Eine der immer häufigeren Auseinandersetzungen zwischen den Eheleuten Thompson eskalierte, und als Percy seine Frau quer durch das Wohnzimmer schleuderte und sie gegen einen Tisch stieß, griff Freddy ein und hinderte Percy daran, Edith weiter zu schlagen. Der Ehemann sah dies als den Angriff eines Fremden in seinem eigenen Haus und verlangte von Bywaters, sofort auszuziehen. In der Folge dieser handgreiflichen Auseinandersetzung scheint dann auch ein Gespräch stattgefunden zu haben, in dem Edith und Percy erstmals konkret eine Trennung diskutierten. Die Untermieterin der Thompsons, Mrs. L., die neben dem Schlafzimmer der Eheleute wohnte, berichtete später von zahlreichen lautstarken Streitereien des Paares, die bis zum Zeitpunkt des Mordes immer wieder aufgeflammt seien. Sie habe zwar nicht immer verstehen können, worum es im Einzelnen gegangen sei, jedoch den Eindruck gewonnen, oftmals wäre über Geld gestritten worden.

Zu Beginn der 1920er Jahre war in England eine Scheidung nur unter bestimmten Umständen möglich. Das Zerrüttungsprinzip galt noch nicht, vielmehr musste ein Schuldiger am Scheitern der Ehe festgestellt werden. Männer und Frauen waren außerdem nicht gleichberechtigt befugt, die Scheidung einzureichen. Wohingegen Männer ihren Frauen lediglich Ehebruch - also sexuelle Beziehungen zu einem anderen Mann - nachweisen mussten, konnten Frauen nur dann die Scheidung einreichen, wenn sie zusätzlich zum Ehebruch des Gatten auch Grausamkeit oder böswilliges Verlassen belegen konnten. Obwohl seit spätestens 1912 eine Reform des Scheidungsrechts vorangetrieben wurde, hätte 1921 im Falle der Thompsons nur Percy die Scheidung einreichen können, Edith jedoch nicht. Eine Trennung (legal separation) hingegen war innerhalb der unteren Mittelklasse, zu der sich die Thompsons zählten, besonders nach dem Krieg immer akzeptierter geworden. Diese Form bedeutete keine Auflösung der Ehe, ermöglichte aber das Getrenntleben der Ehepartner und regelte die finanziellen Belange. Percy scheint zu einem solchen Schritt zunächst bereit gewesen zu sein, benutzte sein Einverständnis jedoch zunehmend als Druckmittel gegenüber seiner Frau und strebte wiederholt eine Versöhnung mit ihr an.

Die Beziehung zwischen Edith und Freddy stand ganz unter dem Einfluss von Bywaters Seefahrten, die zur Folge hatten, dass sich das Liebespaar nur relativ selten sah. Über die kurze Zeit, die Freddy jeweils Landgang hatte, konnte Edith als arbeitende verheiratete Frau zudem nicht frei verfügen, war sie doch besonders ihrem Gatten Rechenschaft über ihren Aufenthalt und Umgang schuldig. Edith und Freddy konnten sich so nur in aller Heimlichkeit für ein paar wenige Stunden treffen. Es gab kaum Orte, an die sie gehen konnten. In Hotels mussten sie falsche Angaben machen und behaupten, ein Ehepaar zu sein, um ein gemeinsames Zimmer mieten zu können.

Nachdem Freddy als Untermieter endgültig am 5. August aus Kensington Gardens ausgezogen war, stach er am 9. September in Richtung Australien in See. Die Fahrt dauerte mehrere Wochen, während derer Edith und Freddy sich lange Briefe schrieben, in denen sie in ihren Gefühlen füreinander schwelgten, daneben aber auch romantische Literatur diskutierten. Entgegen Ediths Anweisungen vernichtete ihr Geliebter ihre Briefe jedoch nicht, sondern hob sie auf. Diese erotisch aufgeladene Korrespondenz hinderte Freddy nicht daran, in Australien mit einem Mädchen anzubändeln. Zu dieser Zeit scheint es neben Edith noch andere Frauen in seinem Leben gegeben zu haben, was Edith eifersüchtig machte.

Anfang November 1921 weilte Bywaters wieder für etwa zwei Wochen in England. Das Paar traf sich heimlich nach Ediths Feierabend oder in der Mittagspause. Längere Zusammenkünfte waren für Edith nur durch Lügen und Täuschungen möglich. Dennoch schöpfte Percy erneut Verdacht. Die Streitereien des Ehepaares nahmen wieder zu. Im Winter 1921/22 wurde Edith zudem höchstwahrscheinlich von Bywaters schwanger, der zu diesem Zeitpunkt jedoch bereits wieder in See gestochen war (zwischen Mitte November 1921 und Mitte März 1922 weilte Freddy nur etwa zwei Wochen im Januar an Land). In der Korrespondenz der beiden finden sich Anspielungen auf Abtreibungsmittel, die Edith mit ihrem Geliebten diskutierte. Daneben fantasierten beide über die Beseitigung Percys, der einer Trennung immer noch nicht zugestimmt hatte. Edith schickte Freddy in diesem Zusammenhang etwa 50 Zeitungsausschnitte über Giftmorde (etwa aus dem »Daily Mirror« *»Rätsel um vergiftetes Konfekt«* oder dem »Daily Sketch« *»Patient mit Überdosis getötet«*) und bat ihn u. a. darum, Chinin zu besorgen. Das Mittel, das in den englischen Kolonien zur Malariaprophylaxe eingesetzt wurde, war für den Schiffsschreiber relativ leicht aufzutreiben. Edith behauptete im Frühjahr 1922 außerdem in ihren Briefen, Percy mehrmals zerstoßenes Glas ins Essen gemischt zu haben. Inwiefern diese Behauptungen und Pläne eine reale Grundlage hatten, ist allerdings zweifelhaft. In der Korrespondenz verschwimmen zunehmend die Grenzen zwischen Fiktion und Realität, die Liebenden schufen sich ihren eigenen Kosmos. Literatur und Leben verwoben sich zu einer Fantasiewelt, innerhalb derer Edith und Freddy ihre geheimen Wünsche und Sehnsüchte freimütig äußerten. Bei Percys Autopsie durch den bedeutenden Pathologen Spilsbury, den englischen »Vater der Forensik«, fand dieser jedenfalls weder Hinweise auf eine Vergiftung noch auf die Beibringung von Glas.

Frühjahr und Sommer 1922 waren für Edith und Freddy geprägt durch steigende Spannung. Wenn Freddy in England war (wahrscheinlich befand er sich zwischen dem 31. März und dem 26. Mai sowie zwischen dem 9. Juni und dem 23. September auf See), versuchten sie, sich so oft wie möglich zu sehen. Dazu belog Edith ihren Mann, was Verabredungen und Arbeitszeiten betraf. Andererseits ließ das Liebespaar zunehmend alle Vorsicht fallen. Mehrere Bekannte und Kollegen sahen Edith in der Begleitung ihres jungen Geliebten in relativ eindeutigen Situationen. Auch an ihrer Arbeitsstelle war mehreren Kolleginnen bekannt, dass Edith einen jungen Mann traf. Percy drohte schließlich damit, Ediths Anstellung bei Carlton & Prior zu kündigen, um sie so leichter kontrollieren zu können. Als Ehemann war er zu einem solchen Schritt befugt, für Edith hätte dies neben dem Verlust ihrer persönlichen Freizügigkeit die vollständige finanzielle Abhängigkeit von ihrem Ehemann bedeutet.

Das Gericht behauptete in seiner Anklage später, Edith habe Freddy Bywaters dazu angestiftet, ihren Ehemann umzubringen. Nachweislich verbrachte das Liebespaar den Samstag (30. September) gemeinsam. Am nächsten Tag trafen sich beide nicht, doch am Montag, den 2. Oktober, mussten Edith und Freddy ihre Verabredung zum Mittagessen verschieben, da Percy unverhofft seine Frau am Arbeitsplatz besuchte. Der Pförtner von Carlton & Prior überbrachte mehrere Nachrichten von Edith an den wartenden Freddy. Schließlich aßen sie gegen 14.15 Uhr zusammen. Nach der Arbeit tranken sie noch gemeinsam Kaffee. Edith war untröstlich, da Freddy in den nächsten Tagen wieder mit einem Schiff auslaufen sollte und das Paar wahrscheinlich keine Möglichkeit mehr bekommen würde, sich vorher allein zu sehen. Die Briefe und kurzen Nachrichten dieser letzten Tage vor dem Mord enthalten jedoch keinerlei Hinweise auf eine geplante Gewalttat. Freddy wusste allerdings, dass das Ehepaar Thompson am Abend des 3. Oktober einen Theaterbesuch mit Freunden unternehmen würde. Er verbrachte diesen Abend übrigens bei den Graydons in 231 Shakespeare Crescent, von wo er gegen 23.00 aufbrach, um anschließend angeblich ziellos durch die Straßen zu irren, bis er Percy Thompson schließlich in Ilford abpasste und erstach. Der 2,5 Meilen lange Weg vom Haus der Graydons zum Tatort war laut polizeilichen Ermittlungen dabei in etwa einer halben Stunde zu bewältigen.

Die Ermittler gingen davon aus, dass er zu dieser Tat von seiner älteren Geliebten überredet worden war. Mehrmals wurde daher die Untersuchungshaft der beiden Beschuldigten verlängert, um weiteres Beweismaterial zu sammeln. Zum Beleg ihrer Mittäterschaft zog die Polizei besonders die Briefe Ediths an Bywaters heran. Doch während der Voruntersuchung, die am 23. Oktober 1922 zu Ende ging, verbot der Untersuchungsrichter, die Briefe als Belastungsmaterial in diesem Verfahrensabschnitt zuzulassen. Die Jury beantragte dennoch, Bywaters wegen Mordes anzuklagen, ihr Spruch erwähnte Edith Thompson jedoch nicht.

Trotzdem erhob man auch gegen sie Anklage, nachdem das Paar am 24. und 25. Oktober erneut vor dem Stratford Police Court erschienen war. In dieser Verhandlung (Pre-Trial Review) wurden dann auch erstmals Auszüge aus den Liebesbriefen verlesen. Ausgewählt worden waren Passagen, in denen Edith freimütig über Mordabsichten, Gift und Abtreibung geschrieben hatte. Stellen, an denen sie allzu offen über Sex mit Bywaters oder die Annäherungsversuche ihres Ehemannes berichtet hatte, wurden allerdings als zu heikel ausgelassen, ebenso wie die langen Strecken, die zeitgenössische Romane interpretierten. Dies erzeugte ein verzerrtes Bild des Inhalts der Korrespondenz, das Abdriften von Edith und Freddy in eine eigene Fantasiewelt kam so nicht deutlich zum Ausdruck. Edith Thompson erschien hingegen als kalt und berechnend. Schließlich erging am 24. November der Beschluss, dass sich sowohl Bywaters als auch Thompson vor dem Old Bailey wegen Mordes würden verantworten müssen.

Während der Untersuchungshaft versuchten Edith und Freddy, ihre Korrespondenz weiter zu führen. Zunächst ließen die Gefängnisse einige Briefe auch passieren, dann jedoch griff das Innenministerium energisch ein und befahl, die Schreiben der beiden aneinander abzufangen und nicht weiterzuleiten. Die Beschuldigten sollten sich nicht im Vorfeld des Prozesses absprechen können, außerdem erhoffte sich die Anklage in den beschlagnahmten Briefen belastende Inhalte zu entdecken. Darin wurden sie jedoch enttäuscht, die Botschaften enthielten lediglich Aufmunterungen, Liebesbeteuerungen und allgemeine Beschreibungen der Haftsituation. Den Gefangenen teilte man übrigens zunächst nichts über das Korrespondenzverbot mit, allerdings gelang es Edith und Freddy, sich durch Zurufe bei einem Gerichtstermin mitzuteilen, dass sie einander geschrieben, aber keine Briefe erhalten hätten. Dieses Abschneiden jeglicher Austauschmöglichkeit miteinander empfanden beide Häftlinge als sehr belastend. Schließlich gelang es ihnen, über Freddys Schwester Nachrichten auszutauschen.

Der Prozess begann am 6. Dezember 1922 und erregte immenses Aufsehen. Menschen standen die Nächte hindurch an, um Eintrittskarten zu ergattern, was beispielsweise von der »News of the World« im Bild festgehalten wurde. Einige Geschäftstüchtige verkauften ihre Karten anschließend für bis zu £ 5. Die »Times« druckte tägliche Verhandlungsprotokolle. Andere Zeitungen romantisierten die Tat. Der »Daily Mirror« titelte *»Love & Crime«*. Diese und andere schwülstigen Lesarten des doch eigentlich *»vulgären und gewöhnlichen Verbrechens«* (so der Richter) des Gattenmordes veranlasste die »Daily News« schließlich zu schreiben: *»billige Sentimentalität umwölkte die Verhandlung wie ein schlechter Geruch«*. Der »Manchester Guardian« bilanzierte nach Ende der Verhandlung: *»Der Fall hat erst kürzlich aufgestellte Rekorde morbider öffentlicher Erregung und deren Nährung durch die Presse gebrochen.«*

Nachdem ihr Anwalt damit gescheitert war, durch einen rechtlichen Winkelzug die Verlesung der Liebesbriefe zu unterbinden, breitete die Anklage die Affäre zwischen Edith und Freddy zum Amüsement des ganzen Landes aus. Dabei erhielten die Geschworenen wiederum nur Auszüge der Schreiben, wobei die Anklage versuchte, zu suggerieren, die konkrete Anstiftung von Bywaters durch Edith Thompson wäre in den nicht vorliegenden Passagen nachzulesen – was nicht stimmte. Außerdem änderte der Chefankläger die von Spilsbury erhobenen Autopsiebefunde mit einem einzigen Wort sehr wirkungsvoll in seinem Sinne ab: Hatte der Pathologe geschrieben, er könne *»keine Anzeichen für eine Vergiftung«* erkennen, zitierte der Kronanwalt, es seien *»praktisch keine Anzeichen für eine Vergiftung«* feststellbar gewesen. Auch der ausgesprochen konservative vorsitzende Richter Shearman schien nicht durchweg der Vorgabe »innocent till proven guilty« zu folgen. So bezeichnete er Bywaters während der gesamten Verhandlung als »den Ehebrecher«.

Die Angeklagten plädierten zunächst auf nicht schuldig. Edith blieb bei ihrer Aussage, Freddy nicht angestiftet zu haben und völlig ahnungslos gewesen zu sein. Ihr Strafverteidiger gab dazu an, sie habe zwar nachweislich zunächst über den Ablauf der Tat die Unwahrheit gesagt, dies mache sie jedoch nicht automatisch mitschuldig. Bywaters wollte seine Tat nicht als geplanten Mord, sondern lediglich als Totschlag gewertet wissen und bestritt ebenfalls jegliche Beteiligung seiner Geliebten.

Zeugen bestätigten, dass sie den Verdacht gehabt hatten, Edith und Freddy hätten eine Affäre miteinander. Zum Beweis der Verschwörung der beiden Angeklagten zum Zweck der Ermordung von Percy Thompson befragte die Anklage auch die Kellnerinnen der Restaurants und Cafés, die Bywaters und Edith Ende September und Anfang Oktober aufgesucht hatten. Doch obwohl die Zeugen bestätigten, die Angeklagten zusammen gesehen zu haben, konnten sie nicht behaupten, Bemerkungen über Mordabsichten aufgeschnappt zu haben. Somit existierten keine konkreten Beweise, die Edith mit dem Verbrechen in Verbindung bringen konnten.

Zu ihrer Entlastung hatte sich dagegen ein Anwohner des Tatortes gemeldet, ein Mr. John W. Er gab an, zum Tatzeitpunkt eine Frau mehrmals *»Oh nein, oh tu es nicht!«* rufen gehört zu haben. Nachdem er dadurch alarmiert auf die Straße gestürzt sei, habe er Mrs. Thompson über den leblosen Percy gebeugt vorgefunden. Diese Informationen implizierten, dass Edith Thompson gegen die Tat protestiert, also eben gerade nicht im Einverständnis mit dem Angreifer gehandelt hatte. Der Richter stellte den Sachverhalt in seiner abschließenden Zusammenfassung für die Geschworenen jedoch so dar, als habe die Angeklagte ihre Proteste nicht während der Tat geäußert, sondern erst danach, als John W. sie auf der Straße angetroffen habe. Zudem äußerte Shearman starke Zweifel an der Glaubwürdigkeit des Zeugen, ohne das dafür ein ersichtlicher Grund vorgelegen hätte, und wies die Geschworenen mehrmals darauf hin, seine Aussage skeptisch zu bewerten.

Die Anklage bemühte sich, Freddy als unzuverlässigen Tunichtgut zu porträtieren, womit sie zum Teil Erfolg hatte. Befragt zu Passagen der Liebesbriefe über Gift, zerstoßenes Glas und Selbstmordabsichten bezeichnete er dies als *»melodramatisches Getue«* seiner Geliebten, das er nicht ernst genommen habe, sondern auf das er lediglich eingegangen sei, um sie *»an der Nase herumzuführen«*. Andererseits waren nicht wenige Zuschauer beeindruckt von der Ritterlichkeit des jungen Mannes, der konsequent jegliche Beteiligung seiner Mitangeklagten leugnete und die Schuld allein auf sich nahm. Er ließ sich jedoch zu der Bemerkung hinreißen, Edith habe ihm von dem abendlichen Theaterbesuch mit

Percy am 3. Oktober erzählt. Dies hatte er bisher bestritten. Nicht nur überführte ihn seine Aussage einer vorherigen Lüge, seine neuen Angaben konnten so ausgelegt werden, dass er Percy absichtlich aufgelauert hatte und den Thompsons nicht zufällig begegnet war. Allerdings wollte er ohne Mordabsichten gehandelt und lediglich zur Selbstverteidigung zugestochen haben. Doch gerade seine Jugend und Naivität ließen es glaubhaft erscheinen, dass er von der älteren und erfahreneren Edith Thompson angestiftet worden sei.

Zum Abschluss der Verhandlung trat Edith Thompson selbst in den Zeugenstand. Ihren Strafverteidigern gegenüber hatte sie mehrfach den Glauben geäußert, das Gericht werde ihre Unschuld einsehen müssen, wenn es das ganze Ausmaß ihrer großen Romanze erfassen würde. Dies entsprach jedoch keineswegs der Realität, im Gegenteil, Richter Shearman zeigte sich zutiefst abgestoßen von ihrer sentimentalen Darstellung eines für ihn unmoralischen Ehebruchs. Befragt zu den in den Briefen entwickelten Mordplänen gab Edith im Kreuzverhör schließlich zu, dass sie und Bywaters überlegt hätten, Percy krank zu machen, dass sie solche Absichten jedoch nur ausgeheckt hätte, um ihren jungen Geliebten von der Unbedingtheit ihrer Liebe zu ihm zu überzeugen. Sie habe im Sommer 1922 immer stärker das Gefühl gehabt, Freddy würde sich von ihr entfernen; auf seinen Reisen habe er Affären begonnen. Sie sei getrieben gewesen von der Angst, ihn zu verlieren. Daher habe sie ihn Glauben machen wollen, sie sei bereit, zu tun was auch immer er von ihr verlange. Niemals habe sie jedoch die ernsthafte Absicht gehabt, Percy wirklich zu ermorden. Allerdings gab sie in einem Moment der Unaufmerksamkeit während des Kreuzverhöres zu: *»Ich vermutete, dass ich ihm etwas geben sollte, das, sollte er eine Herzattacke haben, dafür sorgen würde, dass er diese nicht überlebt.«* Trotz ihrer vorsichtigen Formulierung hörten die Geschworenen hier heraus, dass eine Ehefrau zumindest nicht vollkommen abgeschreckt davon gewesen war, an der Herbeiführung des Todes ihres Ehemannes aktiv mitzuwirken. Insgesamt war ihre Aussage geprägt von Widersprüchen und Selbstmitleid; beides hinterließ keinen guten Eindruck beim Gericht.

Dennoch muss festgestellt werden, dass zum Ende des einwöchigen Prozesses kein eindeutiger Beweis dafür erbracht worden war, dass Edith Thompson die Hand bei der Ermordung ihres Mannes im Spiel gehabt hatte. Weder hatte eine Verabredung von Edith und Freddy bewiesen werden können, noch gab es Belege für die in den Briefen geäußerten Mordabsichten. Dennoch brauchten die Geschworenen nur zwei Stunden, um am 9. Dezember 1922 um 17.43 Uhr Freddy Bywaters und Edith Thompson des Mordes für schuldig zu befinden. Sie ergänzten ihren Spruch nicht um eine Bitte um Gnade, so dass Richter Shearman beide Angeklagten zum Tod durch den Strang verurteilte. Die Stimmung unter den Geschworenen und ihre Meinung gerade in Bezug auf die weibliche Angeklagte beschrieb ein Mitglied der Jury 1951, als die Abschaffung der Todesstrafe im Nachkriegs-England diskutiert wurde und der Fall »Thompson & Bywaters« erneut traurige Berühmtheit erlangte, in einem Leserbrief an den »Daily Telegraph« folgendermaßen: *»Es war meine Aufgabe, den Mitgliedern der Jury die Briefe vorzulesen ... ›Ekelerregend‹ ist als Beschreibung ihres Inhalts kaum ausreichend ... durch ihre Briefe hat sich Mrs. Thompson ihr eigenes Grab geschaufelt.«* Die Kombination von sexueller Offenheit auch im Zusammenhang mit Abtreibung, gepaart mit fiktiven Mordabsichten und der intensiven Erörterung tragischer Liebesromane, geschrieben von einer äußerlich respektablen Frau der Mittelklasse wirkte damals auf die Geschworenen wie ein Schock und trug zu einer starken Voreingenommenheit gegenüber Edith Thompson bei. Wie später oft über ihren Fall geschrieben, hängte man sie nicht wegen Mordes, sondern wegen Ehebruchs.

Die beiden Angeklagten reagierten mit Bestürzung auf das zumindest für Edith unerwartet harte Urteil. Bywaters beteuerte unmittelbar nach der Urteilsverkündung vehement die Unschuld seiner Mitangeklagten, die einen Zusammenbruch erlitt und weinend von der Anklagebank getragen werden musste. Die Familien der beiden ließen nichts unversucht, schrieben Gnadenappelle an den konservativen Premierminister Andrew Bonar Law, der sein Amt erst im Oktober nach einer parteiinternen Revolte der Tories, die den Bruch der Koalition mit den Liberalen unter Lloyd George zur Folge gehabt hatte, übernommen hatte, an den Innenminister William Clive Bridgeman und selbst an den König George V.

Die Strafverteidiger legten am 16. Dezember Berufung ein, doch bereits am 21. Dezember entschied der Court of Appeal, dass für eine Revision des Todesurteils keinerlei formaljuristische Gründe vorlägen. Es handele sich vielmehr um einen *»gewöhnlichen ... Fall«*, der *»von Anfang bis Ende kein milderndes Element erkennen«* lasse. Weiter heißt es in der Entscheidung, *»die einzige Person, die in diesem Fall mit Sympathie zu betrachten ist«*, sei das Opfer Percy Thompson.

Besonders Edith Thompson schlugen nach dem Urteil Wellen der Sympathie und des Mitgefühls entgegen. Das Gefängnis Holloway wurde mit Blumensendungen für sie geradezu überschwemmt. Das Home Office verfügte jedoch, das die Verurteilte die Sträuße nicht erhalten dürfe und sie nicht einmal zur Dekoration des Krankenreviers benutzt werden sollten, sondern vernichtet werden müssten.

Auch die Presse war nicht untätig, spiegelte allerdings auch die Zweiteilung der öffentlichen Meinung wieder: Da waren zunächst die, die das Todesurteil als fair und einzige der Tat angemessene Strafe sahen. Für diese Gruppe sprach beispielsweise die »Daily Mail«, die das Todesurteil als das *»richtige Urteil«* bezeichnete. Andererseits zeigten sich viele Menschen gerührt von der Jugend besonders von Freddy Bywaters und der Tragik der Liebesgeschichte zwischen Edith und Freddy. Das Boulevardblatt »Daily Sketch« rief daher am 14. Dezember eine Unterschriftenkampagne gegen die Hinrichtung und für eine Begnadigung zu lebenslanger Haft von Thompson und Bywaters ins Leben. Am 22. Dezember, kurz vor Weihnachten, übergab der Chefredakteur dem Innenministerium insgesamt 832 104 Unterschriften gegen die Vollstreckung der Todesstrafe in diesem Fall. Im »Weekly Dispatch« bezog der Journalist und Schriftsteller Beverly Nichols eindeutig Stellung und sprach sich eindringlich gegen die Hinrichtung von Edith Thompson aus. Selbst der Untersuchungsrichter befürwortete eine Begnadigung der beiden Verurteilten zu lebenslanger Haft. Auch prominente Zeitgenossen äußerten sich. Der Schriftsteller Thomas Hardy, der mit Tess of the d'Urbervilles eine Heldin geschaffen hat, die ebenfalls gehängt wird, schrieb über Edith Thompson sein Gedicht «On the Portrait of a Woman about to be Hanged«. Auch Virginia Woolf und Mitglieder ihrer Bloomsbury Group nahmen Anteil am Schicksal von Edith Thompson. Die Schwester des Malers Roger Fry, die Sozialreformerin Margery Fry, besuchte die Verurteilte sogar kurz vor ihrer Hinrichtung, war jedoch von der *»Gewöhnlichkeit«* der Mörderin enttäuscht, die sie als *»recht einfältiges Mädchen, das seine schmutzige kleine Liebschaft romantisiert«* hatte, beschrieb. Der spätere Literaturnobelpreisträger T. S. Eliot beklagte die *»schwüle Sentimentalität«*, mit der ein Großteil der Presse auf die Mörderin von Ilford reagierte. All dies polarisierte, in den Leserbriefspalten der großen Zeitungen sprachen sich die Schreiber entweder vehement für oder gegen eine Hinrichtung von Thompson und Bywaters aus. Das »Für und Wider einer Begnadigung« fasste der Chefredakteur des »Sunday Express« in der bebilderten Broschüre »The Ilford Murder« zusammen, die für zwei Pence erworben werden konnte.

Doch der so erzeugte öffentliche Druck, kombiniert mit sehr persönlichen Gnadengesuchen von Eltern und Verwandten der Verurteilten, vermochte es nicht, König bzw. Premierminister dazu zu bewegen, von ihrem Privileg des Gnadenerweises Gebrauch zu machen. Besonders eindringlich schrieb Freddys Mutter an den Monarchen: *»Ich habe meinen Ehemann für England geopfert, um Gottes Willen, lassen Sie mir meinen Jungen.«* In kalt und bürokratisch wirkenden standardisierten Antwortschreiben teilte ein Staatssekretär des Home Office den Angehörigen am 5. Januar 1923 jedoch mit, leider habe man nichts für die Verurteilten tun können. Am Morgen des 9. Januar 1923 wurden Edith Thompson in Holloway und Freddy Bywaters in Pentonville zur selben Zeit gehängt. Vor beiden Haftanstalten hatten sich ca. 4 000 bis 5 000 Menschen versammelt. Seit 1907 war in England keine Frau mehr am Galgen geendet. Ediths Hinrichtung zog erneut Proteste nach sich. So findet sich in den Akten zu ihrem Fall ein Brief an den Gefängnisdirektor von Holloway, in dem das Erhängen von Edith Thompson als Mord bezeichnet wird und der anonyme Schreiber vehement seinen Abscheu gegen solche

Exekutionen äußert. Wahrscheinlich derselbe Autor beschimpfte in einem ähnlichen Brief den für seine Härte und Strenge bekannten konservativen Innenminister William Clive Bridgeman im Zusammenhang mit der Anordnung der Hinrichtung als *»verdammtes Schwein«*.

Zunächst hatten die Zeitungen berichtet, die Verurteilte sei bis zu ihrem Tode ruhig und beherrscht gewesen. Die »Daily Mail«, die das Todesurteil begrüßt hatte, schilderte die Gemütslage der Nation in Bezug auf die Hinrichtung am 10. Januar 1923 so: *»In der großen Menge stellte kaum jemand die Gerechtigkeit des Urteils in Frage, allerdings herrschte eine tiefe Sympathie mit den Familien der beiden Verurteilten.«* In den folgenden Tagen sickerten jedoch Gerüchte über den wahren Verlauf der Exekution von Edith Thompson durch. In der Presse hieß es nun, statt ruhig sei sie eher benommen erschienen, beim Anblick des Henkers sei sie in *»erschütterndes Gewimmer«* ausgebrochen. Die *»sanfte Hilfe an jeder Seite«* auf dem Weg zum Schafott bedeute in Wahrheit, dass die Verurteilte regelrecht zum Galgen hatte getragen werden müssen. Sie sei während des Erhängens gar nicht mehr bei Bewusstsein gewesen, der Gefängnisarzt habe die hysterische Edith Thompson so stark narkotisieren müssen, dass sie nicht einmal mehr aus eigener Kraft habe stehen können. Offizielle Stellen beeilten sich zwar, diese Gerüchte zu dementieren, dennoch wollten sie nicht verstummen. Noch Anfang der 1950er Jahre, als heftig über die Abschaffung der Todesstrafe diskutiert wurde, tauchte der Fall Edith Thompson als Negativbeispiel auf. Schließlich sah sich der damalige Innenminister gezwungen, interne Papiere über den Fall zu veröffentlichen. Nun kam heraus, dass Edith zwar nicht wild um sich geschlagen und sich wohl nicht körperlich gewehrt hatte, jedoch unter Sedative gesetzt worden war, um die Erhängung ruhig vonstatten gehen zu lassen. Der ehemalige Direktor der Untersuchungshaftanstalt Brixton, der als Zeuge bei Ediths Hinrichtung anwesend war, behauptete, man habe ihr fehlerhafter Weise und viel zu verfrüht bereits in der Zelle die Beine gefesselt, weshalb sie zur Hinrichtungsstätte hatte getragen werden müssen. Dies habe man als *»humaner«* empfunden, als sie zum Galgen laufen zu lassen. Der »Sunday Dispatch« machte dann am 30. November 1952 mit der Schlagzeile auf *»Sie trugen eine unschuldige Frau aufs Schafott«*.

Die erniedrigenden Umstände der Exekution von Edith Thompson gaben Anlass zu einer Debatte über die Abschaffung der Todesstrafe für Frauen. Selbst die dem Todesurteil positiv gegenüberstehende »Daily Mail« hatte bereits am 13. Dezember 1922 gefragt: *»Sollen Frauen hängen?«* Der »Sunday Express« konkretisierte diese Frage kurz vor der Vollstreckung des Todesurteils dahingehend, dass es nun hieß: *»Soll Edith Thompson hängen?«*

Die Unwürdigkeit der Situation erlebten fast alle Beteiligten als traumatisches Erlebnis. Ihr Henker John Ellis soll sich nach der Exekution betroffen geäußert und geschworen haben, nie wieder eine Frau zu hängen. Ein Jahr später unternahm er einen ersten Selbstmordversuch, 1932 nahm er sich dann das Leben. Zwei der Gefängniswärter berichteten anschließend dem »Daily Express« Einzelheiten, die die Öffentlichkeit entrüsteten. Neben der Ruhigstellung der Delinquentin bestürzten besonders Schilderungen darüber, wie bei der Gehängten durch den Ruck des plötzlichen Sturzes durch die Klappe des Schafotts die inneren Organe praktisch herausgefallen seien. Dies gab Anlass zu Gerüchten, Edith Thompson sei schwanger gewesen, was ein noch dubioseres Licht auf ihre Hinrichtung warf, denn Schwangere wurden von Exekutionen ausgenommen und automatisch zu lebenslanger Haft begnadigt. Allerdings finden sich in den erhaltenen Unterlagen zu den medizinischen Untersuchungen, die mit Edith zum Zeitpunkt ihrer Einlieferung im Gefängnis unternommen worden waren, keine Hinweise auf körperliche Veränderungen, die auf eine Schwangerschaft hingedeutet hätten, obwohl der Einlieferungsbescheid den ausdrücklichen Vermerk enthält, auf die geistige und körperliche Verfassung der Insassin zu achten. Auch die nach ihrer Exekution durchgeführte Leichenschau ergab *»keine ungewöhnlichen Befunde in Bezug auf Körperbau oder Verfassung der Gefangenen«*.

Edith Thompson fand ihre letzte Ruhestätte zunächst im Gefängnishof von Holloway. Im Zuge der Suspendierung der Todesstrafe und aufgrund von in Holloway Ende der 1960er Jahre durchgeführten Renovierungsarbeiten wurden dann alle dort begrabenen Hingerichteten zur Umbettung freigegeben. Edith Thompson ruht nun seit 1971 mit drei weiteren gehängten Frauen in einem Gemeinschaftsgrab auf dem Brookwood Cemetary in London. Seit 1993 weist ein Gedenkstein auf die dort Begrabenen hin. Die Freigabe von Freddy Bywaters Leichnam beantragte niemand; er liegt noch immer auf dem Friedhof des Gefängnisses Pentonville.

Edith Thompsons Familie wohnte noch bis 1938, dem Todesjahr ihrer Mutter, in dem Haus Shakespeare Crescent 231. Ihr Vater verstarb nur drei Jahre später. Bis 1977 lebte ihre Schwester Avis, die zutiefst von Ediths Unschuld überzeugt war. Im Laufe der Zeit, besonders nachdem die Todesstrafe in England nach Ende des Zweiten Weltkriegs als nicht mehr zeitgemäß angesehen wurde und zunehmend in die Kritik geriet, wurde immer wieder gerade die Hinrichtung der angeblichen Mörderin von Ilford als Schandfleck der britischen Justizgeschichte dargestellt. Ende der 1980er Jahre bemühte sich unter anderem der Historiker René Weis um einen posthumen Freispruch für Edith Thompson. Auch der 2001 über den Fall gedrehte Kinofilm »Another Life - A Love to Die for«, zweifelte an ihrer Mitschuld. Die zunächst für 100 Jahre sekretierten Akten zu »Thompson & Bywaters« wurden endgültig erst im Jahre 2005 für die Allgemeinheit freigegeben.

Im Jahr der Hinrichtung von Thompson und Bywaters trat übrigens eine Liberalisierung der Scheidungsgesetze in Kraft. Seit Beginn der 1920er Jahre war die ungewöhnlich hohe Scheidungsziffer der Nachkriegszeit diskutiert worden, und im Zug dieser Auseinandersetzung hatte es sogar mehrere Anträge im House of Lords und in den Commons gegeben, eine Scheidung allein aufgrund des Verlassens des Partners zu gewähren - was dem Zerrüttungsprinzip sehr nahe gekommen wäre. Diese Bestrebungen wurden jedoch von der Regierung nicht ernsthaft weiter verfolgt. Da jedoch Frauen 1918 das Wahlrecht gewährt worden war, sah sich das Parlament, um das neue Wählerinnenreservoir nicht zu verprellen, zumindest dazu genötigt, Frauen eine Scheidungsklage auf der gleichen Grundlage wie der ihrer Ehemänner zu gewähren. So konnte eine betrogene Ehefrau nun ebenfalls Klage gegen einen untreuen Ehemann einreichen, böswilliges Verlassen oder Grausamkeit mussten nicht noch zusätzlich bewiesen werden. Dies führte dazu, dass Frauen verstärkt die Scheidung beantragten und bald 69 Prozent der Antragsteller weiblich waren, verglichen mit 75 Prozent männlichen Klägern vor der Reform von 1923. Zudem lag die Scheidungsziffer in den 1920er Jahren viermal höher als in der Vorkriegszeit; nun wurden ca. 4 000 Ehen pro Jahr geschieden. Dazu trug die Einführung von Prozesskostenbeihilfe bei, die es nun auch Angehörigen der unteren Mittelklasse ermöglichte, einen Scheidungsprozess zu finanzieren.

Es zeigt sich also, dass Scheidungen und das Scheitern von Ehen in den 1920er Jahren zunehmend gesellschaftlich akzeptiert wurden, auch wenn es sich bei Trennungen immer noch um Ausnahmen handelte. Doch bis das Zerrüttungsprinzip im englischen Scheidungsrecht Einzug hielt – das Edith Thompson eine relativ unproblematische Scheidung von ihrem Ehemann Percy beschert hätte – sollte es noch mehr als 40 Jahre dauern. Wie viele Menschen an dieser erzwungenen Form des Zusammenlebens zerbrachen oder zu so verzweifelten Mitteln griffen wie Freddy Bywaters, kann nur vermutet werden.

## Der trügerische Friede der Zwischenkriegszeit

Die wirtschaftliche Situation besserte sich in England auch in den 1930er Jahren nicht. Als im Oktober 1929 die amerikanischen Aktienmärkte zusammenbrachen, erreichten die Schockwellen schnell auch Großbritannien. Die Arbeitslosenzahlen stiegen, so dass 1932 ein Höchststand von drei Mio. Erwerbslosen registriert werden musste - zum Vergleich: Deutschland zählte zur selben Zeit sogar mehr als fünf Mio. Arbeitslose. Um die Krise bewältigen zu können, bildete sich in England ein sogenanntes National Government, dem unter dem Labour-Premier Ramsey MacDonald, neben einigen Liberalen, hauptsächlich konservative Politiker angehörten. Diese Regierungsform herrschte, dominiert ab 1937 vom konservativen Premierminister Neville Chamberlain, bis 1940, als der Krieg einen Umbau der politischen Landschaft erzwang.

Verschärft wurde die Situation in England durch Strukturprobleme der Wirtschaft: statt auf Leicht- oder die chemische Industrie bauten die britischen Industriezentren im Norden und in Wales hauptsächlich auf veraltete und wenig nachgefragte Güter und Industriezweige wie Kohle, Stahl, Textilien und Schiffbau. Erst 1935, als England langsam begann, die drohende Kriegsgefahr zu realisieren und daher verstärkte Modernisierungsbemühungen besonders im Rahmen der Luftwaffe unternahm, ging es mit der Schwerindustrie wieder bergauf.

Die 1930er waren gekennzeichnet von einer immer stärker spürbaren Aufspaltung des Landes: Der prosperierende Süden und Südosten einerseits, der von wirtschaftlicher Depression gezeichnete Norden andererseits. Dieses Nord-Süd-Gefälle förderte den Wegzug der verarmten Bevölkerung aus den Gegenden des industriellen Niedergangs wie Lancashire oder Yorkshire, aber auch aus Schottland. Die Einwohnerzahl Londons dagegen wuchs. Trotz Hungermärschen verarmter Arbeiter, der Verwahrlosung und dem Verfall ganzer Städte im Norden unternahm die Regierung relativ wenig, um die Armut und Hoffnungslosigkeit dort zu lindern. Dies lag auch daran, dass es sich um ein regional begrenztes Phänomen handelte: Im Süden ging es der Bevölkerung besser, dort genossen die Menschen ein steigendes Einkommen in neuen Industriezweigen, bauten sich die typisch englischen Reihenhäuser, die nun endlich über solche Annehmlichkeiten wie Toiletten mit Wasserspülung, Elektrizität oder fließendes heißes Wasser verfügten, und vertrieben sich ihre dank verkürzter Wochenarbeitszeit größer werdende Freizeit mit Sport, Kino und dem neuen Massenmedium Radio. Sogar Autos wurden für die breite Masse erschwinglich, 1930 waren bereits eine Mio. Privatwagen zugelassen.

Damit die neuen Eigenheime in den Vororten etwas hermachten, bildete sich das Ideal der daheimbleibenden Hausfrau heraus, die wusch und putzte, während der Mann in der Stadt seiner Erwerbsarbeit nachging. Heerscharen solcher Ehefrauen aus der unteren Mittelklasse saßen täglich in den Vorstädten zu Hause, erledigten die sich ständig wiederholenden Hausarbeiten, erzogen die Kinder und langweilten sich zunehmend in ihrem ereignisarmen Tagesablauf. Um die eintönige Putzerei zu erleichtern, kamen in diesem Jahrzehnt erstmals Waschmaschinen und Staubsauger auf den Markt. Erst mit Kriegsausbruch, als ein erneuter totaler Krieg wiederum den verstärkten Einsatz von Frauen nötig machte, änderte sich für viele Hausfrauen aus den Vororten das Dasein. Dass sie sich zahlreich an der Home Front engagierten zeigt, wie unzufrieden viele von ihnen mit ihrem abgeschotteten Leben gewesen waren.

Die Gefahr, die von Nazi-Deutschland ausging, war lange von der politischen Elite Englands ignoriert worden. Die Rheinlandbesetzung durch Hitlers Truppen im Frühjahr 1936, die gegen den Versailler Vertrag verstieß, hatte man hingenommen. Nur wenige, damals unpopuläre Politiker wie Winston Churchill ereiferten sich darüber. Auch die italienische Invasion in Abessinien unter Mussolini wurde geduldet. Im spanischen Bürgerkrieg, in dem auch zahlreiche Engländer innerhalb der Internationalen Brigaden auf Seiten der rechtmäßig gewählten linken Regierung gegen den Faschisten Franco und seine Anhänger kämpften, wählte die britische Regierung ebenfalls den Weg der offiziellen Nichteinmischung. Chamberlain betrieb ab 1937 dann die sogenannte

Appeasement-Politik, die versuchte, sich möglichst mit den faschistischen Regierungen innerhalb Europas zu arrangieren. Dabei sollte nicht etwa Zeit gewonnen werden, bis das englische Militär genug gerüstet war, vielmehr versuchte die Regierung, sich aus den Wirren auf dem Kontinent herauszuhalten. Daher fielen die kritischen Reaktionen auf die Annexion Österreichs 1938 milde aus, und auch die Besetzung des Sudetenlandes wurde toleriert. Auf mehreren Konferenzen in Deutschland, von denen die letzte im September 1938 in München stattfand, versuchte Chamberlain, die drohende Kriegsgefahr durch weitreichende Zugeständnisse an Nazi-Deutschland zu bannen. Nach München noch als Friedensbringer gefeiert, schlug die öffentliche Stimmung in England jedoch ab 1939 um. Als Hitler im März in Prag einmarschierte und damit die rechtmäßig gewählte tschechoslowakische Regierung stürzte, reagierte die britische Öffentlichkeit empört. Appeasement (Beschwichtigung) erschien keine Lösung angesichts eines so rücksichtslosen Aggressors. Die englische Regierung sah sich gezwungen, einen Beistandspakt mit Polen zu schließen.

Innenpolitisch versuchte Chamberlain, eine Radikalisierung der Arbeiterschaft zu verhindern, indem er die Errungenschaften des langsam einsetzenden Wirtschaftswachstums einer möglichst großen Zahl von Menschen zugänglich machte. 1937 verkürzte er beispielsweise die Arbeitszeit der Bergleute, 1938 schob er ein Wohnungsbauprogramm an und führte für mehr als elf Mio. Arbeiter und Angestellte bezahlten Urlaub ein. Daneben versuchte er, die Landwirtschaft zu modernisieren. Daher war ein Großteil der Briten am Ende des Jahrzehnts, trotz der drohenden Kriegsgefahr, relativ zufrieden mit dem Leben, auch wenn sich die Schere zwischen Armen und relativ Wohlhabenden weiter geöffnet hatte. Schon zu Beginn der Dekade hatten sich zwei Drittel des Wohlstands in der Hand von lediglich einem Prozent der Bevölkerung befunden.

Den größten gesellschaftlichen Skandal der 1930er Jahre stellte sicher die Abdankung des Königs Edward VIII. dar. Nach dem Tod seines Vaters im Januar 1936 entzündete sich ein Streit um die geplante Heirat des neuen Königs mit der geschiedenen

Amerikanerin Wallis Simpson. Schließlich gab er ihretwegen im Dezember 1936 seinen Thronanspruch auf und dankte ab. Das Paar lebte zunächst in Frankreich und während des Zweiten Weltkrieges als Gouverneursehepaar auf den Bahamas. Bereits ein Jahr zuvor hatte eine andere tragische Affäre den Anstoß der britischen Gesellschaft erregt. Die Berühmtheit der Beteiligten sorgte hier ebenfalls für großes Aufsehen.

## Mord in der Villa Madeira: Alma Rattenbury

Auch im folgenden Fall spielt erneut ein junger Liebhaber die entscheidende Rolle in einer tragischen Dreiecksbeziehung. Die Beteiligten verfügten zudem über eine gewisse zeitgenössische Prominenz, was das Interesse an diesem Mord im Vergleich zur Tat von Thompson und Bywaters sogar noch steigerte.

Francis Mawson Rattenbury, geboren 1867 in England, war mit 25 Jahren nach Victoria, der Hauptstadt der kanadischen Provinz British Columbia, ausgewandert, um dort als Architekt sein Glück zu versuchen. Bereits kurz nach seiner Ankunft hatte er sich einen spektakulären Auftrag sichern können, der ihn berühmt machen sollte: Er gewann die Ausschreibung zum Neubau des Parlamentsgebäudes der Provinz. Weitere bedeutende Bauten, die Rattenbury in seiner Zeit in Kanada entwarf, sind das immer noch zu bewundernde prächtige Empress Hotel in Victoria (1908) - ein 460-Zimmer-Haus im edwardianischen Stil, das die Hafenfront der Stadt dominiert -, das Vancouver Court House (heute die Vancouver Art Gallery) oder das Gebäude der Bank of Montreal. Diese Unternehmungen machten ihn zu einer einflussreichen Figur der High Society. Daneben übernahm er auch immer wieder Ämter in der lokalen Politik.

1897 heiratete er Florence N., die Tochter eines britischen Armeeoffiziers. Das Paar bekam zwei Kinder, einen Sohn und eine Tochter, und führte nach außen das respektable Leben ihrer gesellschaftlichen Kreise. Die Ehe selbst jedoch scheint schnell zerrüttet gewesen zu sein. Vom Typ her waren die Ehepartner zu unterschiedlich und so kühlte die gegenseitige Zuneigung zunehmend ab. Rattenbury lebte bald in einem separaten Teil seines Hauses und kommunizierte mit seiner Gattin nur noch über die gemeinsame Tochter. Ob er aufgrund seines privaten Schiffbruchs mit dem Trinken anfing, oder ob der Griff zur Flasche der Auslöser für seine Eheprobleme war, ist unbekannt. Jedenfalls lebte das Ehepaar Rattenbury bald nur noch nebeneinander her, und der Architekt ertränkte seine Frustration im Alkohol.

Bis er 1923 die große Liebe seines Lebens traf: Alma Pakenham, die bereits ein äußerst bewegtes Leben hinter sich hatte. Ihre Herkunft liegt weitgehend im Dunkeln. Geboren wurde sie etwa Mitte der 1890er Jahre als uneheliche Tochter einer englischen Mutter und eines deutschen Goldsuchers in British Columbia. Da ihr Vater bereits kurz nach ihrer Geburt verschwand, heiratete ihre Mutter den Drucker William Clarke, dessen Familiennamen auch Alma erhielt. Da sie eine vielversprechende musikalische Begabung zeigte, schickte man sie auf das Toronto College of Music, das sie ungefähr 1908 abschloss. Als 17-Jährige trat sie gemeinsam mit dem Toronto Symphony Orchestra auf, spielte als Solistin Geige und Klavier. 1913 zog sie mit ihrer Familie nach Vancouver, wo sie ein Jahr später ihren ersten Ehemann, den Iren Caledon Dolling heiratete. Im gleichen Jahr brach der Erste Weltkrieg aus, und Dolling meldete sich freiwillig an die Front. Um ihrem frischangetrauten Ehemann nahe zu sein, bemühte Alma sich um einen Posten in Europa, und fand eine Anstellung im War Office in London. Frauen durften keinen Dienst an der Front, beispielsweise in Frankreich, tun, wenn ihr Ehemann dort eingesetzt war.

Englische Frauen dienten im Ersten Weltkrieg in vielen Bereichen. Neben der Arbeit in Munitionsfabriken und in anderen kriegswichtigen Industrien existierte beispielsweise das Women's Land Service Corps (später Women's Land Army), das Frauen zum Arbeitseinsatz aufs Land schickte. Waren Frauen in Fabriken und in Männerjobs schon umstritten, galt dies erst recht für Frauen im Krieg. Dennoch kam auch in den Streitkräften weibliches Personal zum Einsatz. Das Women's Army Auxiliary Corps (WAAC), gegründet 1917, stellte weibliche Kriegshelferinnen für Aufgaben in der Verwaltung, als Telefonistinnen oder beim Küchenpersonal zur Verfügung, um so Männer, die bisher diese Tätigkeiten ausgeübt hatten, für den Frontdienst freizumachen. Diesem Beispiel des Heeres folgten mit dem Women's Royal Naval Service (WRNS) und der Women's Royal Air Force (WRAF) bald auch Marine und Luftwaffe. Zunächst noch gegen den Willen der britischen Regierung formierten sich unter der Leitung der wenigen englischen Ärztinnen bereits kurz nach Kriegsbeginn das Women's Hospital Corps und Einheiten des Scottish Women's Hospitals, die direkt mit den französischen, belgischen und serbischen Truppen zusammenarbeiteten. Zu letzterer Organisation gehörte ab der zweiten Kriegshälfte auch Alma Dolling. Nachdem ihr Mann 1916 durch eine Granate getötet worden war, hatte sie sich um einen Fronteinsatz bemüht. Zweimal wurde sie im Laufe des Krieges verwundet und erhielt als Anerkennung ihrer Leistungen das Croix de Guerre.

Nach Kriegsende lebte Alma zunächst wieder in England. Dort traf sie ihren zweiten Ehemann, Captain Compton Pakenham. 1921 heirateten sie und übersiedelten in die USA, wo am 8. Juli ihr gemeinsamer Sohn Christopher das Licht der Welt erblickte. Warum diese Ehe scheiterte, ist unklar, jedenfalls trennte sich Alma bald wieder und zog zu ihrer Mutter nach Vancouver, um sich dort mit Klavierstunden und Gesangsauftritten über Wasser zu halten.

Nach einem solchen Rezitationsabend im Empress Hotel in Victoria wurde Alma 1923 dem berühmten Erbauer ihres Auftrittsortes vorgestellt. Francis Rattenbury scheint sich Hals über Kopf unsterblich in die junge Chanteuse verliebt zu haben, die sich exotisch und geheimnisvoll gab. Obwohl ein verheirateter Mann und doppelt so alt wie das Objekt seiner Begierde, begann Rattenbury eine Affäre mit der Sängerin mit Vergangenheit. Alma kam die Aufmerksamkeit des seriösen älteren Herren, einer wohlhabenden Stütze der Gesellschaft, ebenfalls sehr gelegen. Doch scheinen ihre Motive für die Liaison nicht allein finanzieller Natur gewesen zu sein, Zeitzeugen sprachen von echter Zuneigung, die die junge Geliebte ihrem älteren Gönner entgegenbrachte. Da beide sich jedoch kaum Mühe gaben, ihr Verhältnis zu verbergen, ließen Gerede und Gerüchte nicht lange auf sich warten. Als

Rattenbury schließlich seine Mätresse in seinem Haus einquartierte und seine Ehefrau ins obere Stockwerk verbannte, kam der Skandal unübersehbar ans Tageslicht. Das Paar wählte diese Maßnahme jedoch nicht etwa aus Rücksichtslosigkeit, sondern sah sich vielmehr zu diesem groben Schritt genötigt, um der Ehefrau nach dem geltenden Scheidungsrecht die Möglichkeit zu geben, wegen bewiesenen Ehebruchs die Auflösung der Ehe zu beantragen. In Kanada war die Ehescheidung besonders geächtet, was sich daran zeigt, dass überhaupt nur drei Provinzen vor dem Ersten Weltkrieg über Gerichte verfügten, die befugt waren, Scheidungen auszusprechen. In allen anderen Landesteilen war dazu eine Parlamentsentscheidung notwendig, was den Prozess langwierig und teuer machte. Erst 1968 verabschiedete Kanada ein allgemeingültiges Scheidungsrecht.

Zwar bewegte das Verhalten ihres Gatten Florence, 1925 endlich die Scheidung einzureichen, machte Rattenbury und Alma aber andererseits zu sozialen Außenseitern. Der Architekt erhielt kaum noch Aufträge, gesellschaftlich wurde das Paar, das ebenfalls 1925 geheiratet hatte, geschnitten. Somit hatte das geltende Scheidungsrecht und das soziale Stigma zwei Existenzen vernichtet, und nicht einmal die Legalisierung der Affäre konnte den gesellschaftlichen Ausgrenzungsprozess umkehren.

Daher verließen die Eheleute Rattenbury nach der Geburt des gemeinsamen Sohnes John im Dezember 1928 im folgenden Jahr Kanada und siedelten sich erneut in England an, diesmal im südenglischen Seebad Bournemouth. Dort mieteten sie die Villa Madeira, ein geräumiges zweigeschossiges Cottage. Rattenburys Karriere lag danieder, in der ihm fremd gewordenen Heimat konnte er zunächst als Architekt keine Projekte umsetzen. Der einstmals geachtete und berühmte Rattenbury sah sich in die Bedeutungslosigkeit abrutschen. Neben finanziellen Schwierigkeiten, auch resultierend aus Verlusten im Zuge des »schwarzen Freitags« an der New Yorker Börse, plagten den Sechzigjährigen zunehmend Depressionen. Und wieder griff er zur Flasche. Daneben litt er unter Alterserscheinungen wie Schwerhörigkeit. Im Vergleich mit seiner sorglosen und fröhlichen jungen Frau muss sich Rattenbury zunehmend wie ein unnützer Greis vorgekommen sein.

Alma hingegen befand sich im Aufwind. Unter ihrem Künstlernamen Lozanne schrieb sie zu Beginn der 1930er zahlreiche erfolgreiche Schlager wie »Dark-Haired Marie«, die heute weitgehend vergessen sind. Damals jedoch erfreuten sich ihre Kompositionen großer Beliebtheit, und sie arbeitete mit bekannten Musikgrößen zusammen. So besuchte beispielsweise der berühmte Tenor Richard Tauber die Villa Madeira.

1934 beschloss Rattenbury, der mit neuer Energie doch wieder begonnen hatte, als Architekt zu arbeiten, er sei mit seinen 67 Jahren zu alt, um selbst mit dem Auto zu seinen Geschäftsterminen zu fahren. Daher stellte er im September des Jahres einen jungen Mann als Fahrer ein: George Stoner, der behauptete, 22 Jahre alt zu sein, in Wirklichkeit aber erst 18 war. Der gutaussehende Chauffeur fühlte sich sofort zur Dame des Hauses hingezogen, und auch Alma schmeichelten die Avancen ihres jungen Angestellten. Später, als ihr Privatleben zur Unterhaltung der Öffentlichkeit in den Zeitungen ausgebreitet wurde, konnte das interessierte Publikum zwischen den Zeilen herauslesen, dass Rattenbury seine Frau zunehmend »vernachlässigt« hatte, was auf Impotenz aufgrund von Alter und Alkoholkonsum zurückgeführt wurde. Angeblich hatte es seit ihrer Ankunft in England keine sexuellen Kontakte mehr zwischen den Ehepartnern gegeben, und angeblich hatte ihr Hunger nach Sex Alma in die Arme Stoners getrieben. Zu diesem Bild trug auch ihr für damalige Verhältnisse aufregendes Vorleben inklusive Scheidung und als Rattenburys Mätresse und Ehebrecherin bei, sowie ihr Status als Künstlerin, denen ohnehin ein ausschweifendes Leben unterstellt wurde.

Alma und Stoner begannen eine Affäre, wobei es sich als günstig erwies, dass der Chauffeur und die Dame des Hauses lediglich durch das Zimmer der Haushälterin getrennt schliefen. Das Verhältnis blieb Rattenbury wahrscheinlich nicht verborgen, doch unternahm er nichts, um beide auseinanderzubringen. Vielleicht war er erleichtert, dass seine junge Frau Ablenkung und Befriedigung fand, und das bei einem Mann, den er bezahlte und so kontrollieren konnte.

Am 24. März 1935 endete dies Dreiecksverhältnis jedoch in einer Katastrophe. Alma zog sich an diesem Abend nach einigen

Partien Karten um 21.30 Uhr zurück. Etwa um 22.15 Uhr kehrte die Haushälterin der Rattenburys, Irene R., von ihrem freien Abend zurück. Auf ihrem Weg in die Küche, um ein spätes Abendessen einzunehmen, hörte sie schweres Atmen aus einem der Zimmer im Erdgeschoß. Daraufhin schaute sie zwar in Rattenburys Schlafzimmer nach - das Ehepaar schlief getrennt -, welches sie leer vorfand, jedoch nicht im Wohnzimmer. Anschließend ging auch Irene R. zu Bett. Dabei traf sie im Obergeschoss den Chauffeur Stoner, der angab, nur nachschauen zu wollen, ob auch alle Lampen gelöscht worden seien. Die Haushälterin, die von Alma ins Vertrauen gezogen worden war, wusste von der Affäre der beiden. Daher ließ sie sich kurze Zeit später bereitwillig auf ein Gespräch mit Alma in ihrem Schlafzimmer ein, in dem Mrs. Rattenbury von einem für den nächsten Tag geplanten Ausflug zu Freunden berichtete. Da diese in einem Nachbarort wohnten, würden die Eheleute Rattenbury dort übernachten müssen.

Kurz nachdem Alma das Schlafzimmer verlassen hatte, hörte die Haushälterin plötzlich einen Schrei aus dem Erdgeschoss. Aufgeschreckt rannte sie die Treppe hinab und fand Alma neben ihrem Ehemann stehend im Wohnzimmer vor. Rattenbury saß in seinem Sessel vor der Terrassentür, sein Schädel eine blutige Masse aus Knochensplittern und austretendem Gehirn. Die geschockte Ehefrau konnte nur hervorstoßen: *»Jemand hat Ratz angegriffen. Ruf sofort den Doktor!«* Um sich zu beruhigen, trank Alma anschließend, während sie auf den Arzt wartete, einige große Gläser Whiskey.

Bei seinem Eintreffen fand Dr. William O'Donnel die Ehefrau völlig hysterisch und betrunken vor. Der bewusstlose Rattenbury lebte jedoch noch, allerdings war seine Atmung stark verlangsamt und sein Puls unregelmäßig. Dr. O'Donnel ließ nun zunächst den Chirurgen Dr. Rook rufen. Dieser empfahl nach einer oberflächlichen Untersuchung Rattenburys, den schwer Verletzten ins Krankenhaus zu bringen. Dort starb Francis Rattenbury drei Tage später, ohne das Bewusstsein wiedererlangt zu haben.

Nach dem Abtransport des Sterbenden ins Krankenhaus hatte Dr. O'Donnel aufgrund der verdächtigen Umstände die Polizei benachrichtigt. Um 2.00 Uhr erschien daher Constabler Arthur B.

in der Villa Madeira, um die daheimgebliebene Ehefrau des Opfers zu befragen. Alma, immer noch betrunken und unter Schock stehend, gab unumwunden zu, ihrem Ehemann den Schädel eingeschlagen zu haben. Kurz darauf jedoch beschuldigte sie ihren Geliebten Stoner der Tat. Als sie dann noch versuchte, den Polizeibeamten zu küssen, rief dieser zunächst seinen Vorgesetzten Inspektor M. zu Hilfe. Auch in seiner Gegenwart gestand Alma den Mord. Als jedoch Dr. O'Donnel gegen 4.00 Uhr zurückkehrte und ihren verwirrten Zustand registrierte, unterband er jede weitere Befragung und spritzte Mrs. Rattenbury ein Beruhigungsmittel.

Kaum zwei Stunden später, gegen sechs Uhr morgens, weckte man Alma Rattenbury bereits wieder. Immer noch benebelt von Alkohol und Morphium, brachte die Polizei sie zum Verhör ins nächste Revier. Dort gab sie erneut zu, ihren Ehemann erschlagen zu haben, behauptete aber nun, er habe sie darum gebeten, es hätte sich also um Tötung auf Verlangen gehandelt. Daraufhin wurde gegen sie Anklage wegen versuchten Mordes erhoben.

Am 28. März meldete sich dann die Haushälterin bei der Polizei. Sie gab an, George Stoner habe ihr gegenüber zugegeben, dass er seinen Arbeitgeber erschlagen habe. Da Rattenbury am selben Tag verstarb, wurde nun gegen Alma und Stoner wegen Mordes ermittelt. Während der Untersuchungshaft saß Alma im Frauengefängnis Holloway. Dort quälte sie sich mit Selbstvorwürfen und gab sich die Schuld an der Tat ihres jungen Liebhabers. Doch schließlich siegte ihr Verantwortungsbewusstsein gegenüber ihren beiden Söhnen - sechs und 13 Jahre alt -, sie gab ihren vergeblichen Versuch, Stoner zu schützen, auf und widerrief ihr Geständnis.

Dennoch musste sie im Prozess am Old Bailey, der am 27. Mai 1935 begann, als Angeklagte erscheinen. Die Anklage ging davon aus, dass Alma und ihr Geliebter sich zur Ermordung des störenden Ehemannes verschworen hatten, um ihn so aus dem Weg zu räumen. Auch diese Verhandlung hatte im Vorfeld große öffentliche Aufmerksamkeit erregt, und das Publikum hatte bis zu zwölf Stunden angestanden, um Einlass zu erhalten. Nicht nur das Publikum, auch die englische Öffentlichkeit begegnete Alma mit unverhohlener Feindseligkeit. Selbst wenn sie den Knüppel nicht geschwungen hatte, der ihrem Mann den Schädel zerschmetterte, sah man sie doch als Verantwortliche für die Tat an; der junge Stoner wurde als leicht manipulierbar und von seiner älteren und erfahrenen Geliebten beeinflusst angesehen. Dazu trug einerseits sein unschuldiges Aussehen bei, andererseits gereichte es Alma zum Nachteil, dass sie als Kanadierin als Ausländerin galt, denen die britische Öffentlichkeit alles nur erdenklich Schlechte zutraute.

Ihre Aussage vor Gericht hätte dabei eigentlich dazu angetan sein sollen, ihr negatives Image in der Öffentlichkeit zu korrigieren. Doch ihre aufrichtig empfundene Trauer konnte in den Augen des Publikums die skandalös wirkenden Fakten, die sie offen darlegte, nicht aufwiegen. Sie schilderte den Geschworenen, was sich am Abend des 24. März zugetragen hatte. Bevor sie mit ihrem Gatten Karten gespielt hatte, hatte sie ihrem Geliebten mitgeteilt, dass sie am nächsten Tag zu Freunden fahren würden. Daraufhin hatte sich Stoner furchtbar aufgeregt; besonders eifersüchtig hatte er auf die Aussicht reagiert, dass das Ehepaar Rattenbury bei seinen Freunden ein Schlafzimmer teilen würde. Nachdem sie sich spät am Abend noch mit Irene R. besprochen hatte, sei Stoner dann erneut zu ihr gekommen und habe ihr mitgeteilt, dass sie am nächsten Tag nirgendwo hinfahren würde, da er ihren Mann soeben verletzt hatte. Als sie dies erfuhr, sei sie sofort nach unten gelaufen, wo sie dann ihren schwer verwundeten Gatten gefunden hatte. Als besonders nachteilig erwiesen sich für sie die Details über ihre Affäre, die der Staatsanwalt in seiner Vernehmung aus ihr herauskitzelte. So musste Alma zugeben, mit Stoner im gleichen Raum geschlafen zu haben, in dem ihr jüngerer Sohn übernachtete.

Stoner verweigerte vor Gericht die Aussage und überließ es seinem Anwalt, darzulegen, dass er aufgrund von Kokainkonsum zum Tatzeitpunkt nicht Herr seiner Sinne gewesen sei. Er bestritt seinen Angriff auf Rattenbury nicht, behauptete aber, entsetzlich wütend und erregt gewesen zu sein, weil er vor der Tat gesehen habe, wie seine Geliebte ihren Ehemann geküsst habe. All dies diente seinem Bemühen, wegen Unzurechnungsfähigkeit freigesprochen zu werden. Er versuchte, als junges und naives Opfer einer älteren Frau gesehen zu werden, das in seiner amourösen Verwirrung zu einem Verbrechen aus Leidenschaft getrieben worden sei.

Der vorsitzende Richter Christmas Humphries fasste die allgemein vernichtende Charakterisierung der Witwe in seinem an die Jury gerichteten Schlusswort folgendermaßen zusammen: *»Sie können für die Angeklagte kein anderes Gefühl als Abscheu empfinden. Sie ist eine vollkommen dekadente Frau und so absolut bar jeden moralischen Sinns, dass sie vor nichts haltmachen würde, um zu bekommen, was sie will.«* Nach dieser Verdammung zeigte sich jedoch, dass die Justiz aus der umstrittenen Verurteilung von Edith Thompson gelernt hatte, denn der Richter wies die Geschworenen fast bedauernd darauf hin, dass man Alma Rattenbury natürlich nicht nur deswegen verurteilen könne, weil sie eine *»Ehebrecherin der übelsten Sorte«* sei. Eine direkte Anstiftung Stoners hatte ihr nämlich nicht nachgewiesen werden können, auch wenn der Richter wiederholt die Dominanz hervorhob, die Alma als Verführerin über Stoner ausgeübt hätte.

Nachdem fünf Tage lang Zeugen gehört worden waren - darunter für die Anklage Irene R. - zog sich die Jury zu einer nur kurzen Beratung zurück. Entgegen der allgemeinen Erwartung sprachen die Geschworenen Alma frei; Stoner wurde zwar für schuldig befunden, allerdings empfahl die Jury, in seinem Fall Milde walten zu lassen. Das bedeutete, dass sie kein Todesurteil forderte bzw. mit einer Begnadigung rechnete. Statt erleichtert zu sein, nahm Alma das Urteil geschockt und bedauernd zur Kenntnis. Als sie mit anhören musste, wie der Richter George Stoner zum Tode verurteilte, waren zwei Wärterinnen nötig, um sie zu stützen, damit sie nicht zusammenbrach. Beim anschließenden Verlassen des Gerichtsgebäudes buhte die Menge sie aus und beschimpfte sie.

Die öffentliche Ablehnung und ihr Empfinden, nicht nur für den Tod ihres Ehemannes, sondern auch für die Hinrichtung ihres Geliebten verantwortlich zu sein, stürzten Alma in eine schwere psychische Krise. Vier Tage nach Ende des Prozesses, am 3. Juni 1935, verschwand sie mit unbekannten Ziel aus der Villa Madeira. Einen Tag später nahm sie sich in der Nähe von Christchurch das

Leben: Nachdem sie sich mehrmals mit einem Messer ins Herz gestochen hatte, stürzte sie sich von einer Brücke in den Fluss Avon. Der Augenzeuge William M. hatte noch versucht, die Lebensmüde zu retten, war jedoch zu spät gekommen. In ihrem Abschiedsbrief drückte sie ihre Sehnsucht nach innerer Ruhe und Frieden aus. Ihre letzten Gedanken galten ihren beiden Söhnen: *»Gott segne meine Kinder, möge er sie behüten.«*

Wie schon bei ihrem Prozess nahmen auch an ihrem Begräbnis Tausende Menschen Anteil. Besonders Frauen waren gekommen, um neugierig den letzten Weg dieser berüchtigten Geschlechtsgenossin zu verfolgen. Ihr Selbstmord erscheint in der Rückschau besonders deshalb so sinnlos und traurig, weil George Stoner niemals dem Henker gegenüber treten musste. Bereits am 15. Juni 1935 wurde beim Innenministerium eine mit 300 000 Unterschriften versehene Petition gegen eine Hinrichtung des jungen Mannes eingereicht. Nur drei Wochen nach Almas Tod begnadigte der Innenminister den Verurteilten zu lebenslanger Haft. Da der Minister das Recht hatte, bei diesem Spruch das Strafmaß selbst festzulegen, kam Stoner bereits nach sieben Jahren Haft unter der Auflage wieder frei, im bereits mehrere Jahre wütenden Zweiten Weltkrieg in der Armee zu kämpfen. Nachdem er an der alliierten Invasion in der Normandie – dem D-Day – teilgenommen hatte, zog er nach dem Krieg zurück nach Bournemouth und heiratete. Dort führte er zumindest bis 1990 ein ruhiges und unauffälliges Leben.

Der Mord an Francis Rattenbury und der Selbstmord seiner freigesprochenen Witwe erlangten nicht die politische Bedeutung wie die Hinrichtungen von Edith Thompson und Frederick Bywaters. Doch auch dem Fall Rattenbury wurde ein künstlerisches Denkmal gesetzt: 1977 erlebte das Theaterstück »Cause Célèbre«, das letzte Drama des in den 1940er und 1950er Jahren sehr populären Bühnenautors Terrence Rattigan, seine Uraufführung. Angereichert um einige fiktive Charaktere kreist die Theaterversion des Mordes an Francis Rattenbury hauptsächlich um die moralische Beurteilung seiner Frau Alma und ihres Verhältnisses zu ihrem jugendlichen Liebhaber. Das erfolgreiche Stück erlebte zuletzt 1998 in London eine Neuinszenierung, was zeigt, wie aktuell die Umstände dieses Falles noch immer sind.

## »A Land Fit for Heroes«: Zweiter Weltkrieg und Nachkriegszeit

Der Zweite Weltkrieg verlangte Großbritannien, verglichen mit den Opfern des Ersten, einen weitaus geringeren Blutzoll ab. Etwas mehr als 380 000 englische Soldaten mussten ihr Leben lassen (andere Zahlen sprechen sogar von nur 270 000), dazu kamen knapp 60 000 bis 68 000 zivile Opfer. Zunächst herrschte bis April 1940 der sogenannte »gefälschte Krieg« (Phoney War), da das britische Empire Deutschland zwar am 3. September 1939 den Krieg erklärt hatte, Bunker baute, Dinge des täglichen Bedarfs rationierte und acht Mio. Gasmasken an die Bevölkerung ausgab, aber wirkliche Kampfhandlungen, wenn überhaupt, nur weit entfernt auf dem Kontinent oder auf See stattfanden, z. B. die Versenkung des Panzerschiffs Graf Spee im Mündungsgebiet des Rio de la Plata vor Montevideo.

Erst nach der Einnahme Norwegens durch die deutsche Wehrmacht, der Überrennung der Niederlande und Belgiens und angesichts des drohenden Falles Frankreichs begann die britische Insel, Mitte Juni 1940 eine echte Bedrohungslage zu spüren. Chamberlain wurde zum Rücktritt gezwungen, an seine Stelle rückte mit Winston Churchill ein wahrer Kriegspremier. Darauf folgte, wie bereits zwischen 1914 und 1918, die verstärkte Aktivierung der Heimatfront. Dank der britischen Luftwaffe konnten die deutschen Bombardements im Herbst 1940 – der sogenannte Blitz – bis Weihnachten abgewehrt werden, so dass zu diesem Zeitpunkt für Großbritannien, das als einzige europäische Demokratie aktiv gegen Nazideutschland kämpfte, die Invasionsgefahr zunächst gebannt schien.

Die nächsten Jahre sahen britische Militäraktivitäten hauptsächlich in Asien, im Nahen Osten und in Nordafrika. Erst im Juni 1944 kehrte England als Ausgangspunkt der alliierten Invasion in der Normandie auf die europäischen Schlachtfelder zurück. Am 4. Mai 1945 war es der britische Feldmarschall Montgomery, der in der Lüneburger Heide die Kapitulation der deutschen Teilstreitkräfte in Norddeutschland, Dänemark und den Niederlanden entgegennahm.

Der Zweite Weltkrieg zeigte große soziale Auswirkungen, auch wenn diese anders geartet waren als noch 1914 bis 1918. Frauenerwerbstätigkeit, auf die auch im Kampf mit Hitler-Deutschland an der Heimatfront wieder verstärkt gesetzt worden war, stellte kein solches nie da gewesenes Novum mehr dar wie zu Beginn des Jahrhunderts. So ging es den Frauen in der Nachkriegszeit auch nicht mehr so sehr darum, ihre Arbeitsplätze zu behalten und gegen die männlichen Heimkehrer zu verteidigen, vielmehr stritten sie nun für Verbesserungen ihrer Stellung auf dem Arbeitsmarkt wie etwa gleichen Lohn für gleiche Arbeit (Equal Pay) oder die generelle Aufhebung des Zölibatszwanges (Marriage Bar), der verheiratete Frauen zwang, ihren Job aufzugeben und die Einstellung von Ehefrauen weitestgehend verbot. Diese Verordnung ging noch davon aus, dass verheiratete Frauen von ihrem Ehemann versorgt würden und daher kein eigenes Einkommen benötigten.

Die großangelegte Kinderlandverschickung, durch die bereits zu Beginn des Krieges mehrere Millionen Kinder aus den Städten in vermeintlich sichere ländliche Regionen evakuiert worden waren, sorgte zudem für bisher unbekannte schichtübergreifende Kontaktmöglichkeiten. Die Kinder stammten meist aus der Arbeiterschicht und hatten in mehr oder weniger verslumten Innenstädten leben müssen. Nun kamen sie zu besser gestellten Mittelklassefamilien. Dadurch lernten alle Beteiligten viel über die Lebensumstände der anderen, das Verständnis wuchs, ebenso aber auch die Entschlossenheit, die »zwei Nationen« – die Armen und die Reichen –, in die sich England in der Zwischenkriegszeit immer stärker aufgespalten hatte, in der Nachkriegszeit endlich in Wohlstand und Prosperität zu vereinen.

Dazu schmiedete die Politik ehrgeizige Pläne: 1942 mahnte der Beveridge-Report die kostenfreie Krankenversorgung und die Einführung einer umfassenden Sozialversicherung nach dem Krieg an. Kindergeld, Mutterschaftsgeld und Mutterschutz, Witwenrente, Arbeitslosenversicherung und vieles mehr sollten endlich auch in England für alle Menschen ein Grundrecht darstellen, die

Sozialfürsorge so das Stigma des Almosens verlieren. Daneben versprachen selbst die Konservativen die Verstaatlichung der Schlüsselindustrien, denn die Briten hatten mit der kriegsbedingten Planwirtschaft, die hohe Löhne sowie feste Mieten und Preise garantierte, gute Erfahrungen gemacht. Ein staatliches Wohnungsbauprogramm sollte der Nation, die sich bravourös und unter großen Entbehrungen gegen die Nazis verteidigt hatte, endlich menschenwürdige Wohnbedingungen bringen.

Im Gegensatz zum Wiederaufbau nach dem Ersten Weltkrieg, der kläglich an Geldmangel gescheitert war, setzte die mit überwältigender Mehrheit im Sommer 1945 gewählte Labour-Regierung ihre Wahlversprechen entschlossen um. Bereits 1944 hatte eine Reform des britischen Schulwesens den Besuch weiterführender Schulen für alle Schüler kostenfrei gestellt. Mit der Einführung der britischen Sozialversicherung 1946 und dem National Health Service (NHS) 1948 errichtete England den lange versprochenen Wohlfahrtsstaat. Nach anfänglichen Schwierigkeiten sprang auch die Konjunktur an und sorgte für Vollbeschäftigung, die bis in die 1960er Jahre andauern sollte. Zahlreiche Wirtschaftszweige wie Kohle, Gas und Elektrizität gingen in die öffentliche Hand über. Die britische Öffentlichkeit sah ihr Land auf dem Weg zu einem neuen Jerusalem, ganz wie im vielgesungenen Kirchenlied von 1916 nach den Worten William Blakes:

*»I will not cease from mental fight,*
*Nor shall my sword sleep in my hand*
*Till we have built Jerusalem*
*In England's green and pleasant land.«*

Allerdings blieb auch die Rationierung zahlreicher Waren und Güter bis 1954 in Kraft, so dass die Menschen sich für ihr verdientes Geld relativ wenig kaufen konnten. Während des Krieges hatten die garantierten Versorgungsmengen besonders der Unterschicht zu einer besseren Ernährung verholfen. Pro Person erhielt man ab 1939 wöchentlich:

540g Fleisch, 113g Speck, 1,7 Liter Milch, 57g Butter, 57g Margarine, 57g Bratfett, 57g Tee, 1 Ei, 57g Marmelade, 85g Zucker, 28g Käse, 85g Süßigkeiten, 907g Zwiebeln, sowie 4 Punkte für

Lebensmittel in Dosen. Für Kleidung standen zunächst 66, später 48 Punkte im Jahr zur Verfügung. Eine Unterhose »kostete« beispielsweise zwei Punkte, ein Männerhemd fünf und ein Kleid sieben.

Brot, das während des Krieges nicht rationiert worden war, musste ab 1946 ebenfalls auf Marken gekauft werden, da auch die von den Briten besetzten und vom Krieg zerstörten Gebiete mit Grundnahrungsmitteln versorgt werden mussten. Süßigkeiten blieben bis 1953 rationiert. Als letztes strich man 1954 Bananen von der Liste - und dies in Großbritannien, das durch sein Empire immer über für andere Länder recht exotische Lebensmittel hatte verfügen können. Diese fortgesetzten Entbehrungen, aber auch Auseinandersetzungen über den Koreakrieg und weitere Verstaatlichungen führten 1951 zur Abwahl Labours. Der Kriegsheld Churchill erlebte als konservativer Premierminister seinen letzten Auftritt auf der politischen Bühne.

1951, noch unter der Labour-Regierung, feierte England die Errungenschaften des Wiederaufbaus mit dem »Festival of Britain«, das an die vor 100 Jahren in London stattgefundene Weltausstellung erinnern sollte. Hier kam ein von der breiten Bevölkerung getragener Patriotismus zum Ausdruck, gepaart mit Stolz auf das Erreichte und die englische Lebensart im Allgemeinen. Allerdings musste das britische Selbstverständnis in den nächsten Jahren auch Veränderungen verkraften. So begann der Rückzug aus den Kolonien, indem Indien 1947 selbständig wurde. Das imperialistische britische Empire wandelte sich nach und nach zum Commonwealth of Nations.

Im Februar 1952 starb mit George VI. der König, zu dem die Bevölkerung während des Krieges bewundernd aufgesehen hatte, denn er und seine Familie waren nicht aufs Land geflohen, sondern hatten auch während der deutschen Bombardements in London ausgeharrt. Das Königspaar hatte sogar das schwer von Bomben getroffene arme East End besucht und seine Solidarität mit den dort lebenden Arbeitern erklärt. Die Prinzessinnen Elisabeth und Margaret hatten beim Auxiliary Territorial Service (ATS) gedient, und auch der Buckingham-Palast war nach den gewöhnlichen Rationspunkten bewirtschaftet worden, was bei ausländischen Staatsgästen ob der für die Verhältnisse eines königlichen Dinners relativen Sparsamkeit oftmals zu Verwirrung geführt hatte. Dem beliebten Monarchen folgte mit seiner ältesten Tochter erst die achte Königin auf den englischen Thron. Ihre Krönung 1954, die erste weltweite Live-Übertragung in der Geschichte des Fernsehens, führte zu einer erneuten Aufwallung britischen Nationalgefühls. Alle Schichten, Klassen und Ethnien fühlten sich vereint in ihrem Stolz auf die schöne junge Thronerbin.

Dagegen verlor Großbritannien auf internationaler Bühne immer mehr an Boden. Vor dem Zweiten Weltkrieg noch eine Weltmacht, führten die Auflösung des Empire und die beständigen Zahlungsschwierigkeiten aufgrund hoher Schulden aus Kriegszeiten dazu, dass das siegreiche England, die Wiege der europäischen Demokratie und der Industrialisierung, langsam zu einer Macht der zweiten Reihe herabsank und sich von der ehemaligen Kolonie USA den Rang als Supermacht ablaufen lassen musste. Da half auch das eigene Atomprogramm nicht weiter, zumal sich Anfang der 1950er Jahre hochrangige englische Verwaltungsbeamte, nachdem sie als Atomspione enttarnt worden waren, in die UdSSR absetzten, was einen Aufschrei des Verrats in der britischen Öffentlichkeit zur Folge hatte. Doch die Engländer sowie Teile des politischen Establishments verschlossen die Augen vor den negativen Entwicklungen und leugneten sie. Daher brachte sich das Vereinigte Königreich von Anfang an kaum in den europäischen Integrationsprozess ein, der von Deutschland und Frankreich angeschoben wurde.

Die Diskussion um die Todesstrafe, die bereits seit der Zwischenkriegszeit geführt wurde, erhielt Ende der 1940er und Anfang der 1950er durch ein spektakuläres Fehlurteil neue Nahrung. 1953 gelang es, den Serienmörder John Christie zu verhaften, der mindestens sechs Frauen umgebracht hatte. 1950 war er als Belastungszeuge im Mordprozess gegen seinen walisischen Nachbarn Timothy Evans aufgetreten, der des Mordes an seiner Ehefrau und seiner 18 Monate alten Tochter angeklagt worden war. Evans, dessen Intelligenzquotient gerade einmal bei 70 lag und dessen Aussagen und Geständnisse wirr und unzusammenhängend erschienen, wurde dennoch schuldig gesprochen und gehängt. Als dann 1953 Christies Mordserie aufgedeckt werden konnte, kamen starke Zweifel an Evans Schuld auf. Schließlich wurde der Waliser 1964 posthum freigesprochen und die Morde an Bertyl und Geraldine Evans ebenfalls Christie zugerechnet, obwohl für seine Täterschaft keinerlei Beweise vorlagen.

In diesem gesellschaftlichen Umfeld, geprägt durch Stolz und hoffnungsvollen Aufbruch einerseits, verdrängter Desillusionierung über den eigenen Stellenwert in der Welt und die Erkenntnis, dass sich auch durch den Wohlfahrtsstaat soziale Ungleichheit nicht beseitigen ließ andererseits, hängte ein englischer Scharfrichter letztmalig eine Mörderin.

## The Last to Hang: Ruth Ellis

Ruth Ellis war die letzte Frau, die in England wegen Mordes hängen musste. Zeitgenossen deuteten den Fall als Zeichen des allgemeinen moralischen Verfalls der englischen Gesellschaft der Nachkriegszeit. Zudem wiesen die Umstände gleich mehrere Ansatzstellen für eine sensationelle Berichterstattung der britischen Boulevardmedien auf: Immer bereit, Sex and Crime in fetten Lettern die Titelseiten zu überlassen, stellte der Mord der blondgefärbten Gelegenheitsprostituierten, die als ihre Vorbilder die »Sexbomben« Marilyn Monroe und Lana Turner nannte, begangen nach Hollywoodmanier mit einem schweren Revolver auf offener Straße, ein gefundenes Fressen dar. *»Model erschießt Rennfahrer!«*, hieß es da, oder *»Gericht hört von der Liebe des Barmädchens«*. Doch auch seriösere Blätter nahmen sich des Falles an, denn die wilde Unterschichtenhure, die ihren an Privatschulen erzogenen Liebhaber aus der wohlhabenden Upper Middle Class erschoss, bot Futter für die in Großbritannien gerade nach dem Krieg erbittert geführte Diskussion über Klassenschranken und die (un-)sichtbaren und (un-)durchdringlichen Hierarchien innerhalb der englischen Gesellschaft. Ihr Fall ist nicht zuletzt durch den Film »Dance with a Stranger« (1985) mit Miranda Richardson auch heute noch populär.

Das Leben von Ruth Ellis war maßgeblich durch den Zweiten Weltkrieg geprägt worden. Geboren wurde sie als Ruth Neilson am 9. Oktober 1927 im Badeort Rhyl in Nordwales. Ihr Vater versuchte, sich als Musiker durchzuschlagen, hatte aber nur mäßigen Erfolg. Ihre Mutter Elisaberta hatte französische und belgische Vorfahren und war als Flüchtling völlig mittellos während des Ersten Weltkrieges nach Wales gekommen, wo sie zunächst als Hausangestellte gearbeitet hatte, bis sie Arthur Hornby heiratete, der sich bald nur noch seines Künstlernamens Neilson bediente. Das Paar bekam sechs Kinder, von denen Ruth das dritte war. Da der Vater oft auf Jobsuche umherzog, manchmal begleitet von seiner Ehefrau, musste sich häufig die älteste Tochter Muriel um die kleinen Geschwister kümmern. Das unstete Einkommen des Ernährers bescherte der Familie zudem Zeiten bitterer Armut, gerade in den durch wirtschaftliche Depression geprägten 1930er Jahren. Nachdem die Neilsons 1933 nach Südengland gezogen waren, fand Ruths Vater schließlich eine feste Anstellung als Pförtner in einer psychiatrischen Klinik. Dies bedeutete das Ende seiner ohnehin nie richtig durchgestarteten Musikkarriere, doch der Verlust von ihm nur in geringem Maße gezollter Aufmerksamkeit und der Abschied vom Rampenlicht ließen ihn zunehmend apathisch werden. Er begann zu trinken, was dazu führte, dass er 1939 seine Anstellung verlor. Die Familie zog weiter nach Reading im Westen von London.

Mitten im Krieg, 1941, fand Arthur Neilson dann in London eine Anstellung als Chauffeur. Die Familie übersiedelte in die britische Hauptstadt, und Ruth, die bereits im Jahr zuvor mit 14 Jahren die Schule verlassen hatte, war begeistert von all den Möglichkeiten, welche ihr die Stadt bot. Tagsüber arbeitete sie in einer Munitionsfabrik und verdiente dort überdurchschnittlich gut. Der Krieg bot gerade Frauen die Möglichkeit, finanziell unabhängig zu werden, da, wie im Ersten Weltkrieg, weibliche Arbeitskräfte für männliche Arbeiter nachrückten, die an der Front benötigt wurden. So arbeiteten im Mai 1943 über sechs Mio. Frauen in der Industrie und als Armeehelferinnen. Daneben nahm Ruth Schauspielunterricht an der Drama School in Richmond.

Die mit ihrer Arbeit einhergehende finanzielle Unabhängigkeit zog weitere Freiheiten nach sich: Das von Fliegerbomben bedrohte London entwickelte sich zu einer Stätte ungebremster Amüsierwut. Das Leben konnte morgen schon zu Ende sein, also wollte es genossen werden. Die Verdunkelung, eigentlich ein Schutz gegen deutsche Luftangriffe, trug dazu bei, eine diskrete Atmosphäre zu erzeugen, und im Schutz der Dunkelheit, in der London bei Nacht versank, pulsierte das Leben. Die familiären Autoritäten - Väter und Ehemänner - mussten im Verlauf des Krieges ihre Frauen und Töchter verlassen, was diese der strengen Kontrolle entzog. Statt brav daheim zu sitzen, tanzten junge Frauen mit amerikanischen oder kanadischen Soldaten, die zunehmend in England stationiert wurden, die Nächte durch.

Auch Ruth begann, nach der Arbeit auszugehen, um sich von der anstrengenden und gefährlichen Arbeit abzulenken. Ihr Wahlspruch in diesen Jahren lautete »Wenn schon ein kurzes Leben, dann wenigstens ein fröhliches!« Nachdem sie aufgrund einer Erkrankung nicht mehr mit Stoffen der Waffenherstellung in Berührung kommen durfte, heuerte sie als Sängerin einer Band im »Lyceum Ballroom« in der Nähe von Covent Garden im Londoner West End an. Dort traf sie ca. 1943 einen kanadischen Soldaten namens Clare, von dem sie bald schwanger wurde. Da er ihr die Ehe versprach, behielt sie das Kind, nur um später herausfinden zu müssen, dass ihr Liebhaber bereits in seiner Heimat verheiratet war und drei Kinder hatte; ein Schicksal, dass viele von Ruths Geschlechtsgenossinnen teilten, die sich mit ausländischen Soldaten »eingelassen« hatten. Am 15. September 1944 wurde ihr unehelicher Sohn Clare Andria, genannt Andy, geboren. Kurz darauf kehrte Clare nach Kanada zurück, Ruth und ihr Sohn sahen ihn nie wieder. Später behauptete sie, Andrias Vater sei ein amerikanischer Air Force Pilot gewesen und im Krieg abgeschossen worden. Ruth betrachtete dies Verlassenwerden als wichtige, wenn auch bittere Lektion, die sie über Männer gelernt hatte.

Inzwischen arbeitete sie als Kassiererin, doch ihr Gehalt war gering und die Arbeitszeiten mit der Versorgung eines Babys nicht zu vereinbaren. Daher meldete sie sich auf die etwas anrüchige Anzeige des »London Camera Club«, der Mädchen suchte, die als künstlerische Nacktmodelle posieren wollten; den männlichen Clubmitgliedern ging es jedoch weniger um kreative Fotografie. Der sehr hohe Stundenlohn von £ 1 (heute ca. 50 Euro) sollte die Mädchen dafür entschädigen, von älteren Herren begafft zu werden. Nach ihren Nacktsitzungen luden Clubmitglieder Ruth manchmal noch auf einen Drink in eine Bar ein. So traf sie Ende 1945 Morrie Conley, der mehrere Clubs betrieb, die auch nach der offiziellen Sperrstunde noch ausschenkten, und der als vorbestrafter Betrüger in Unterweltaktivitäten verstrickt war. Conley erkannte schnell Ruths »Potenzial« – als ledige Mutter galt sie gesellschaftlich als Außenseiterin, und ihr Auftreten als blondiertes Nacktmodell zeigte, dass sie für damalige Zeiten wenig Hemmungen hatte. Sie sah gut aus und verfügte über eine gewisse Abgeklärtheit. Daher bot Morrie Ruth einen Job in einem seiner Nachtclubs an. Als Hostess sollte sie die anwesenden Herren bezirzen und deren Getränkekonsum anheizen. Dafür erhielt sie ein außerordentlich gutes Gehalt, Trinkgeld, einen Zuschuss für Kleider und Schmuck sowie Freigetränke. Noch wichtiger war für Ruth allerdings, dass sie in Morries Clubs gesellschaftlich weit über ihr stehende wohlhabende Männer traf. Mit mehreren dieser Herren unterhielt sie Affären, die sich für sie als außerordentlich einträglich erwiesen. Von ihrem Verdienst unterstütze sie ihre Eltern und ihre Schwester Muriel, bei der ihr Sohn Andy lebte. Daneben hielt Ruth jedoch nichts von Sparsamkeit, das Geld rann ihr durch die Finger, wenn sie es für Annehmlichkeiten und Luxus ausgab.

Ihr Job brachte es mit sich, dass sie viel trank. Die Nachtarbeit zehrte an ihr. Zudem musste sie immer munter und fröhlich wirken, Stress oder Traurigkeit waren unerwünscht. Zunehmend scheint Ruth sich daher nach einem geordneteren Leben gesehnt zu haben, ein Wunsch, der mit dem Interesse eines ihrer regelmäßigen Kunden Wirklichkeit zu werden schien. Der vierzigjährige Zahnarzt George Ellis hatte sich in die aparte Nachtclub-Managerin, zu der Ruth inzwischen aufgestiegen war, verliebt. Er machte ihr den Hof, führte sie aus in gute Restaurants und elegante Bars und schien ihr mit einem Haus im Grünen in einem ländlichen Vorort im Süden Londons der Idealtyp eines seriösen Gatten. Zudem suchte Ruth nach einem Vater für ihren Sohn Andy, der inzwischen sechs Jahre alt war und dringend stabile Familienverhältnisse brauchte. Daher heiratete sie George Ellis am 8. November 1950, und aus Ruth Neilson wurde Ruth Ellis.

Die Ehe entpuppte sich jedoch als völliger Fehlschlag. George Ellis war Alkoholiker und neigte, wenn er angetrunken war, zu Gewalt. Mehrfach verprügelte er Ruth, die ihn im Gegenzug öffentlich beschimpfte und ihm Szenen machte. Wenn die Situation unerträglich wurde, floh die Ehefrau zu ihren Eltern, nur um bald wieder zu ihrem Ehemann zurückzukehren. Im Mai 1951 verlor George Ellis dann seine Anstellung in einer Zahnarztpraxis. Er fand zwar einen neuen Arbeitsplatz, doch dieser lag in Cornwall. Das Ehepaar lebte nun meist getrennt, was Ruths Fantasie in Gang gesetzt zu haben scheint. Sie verdächtigte ihren Ehemann wiederholt, in Cornwall Affären zu haben, und steigerte sich bei einem Besuch der Praxis einmal so sehr in Rage, dass sie schließlich gewaltsam hinausgeworfen werden musste. Daraufhin begab sie sich in psychiatrische Behandlung und bekam Beruhigungsmittel verschrieben, die bald ihr ständiger Begleiter wurden.

In dieser Zeit wurde Ruth erneut schwanger; ihr Ehemann bestritt jedoch, der Vater des Mädchens zu sein, das am 2. November 1951 zur Welt kam. Er gab seine Stelle in Cornwall auf, zog in den Norden nach Lancashire, und das Ehepaar trennte sich nach weniger als einem Jahr Ehe endgültig. Trotz seiner anfänglichen Zweifel lebte die Tochter Georgina nun bei George Ellis, der die Scheidung eingereicht hatte. Diese wurde, da Ruth ihre Zustimmung verweigerte, jedoch erst nach Ablauf der erforderlichen drei Trennungsjahre vollzogen und so im März 1955, kurz vor der Tat, rechtskräftig.

Ruth hatte allerdings immer noch Andy zu versorgen, darüber hinaus war ihr Traum von Respektabilität jäh zerplatzt. Enttäuscht wandte sie sich wieder an ihren Freund Morrie, der ihr gerne wieder eine Anstellung in einem seiner Clubs verschaffte. Back in Business scheint Ruth finanziell wieder auf die Beine gekommen zu sein, unterhielt reiche Geschäftsleute und bekam bei einer Gelegenheit ein Trinkgeld von £ 400! Sie lebte in dieser Halbwelt, geprägt von gespielten Gefühlen, der Gier nach Geld und der vagen Hoffnung, dass am Ende dieser angeblich so fröhlichen

Party, als die ihr Leben erscheinen sollte, Ruhe, Frieden und ein wenig biederen Glücks warteten.

Nach ihrem gescheiterten Ausflug in die Sphäre der anständigen Ehefrau und Mutter konnte und wollte Ruth es sich nicht mehr leisten, ihr Nachtleben in gesittete Bahnen zu lenken. Nachdem sie entdeckt hatte, dass auch hinter der Fassade ehrbaren Vorstadtlebens für sie keine Aussicht auf eine gesicherte Existenz und ein normales Familienleben gewartet hatte, stürzte sie sich erneut kopfüber in ihre Arbeit, die sie jedoch zunehmend nur noch mit Hilfe von Alkohol und Tranquilizern ertragen konnte.

Im Sommer 1953 lernte sie dann eine Gruppe junger Männer kennen, die aufregender und attraktiver erschienen als ihre üblichen Kunden in den mittleren Jahren - Industrielle, Banker, Unternehmer. Ihre neuen Bekanntschaften stammten aus einer Clique von Rennfahrern und waren junge Männer aus der Upper Middle Class, die es sich leisten konnten, viel Geld in ihre Autos zu stecken, und den Nervenkitzel des Rennsports suchten. Neben Sterling Moss, der gerade versuchte, seine ins Stocken geratene Karriere als Formel-1-Fahrer wieder in Fahrt zu bringen - zwischen 1955 und 1961 sollte er dann insgesamt 16 Siege erringen - und Alberto Ascari, der 1952 und 1953 Formel-1-Weltmeister war und bereits 1955 bei einem Autounfall ums Leben kam, traf sie in diesen Kreisen auch den 25-jährigen David Blakely.

Der Sohn eines Arztes war durch seinen Stiefvater für den Motorsport begeistert worden. Nachdem er 1952 £ 7 000 (heutzutage etwa Euro 170 000) geerbt hatte, lebte er nur zu seinem Vergnügen und für seine große Leidenschaft: schnelle Autos. Der gutaussehende und wohlerzogene junge Mann hatte oberflächliche Affären mit zahlreichen Frauen, bis er im Sommer 1953 Ruth traf.

Der studierte Motor-Ingenieur Blakely, erzogen an Privatschulen, war nicht nur einige Jahre jünger als Ruth, sondern stand vom sozialen Background her weit über ihr - eine Tatsache, die im klassenbewussten England nicht zu vernachlässigen war. Seine Familie lebte auf einem Old Park genannten Landsitz in Penn, Buckinghamshire. Normalerweise hätte sich jemand wie David Blakely mit einer Frau wie Ruth allerhöchstens während einer wilden Phase der Jugend abgegeben, um sich »die Hörner abzustoßen« und anschließend in den ruhigen Hafen der Ehe mit einem Mädchen seiner Kreise einzukehren. Und wirklich verlobte sich Blakely im November 1953 mit einer gewissen Linda D.; die Anzeige erschien standesgemäß in der »Times«.

Zu diesem Zeitpunkt versuchte er andererseits intensiv, Ruth Ellis »herumzukriegen«, die an dem frechen und albernen Jüngelchen jedoch zunächst wenig Interesse zeigte. Der junge Mann hingegen scheint von Ruth besessen gewesen zu sein und stellte ihr energisch nach. Als sie von Conley im Oktober 1953 zur Managerin des »Little Club« in Kensington gemacht wurde, kam Blakely bald regelmäßig als Stammgast. Über dem Club befand sich eine Zwei-Zimmer-Wohnung, die Ruth mit Andy bewohnte. Obwohl sie nach ihrer eigenen Aussage *»nicht besonders verliebt«* in David war, gab sie doch endlich seinem Drängen nach und wurde seine Geliebte. Bald lebte er auch unter der Woche in ihrer Wohnung; die Wochenenden verbrachte er mit seiner vorzeigbareren Verlobten, was Ruth jedoch nichts auszumachen schien. Ende des Jahres bemerkte sie dann allerdings, dass sie schwanger war. Blakely bot ihr daher an, sie zu heiraten, doch sie legte darauf keinen Wert und ließ vielmehr im Februar 1954 eine Abtreibung durchführen. Von der Ehe scheint sie, nach ihren schlechten Erfahrungen, die Nase voll gehabt zu haben.

Nicht jedoch von ihrem Liebhaber. Beide trafen sich bis Mitte 1954 weiter, und Blakely lebte teilweise bei ihr. Dennoch habe sie die Affäre nicht als ernst betrachtet, da David immer noch mit einer anderen verlobt war. Erst als er diese Verbindung gelöst hatte, will Ruth erkannt haben, dass Blakely, im Gegensatz zu ihr, gewichtige Absichten hegte. Dies ging ihr zu weit, denn im Club begann sich herumzusprechen, dass die Chefin in festen Händen war, was sich als für das Geschäft abträglich erwies. Ruth versuchte deshalb, die Beziehung zu David zu beenden, worauf dieser jedoch unwirsch reagierte. Wiederholt machte er Ruth in der Bar Eifersuchtsszenen, was die Situation zunehmend intolerabel werden ließ.

Als David Blakely im Juni 1954 für zwei Wochen als Rennfahrer nach Le Mans aufbrach, begann Ruth eine Affäre mit einem anderen ihrer Kunden, Desmond Cussen. Ob dieser Mann lediglich einen Ausweg aus ihrer Beziehung zu Blakely darstellen sollte, ob sie sich mit ihm nur aus Rache an Blakely abgab, der sie nicht mit nach Frankreich genommen hatte, oder ob sie sich einmal mehr von der Respektabilität angezogen fühlte, die der 32-jährige Geschäftsführer des familieneigenen Tabakgroßhandels ausstrahlte, wurde nie eindeutig geklärt. Einige deuten Cussen als einen der wenigen wahren Freunde von Ruth Ellis, andere sehen in ihm den eigentlich Schuldigen an den Dingen, die bald passieren sollten. Ruth hatte Desmond bereits vor David getroffen. Desmond und David waren sich nicht sympathisch, kannten sich allerdings wiederum aus dem Steering Wheels Club, denn auch Cussen begeisterte sich für schnelle Sportwagen, wenngleich er keine Rennen fuhr.

Als David aus Le Mans zurückkehrte, erzählte ihm Ruth nichts von ihrer neuen Bekanntschaft. Wenn sie Blakely hatte eifersüchtig machen wollen, nahm sie nun von dieser Absicht Abstand, da sich David zunehmend besitzergreifend gebärdete. Erneut bat er sie, seine Frau zu werden. George Ellis hatte in der Zwischenzeit die Scheidung eingereicht, und Ruth entschloss sich nun, dagegen keinen Einspruch zu erheben, um für David frei zu sein. Nach ihrer signalisierten Bereitschaft, ihn zu heiraten, steigerte sich Davids fordernde Art jedoch eher noch, als durch Ruths Entgegenkommen besänftigt zu werden. Andererseits schmeichelte seine Ergebenheit Ruth, die jedoch auch immer wieder an seiner Ehrlichkeit Zweifel hegte, wenn er beispielsweise die Nächte anderswo verbrachte. Nachdem er wiederholt nachts nicht heimgekommen war, warf Ruth ihren Liebhaber schließlich aus der Wohnung. Am nächsten Tag kam er dann in den Club, um sich für sein Verhalten zu entschuldigen. Ruth verzieh ihm und nahm ihn erneut auf. Dieses Spiel etablierte sich bald zwischen den beiden. Später ist Blakelys Verhalten seiner Geliebten gegenüber als »sadistisches Vergnügen« am Spiel mit ihren Gefühlen beschrieben worden. Schließlich soll er sie soweit gebracht haben, dass er »ihr einziges Interesse im Leben« gewesen sei.

Ab Oktober erfuhr die angespannte Situation dann eine weitere Steigerung. Blakely verlangte von Ruth, dass sie ihre Arbeit im Club aufgeben solle, und das, obwohl Ruth ihn dort freihielt und auch ansonsten seinen Lebensstil und seine Autobesessenheit mit ihren Einkünften finanzierte. Als sie sich weigerte, machte er ihr mehrfach Szenen in der Bar. Außerdem begann er, sie körperlich zu misshandeln. Wiederholt erschien sie mit blauen Flecken zur Arbeit. Mehrfach schlug er ihr mit der Faust ins Gesicht. Ihre Versuche, sich zu trennen, scheiterten jedoch jedes Mal. Später gab sie an, ihre damalige Lebenssituation habe sie ganz krank gemacht. Beide entwickelten zunehmend eifersüchtige und besitzergreifende Züge und schafften es bald nicht mehr, sich aus der Spirale der Gewalt zu befreien. Sie konnten weder mit noch ohne einander.

Ruth versuchte schließlich noch einmal energisch, David, seiner Eifersucht und Brutalität zu entrinnen, und zog im Dezember 1954 zu Desmond Cussen. Doch im Club konnte sie ihrem gewalttätigen Liebhaber nicht aus dem Weg gehen. Sie sei immer noch in David verliebt gewesen, habe aber nicht mehr mit ihm zusammen leben wollen, sagte sie später. Weihnachten 1954 ging sie beispielsweise zunächst mit Cussen und dann mit Blakely aus, der ihr gedroht hatte, sich das Leben zu nehmen, wenn sie nicht zu ihm zurückkehre. Das Paar traf sich nun in Hotels, es kam jedoch immer wieder zu Streitigkeiten und Gewalthandlungen. So auch Ende Januar 1955: Nachdem David Ruth zu Cussens Wohnung gefahren hatte, weigerte er sich zu gehen und wurde handgreiflich. Diesmal wurde Ruth nach ihren eigenen Angaben *»wirklich verletzt«*, mit schweren Prellungen und einem verstauchten Knöchel. Sie ließ sich deshalb sogar im Krankenhaus behandeln. Anschließend fuhr sie zweimal nach Penn, um David dort aufzusuchen und eine Entschuldigung zu verlangen. Dieser verweigerte zunächst das Gespräch mit ihr, lenkte dann aber ein. Er schickte Blumen und entschuldigte sich, so dass Ruth ihm verzieh und sich sogar bereit erklärte, wieder mit ihm zusammen zu wohnen. Dennoch äußerte Blakely anschließend gegenüber Freunden, seine größte Furcht bestünde darin, dass Ruth erneut in Penn auftauchen und ihm vor seinen Eltern eine Szene machen könnte. Er schien sein wildes Londoner Leben sehr genau von seiner Existenz als nobler Landedelmann trennen zu wollen, weshalb es ihm fatal erschien, wäre seine Affäre mit dem wasserstoffblonden Barmädchen bis zu seinen Eltern durchgedrungen.

Dennoch mieteten David und Ruth erneut ein Zimmer an. Nun begann Ruth, immer misstrauischer zu werden. Da sie befürchtete, David könne Affären haben, begann sie, ihm zu folgen. Inwieweit ihre Wahrnehmungen durch ihren heftigen Alkoholkonsum, ihre Tablettenabhängigkeit und ihre Traumatisierung als Folge der durch Gewalt geprägten Beziehung bereits gestört war, lässt sich nur vermuten. Angeblich ertappte Ruth Blakely schließlich auch bei einem Fehltritt und zog als Konsequenz erneut bei ihm aus. Bereits eine Woche später kehrte sie jedoch zurück. Bei der angeblichen Geliebten handelte es sich um eine langjährige Freundin von David aus Penn, Pamela A. Nachdem Ruth ihren Geliebten Ende Februar 1955 erneut in sein Heimatdorf verfolgt hatte, sah sie ihn mit dieser Frau zusammen im Pub und machte ihm dort eine Szene. Anschließend suchte sie Miss A. auf und gab der überraschten Frau unmissverständlich zu verstehen, dass David zu ihr gehörte. Pamela soll David Blakely bei späteren Treffen mit seiner überaus besitzergreifenden Freundin aufgezogen haben. Wahrscheinlich waren es solche Auftritte Ruths, die David fürchtete, da sie ihn vor seinen vornehmen Freunden bloßstellten. Von der Polizei befragt, erzählte Pamela A. zudem, David habe sich bei ihr wiederholt über Ruth beklagt, von der er sich habe trennen wollen, die er jedoch einfach nicht losgeworden sei. Er habe sich von ihr zunehmend belästigt und verfolgt gefühlt.

Anthony Findlater sagte später aus, dass sich sein Freund David durch Ruths Eifersucht zunehmend eingeengt gefühlt habe. Er sei jedoch nicht von ihr losgekommen, habe sogar ein wenig Angst vor ihr gehabt. Daher habe David ihn und einen weiteren Bekannten im Frühjahr 1955 zu der gemeinsam mit Ruth bewohnten Adresse bestellt, um sich von ihnen bei seinem Auszug dort unterstützen zu lassen. David habe gefürchtet, sich alleine nicht trennen zu können, und Ruth habe auch prompt einen hysterischen Anfall bekommen.

Bei all diesen Aussagen ist eins auffällig: Freunde von Blakely beschrieben nach den Schüssen von Ruth die Beziehung der beiden als zerrüttet, und behaupteten, David habe seine Geliebte, die sie als eifersüchtig und besitzergreifend schilderten, verlassen wollen. Demgegenüber behauptete Ruth, David sei gewalttätig gewesen, habe sie nicht gehen lassen wollen, eingeschüchtert, kontrolliert und eingeengt. Was dabei der Wahrheit entspricht, ist schwer zu entscheiden. Vielleicht wollten Davids Freunde seine Mörderin nur noch tiefer hineinreiten. Vielleicht hatten sie die gesellschaftlich unter ihnen stehende Ruth nie gemocht und versucht, das Paar zu trennen. Vielleicht hatte Blakely nur vorgegeben, die nicht standesgemäße Ruth verlassen zu wollen. Vielleicht hatte auch Ruth immer mehr in einer Scheinwelt gelebt und ihre Beziehung falsch interpretiert. Vielleicht hatten sich auch beide wirklich immer wieder lösen wollen, es jedoch einfach nicht geschafft.

Anfang März bemerkte Ruth dann, dass sie erneut schwanger war. Obwohl David sich über diese Nachricht zunächst sehr freute und sich verstärkt um Ruth bemühte, kam es Ende des Monats zu einer Auseinandersetzung, bei der Blakely seine Geliebte angeblich heftig in den Bauch boxte. Wenige Tage später erlitt Ruth eine Fehlgeburt, will diese jedoch zunächst nicht auf die Verletzung durch David zurückgeführt haben. Ihre medizinischen Unterlagen allerdings, die bei ihrer Einlieferung ins Gefängnis angelegt wurden, nennen statt einer Fehlgeburt zwei Abtreibungen, von denen die letzte am 2. März 1955 durchgeführt worden sein soll. Ob Ruth also wirklich einen Abort erlitten hatte und dieser als Abtreibung deklariert wurde, oder ob sie tatsächlich absichtlich einen Schwangerschaftsabbruch vornehmen ließ, ist ungeklärt.

Blakely brach zudem gleich einen neuen Streit vom Zaun, als am 1. April sein Auto kurz vor dem Start beim Rennen in Alton Park explodierte und er Ruth dafür die Schuld gab. Trotz ihrer durch Abtreibung oder Fehlgeburt angeschlagenen Gesundheit hatte sie sich das Rennen ansehen wollen. Diese Anstrengung, zusammen mit der angespannten Atmosphäre innerhalb ihrer Beziehung, führte dazu, dass Ruth die erste Aprilwoche krank im Bett verbringen musste. David kümmerte sich zunächst aufopferungsvoll um die Rekonvaleszente und versprach, gemeinsam mit ihr die Osterfeiertage zu verbringen. Am Morgen des Karfreitags, dem 8. April 1955, verließ Blakely dann die gemeinsame Wohnung, ließ aber verlauten, gegen 20.00 Uhr zurück zu sein, um die sich wieder etwas wohler fühlende Ruth auf einen Drink auszuführen. Dazu sollte noch ein befreundetes Paar, Carol und Anthony (Ant) Findlater, mitkommen.

Mit diesem Ehepaar traf sich David Blakely bereits am Nachmittag des Karfreitag in einem Pub. Hier soll er wieder über Ruths Eifersucht geklagt haben. Schließlich will Ant Findlater ihm angeboten haben, die Feiertage bei ihm und seiner Frau zu verbringen, um zur Ruhe zu kommen und den Absprung von Ruth zu schaffen. Sollte sie sich melden, wollte Ant Findlater schon mit ihr fertig werden und sie abwimmeln.

Am Abend wartete Ruth vergeblich auf ihren Freund. Schließlich rief sie die Findlaters an, um sich nach David zu erkundigen. Dort sagte man ihr allerdings, dass er nicht anwesend sei. Ruth glaubte dies jedoch nicht und rief nun Desmond Cussen an, den sie bat, sie nach Hamstead in die Tanza Road zu fahren, wo die Findlaters wohnten. Cussen kam ihrer Bitte auch nach, obwohl Ruth dabei war, seinem Konkurrenten nachzustellen. Vor dem Haus der Findlaters entdeckte Ruth dann Davids Wagen. Daraufhin klingelte sie zunächst mehrmals an der Haustür Sturm, und als nicht geöffnet wurde, begab sie sich zur nächsten Telefonzelle und rief erneut bei den Findlaters an. Als sie ihren Namen nannte, wurde jedoch abrupt aufgelegt. Dies Verhalten brachte Ruth zunehmend in Rage, sie fühlte sich ohnmächtig und aus unerfindlichen Gründen der Missachtung ihres Geliebten und dem Spott seiner Freunde ausgeliefert. Dies wollte sie sich nicht bieten lassen, kehrte zum Haus der Findlaters zurück und begann, die Scheiben an Davids Auto zu zerschlagen. Die daraufhin zu Hilfe gerufene Polizei wies Ruth schließlich vom Gelände.

Für den Abend räumte Ruth das Feld, kehrte jedoch am nächsten Tag zurück und beobachtete das Haus von der gegenüberliegenden Straßenseite aus. Sie war immer noch wütend über die ihr gegenüber von David demonstrierte Achtlosigkeit. Nachdem sie gesehen hatte, wie Blakely gemeinsam mit den Findlaters zurückgekehrt war, ging auch Ruth erst einmal nach Hause, kam aber später zu ihrem Beobachtungsposten zurück. Nun meinte sie, dass im Hause der Findlaters eine Party gefeiert würde. Schließlich sah sie David Arm in Arm mit der Nanny seiner Gastgeber das Haus verlassen, was sie als Beleg einer Affäre der beiden deutete. Nachdem Ruth sich um Mitternacht nochmals überzeugt hatte, dass nun alle schliefen, ging auch sie heim, um sich etwas auszuruhen.

Nach eigenen Angaben empfand sie ob der vermeintlichen Untreue ihres Geliebten Verzweiflung und Enttäuschung. Am Morgen des Ostersonntag, dem 10. April 1955, rief sie abermals bei den Findlaters an, um David zu sprechen. Als endlich der Hausherr den Hörer abnahm, meinte sie, im Hintergrund jemanden lachen zu hören. Ruth äußerte sarkastisch: *»Ich hoffe, ihr alle habt ein paar schöne Feiertage, meine jedenfalls habt ihr mir ruiniert!«*, und bat um einen Rückruf von David. Als dieser nicht erfolgte, steigerte sich Ruth immer mehr in eine ohnmächtige Wut hinein.

Über den weiteren Ablauf des Tages gibt es verschiedene Spekulationen. Ruth gab später an, sich nicht mehr erinnern zu können, was sie getan habe, bis sie ihren Sohn um 19.30 Uhr zu Bett brachte. Allerdings ist auch der Verdacht geäußert worden, dass sie Desmond Cussen angerufen und um eine Waffe gebeten habe, mit der beide dann Schießübungen in einem Waldstück veranstaltet hätten.

Am Abend des 10. April nahm Ruth Ellis sich ein Taxi in die Tanza Road. Nun trug sie einen Revolver bei sich, über deren Herkunft sie später sagte, er sei ihr angeblich vor Jahren von einem Kunden zur Selbstverteidigung überlassen worden. Zunächst wollte Ruth erneut zu den Findlaters, als sie dort jedoch entdeckte, dass Davids Auto fort war, bezahlte sie das Taxi und forschte so lange in der Nachbarschaft, bis sie den Wagen schließlich vor einem nahe gelegenen Pub, der »Magdala Tavern«, entdeckte. Ruth spähte zunächst durch ein Fenster in die Kneipe hinein und sah David dort zusammen mit einem Freund namens Clive. Beide hatten Bier und Zigaretten gekauft, die sie in die Tanza Road mitbringen wollten. Als sie den Pub verließen, um die Einkäufe ins Auto zu verladen, trat Ruth auf David zu und rief seinen Namen. Er habe sich kurz umgedreht, sie angesehen und dann abgewandt, schilderte Ruth die folgende Szene später. Daraufhin habe sie einen Schuss auf ihn abgefeuert. Er sei um sein Auto herumgelaufen, um sich zu schützen, doch sie sei hinter ihm her gekommen und habe erneut abgedrückt. Dann feuerte sie auf den Zusammensinkenden die noch verbliebenen vier Patronen ab, wobei zumindest ein Schuss aus allernächster Nähe abgegeben worden sein muss, denn die Obduktion stellte später Schmauchspuren an der Eintrittswunde fest. Zeugen sagten aus, sie hätten gesehen, wie die Täterin, auch nachdem sie alle Patronen verschossen hatte, immer wieder den Abzug gedrückt habe.

Durch die Schüsse waren andere Gäste der Bar ins Freie gelockt worden, darunter auch der Polizist Alan T., der im »Magdala« seinen freien Abend verbracht hatte. Er nahm der Schützin, die keinerlei Widerstand leistete und auch nicht zu fliehen versuchte, den Revolver ab und übergab Ruth seinen eintreffenden Kollegen. Auf die Wache gebracht, gab die Verhaftete ihre Tat unumwunden zu. Sie sagte aus:

*»Ich nahm in meiner Handtasche einen Revolver mit, den ich bei mir versteckt hatte. [...] Als ich die Waffe einsteckte, beabsichtigte ich, David zu finden und ihn zu erschießen. [...] Ich nahm die Waffe aus meiner Handtasche und schoss auf ihn. [...] Ich dachte, ich hätte ihn verfehlt, und feuerte erneut. Er lief immer noch und ich schoss ein drittes Mal. Ich kann mich nicht erinnern, weiter abgedrückt zu haben, muss es aber wohl getan haben.«*

Doch wie waren ihre Schüsse auf David Blakely juristisch zu bewerten: War es Mord oder Totschlag? Hatte das Opfer die Schützin provoziert? War die Täterin überhaupt bei klarem Verstand, oder musste sie als unzurechnungsfähig angesehen werden? All dies sollte im zweitägigen Prozess gegen Ruth Ellis entschieden werden, der am 20. und 21. Juli 1955 vor dem Old Bailey stattfand. Die Beschuldigte erschien in einem eleganten schwarzen Kostüm mit weißer Bluse, ihr Haar perfekt blondiert. Dafür hatte sie extra eine Sondergenehmigung des Gefängnisdirektors von Holloway eingeholt und auch erhalten. Sie entsprach so jedoch kaum dem Bild der verzweifelten und verwirrten Frau, welches ihre Verteidigung zu entwerfen versuchen sollte.

Die Anklage wurde von Staatsanwalt Christmas Humphries vertreten, dem Richter im Prozess gegen Alma Rattenbury. Er klagte Ruth Ellis des Mordes an, worauf die Todesstrafe stand. Die Angeklagte bezeichnete sich als »nicht schuldig«. Im Kreuzverhör bekam sie von der Anklage nur eine einzige Frage gestellt: *»Mrs. Ellis, als sie mit dem Revolver aus nächster Nähe auf David Blakely schossen, was beabsichtigten sie da?«* Ihre Antwort erwies sich verhängnisvoll: *»Es ist doch offensichtlich, dass ich, als ich auf ihn schoss, beabsichtigte, ihn zu töten«*, sagte die Angeklagte.

Da unbestreitbar feststand, dass Ruth Ellis die tödlichen Schüsse auf David Blakely abgefeuert hatte, versuchte ihre Verteidigung, die Tat als Totschlag darzustellen, wenn denn die Angeklagte überhaupt zurechnungsfähig gewesen sei. Um ihre Argumente zu untermauern, bemühte sie zwei Strategien: Zunächst behauptete Ruth, sich nicht mehr genau an die konkrete Motivation ihrer Tat erinnern zu können. Auf die Frage, warum sie auf ihren Liebhaber geschossen habe, antwortete sie: *»Ich weiß es wirklich nicht, ich war sehr verstört und erregt.«* Der von der Verteidigung herangezogene Psychiater gab zu Protokoll, die Angeklagte habe ihre Beziehung zum Opfer als absolut unerträglich empfunden. Dennoch sei sie sicher gewesen, dass David zu ihr zurückkehren würde, auch wenn er sie betrogen hatte, und sie erneut nicht in der Lage sein würde, ihn abzuweisen. *(»Ihre Eifersucht ließ sie ihn hassen, obwohl sie wusste, dass sie ihn liebte.«)* Dr. Whitaker behauptete, dass Frauen von der Untreue ihrer Partner noch viel tiefer getroffen würden als Männer, da sie Sex und Liebe nicht so gut trennen könnten. Daher neigten sie auch häufiger zu hysterischen Reaktionen. Diese Aussage deutete an, dass Ruth Ellis ihre Schüsse auf Blakely als einzige Möglichkeit angesehen habe, von ihrem untreuen Partner loszukommen, sie durch sein angebliches Fremdgehen tief verletzt worden sei und sich daher zum Zeitpunkt der Tat in hysterischer Verfassung befunden habe. All dies reichte jedoch nicht aus, um eine Geistesstörung zu belegen, die substanziell genug erschien, die Angeklagte für unzurechnungsfähig zu erklären. Die Kategorie der verminderten Zurechnungsfähigkeit, die man ihr vielleicht hätte zubilligen können, existierte zu diesem Zeitpunkt noch nicht im britischen Strafrecht, sie wurde erst mit dem Homicide Act von 1957 eingeführt.

Die Aussagen des Psychiaters enthielten jedoch Schlüsselbegriffe für eine zweite Verteidigungsstrategie, die auf eine Verurteilung wegen Totschlags abzielte. Nach damaligem englischen Recht konnte eine Tötung als Totschlag gewertet werden, wenn der Täter oder die Täterin vom Opfer provoziert worden war. Diese Provokation musste sich jedoch aus konkreten Handlungen direkt vor der Tat ergeben, verbale Beleidigungen etwa reichten beispielsweise nicht aus. Außerdem musste es sich dabei um Aktionen von solcher Schwere handeln, die ausreichten, einen vernünftigen, geistig gesunden Menschen zu leidenschaftlicher Gemütsbewegung und dem Verlust der Selbstkontrolle in einem solchen Ausmaß zu treiben, das ausreichte, zu Gewalttaten zu provozieren, deren Ausführung und Wiederholung den Tod zur Folge haben konnte. Das englische Recht, das mit seinem Schwerpunkt auf dem Common Law besonders in Präzedenzfällen herausgearbeitet wird, erkannte als eine besondere Art der Provokation das unmittelbare Ertappen des Partners beim Ehebruch an.

Nun waren Ruth Ellis und David Blakely zwar nicht verheiratet, jedoch wahrscheinlich verlobt gewesen. Auch scheint Ruth geglaubt zu haben, David betrüge sie mit der Nanny der Findlaters, was als Untreue hätte gelten können. Die Verteidigung behauptete zudem, die Angeklagte habe sich durch das ihr unverständlich erscheinende abweisende Verhalten des Opfers provoziert gefühlt. Darüber hinaus führte der Anwalt die zahlreichen tätlichen Auseinandersetzungen an, in denen Blakely Ruth teilweise schwer verletzt hatte und die auch zu einer Fehlgeburt kurz vor der Tat geführt hätten. Somit versuchte die Verteidigung, es so darzustellen, als sei Ruth von ihrer Eifersucht derart übermannt worden und habe ihre gesamte Lebenssituation mit Blakely als so hoffnungslos empfunden, dass sie überhaupt nicht in der Lage gewesen sei, einen vorsätzlichen Mord zu planen und auszuführen.

Das Gericht argumentierte jedoch nach reiflicher Überlegung, es könne die dargelegten Sachverhalte nicht als Provokationen im Sinne der akzeptierten Interpretation der Rechtsprechung zulassen. Selbst wenn das Opfer die Angeklagte betrogen habe, sei ihr dies bereits zwei Tage vor der Tat bekannt gewesen, sie habe

Blakely nicht unmittelbar in einer kompromittierenden Situation ertappt. Auch die Misshandlungen wollte der Richter nicht gelten lassen, denn auch sie waren nicht geradewegs vor der Tat erfolgt. Im Gegenteil, Blakely hatte sich das gesamte Osterwochenende geweigert, mit Ruth in Kontakt zu treten, so dass er ihr gegenüber auch keine provozierende Handlung begangen haben konnte. Den Rückzug Blakelys von Ruth als Provokation zu werten, die ausreichen sollte, sie so verstört und verwirrt zu haben, dass sie völlig ihre Selbstbeherrschung verloren habe und ihre Tat nicht als Mord sondern als Totschlag zu bewerten sei, weigerte sich der Richter.

Dieser juristische Streit wurde zwischen Gericht und Verteidigung in Abwesenheit der Geschworenen ausgetragen. Als diese wieder im Saal zugelassen waren, lehnten es die Anwälte ab, ein Schlussplädoyer zu halten, da beide Verteidigungsstrategien – Unzurechnungsfähigkeit und Provokation – bereits negativ vom Richter bewertet worden waren. Fairerweise verzichtete daher auch der Staatsanwalt auf eine Abschlussrede. Bereits vorher hatte er jedoch gegenüber dem Vorsitzenden seine Position klargestellt: Da die Angeklagte zugegeben habe, beim Abfeuern des Revolvers den Tod Blakelys beabsichtigt zu haben, sehe er die Tat als Mord. Das englische Strafrecht kennt, anders als im deutschen Strafgesetzbuch, zwei Mordmerkmale: den »actus reas« oder »guilty act«, was bedeutet, dass vor einer Verurteilung wegen Mordes bewiesen werden muss, dass der oder die Beschuldigte das Opfer auch wirklich getötet hat, was im Fall Ruth Ellis feststand. Zweitens musste »mens rea« oder »guilty mind« festgestellt werde, also die Absicht des Täters oder der Täterin, das Opfer wirklich zu töten. Auch dies hatte Ruth Ellis in ihrer verhängnisvollen Antwort auf die einzige Frage des Staatsanwalts zugegeben. Einzig die Feststellung einer Geisteskrankheit hätte die Wertung der Tat als Mord abändern können, doch Mrs. Ellis sei als geistig gesund zu betrachten. Daher könne sie keiner anderen Tat als des Mordes beschuldigt werden.

Da sowohl Anklage wie Verteidigung keine Schlussreden hielten, blieb es dem Richter überlassen, der Jury abschließend noch einmal die zu Tage geförderten Fakten darzulegen. Hier erwähnte er seine vorherigen Überlegungen im Zusammenhang mit der möglichen Provokation der Angeklagten durch das Opfer und verwies auf seine ablehnende Beurteilung dieses Sachverhalts. Daher wies er die Geschworenen darauf hin, dass sie nicht von der Möglichkeit Gebrauch machen dürften, die angeklagte Tat auf Totschlag zu reduzieren, sondern zu entscheiden hätten, ob Ruth Ellis des Mordes schuldig sei oder nicht.

Dazu benötigte die Jury gerade einmal 24 Minuten, dann erklärte sie die Angeklagte für des Mordes schuldig. Dem Richter blieb somit keine andere Wahl, als Ruth Ellis zum Tode zu verurteilen. Sie nahm das Urteil ungerührt zur Kenntnis, brach nicht zusammen und fing auch nicht an zu weinen. Sie bedankte sich lediglich und ließ sich abführen.

Während sie in Holloway auf ihre Hinrichtung wartete, mangelte es nicht an Versuchen, eine Begnadigung für die Verurteilte zu erreichen. Zunächst startete eine Zeitung eine Kampagne und konnte schon nach wenigen Tagen 50 000 Unterschriften für einen Gnadenerweis vorlegen. Daneben enthalten die Akten mehrere Ordner mit Briefen von Menschen, die durch Ruths Schicksal gerührt worden waren und sich nun für ihre Begnadigung einsetzten. Eine Frau schrieb beispielsweise, Ruth Ellis habe nur verwirklicht, was viele Frauen insgeheim wünschten, und es einem Mann heimgezahlt, der sie schlecht behandelt hatte. Die Volksseele äußerte Verständnis für die psychische Lage der Schützin, die unter einem so enormen Druck gestanden habe, der einfach hätte entweichen müssen. Man sah sie als von Blakely ausgenutzt und emotional verletzt an. Zudem scheint die Öffentlichkeit ihre labile psychische Verfassung weitaus mehr berücksichtigt zu haben als die rechtlichen Definitionen unterworfenen Juristen. Andere Kritiker verwiesen generell auf die Unmenschlichkeit der Todesstrafe und machten sich daher für eine Begnadigung der Verurteilten stark. Viele sahen Ruths Tat als Affekthandlung an, zu der sie durch Leidenschaft, die sie nicht habe kontrollieren können, getrieben worden sei. Dafür verdiene sie nicht den Tod.

Mitte Juli wechselte Ruth ihren Anwalt. Ihr bisheriger Rechtsbeistand Bickford scheint zunehmend Kritik an ihrer Passivität geübt zu haben. Daher entließ sie ihn und nahm sich als neuen

Verteidiger Mr. Mishcon. Doch auch dieser ließ sie nicht in Frieden und bemühte sich, um seine Mandantin zu kämpfen. Endlich gelang es ihm, Ruth das Geständnis zu entlocken, sie habe die Waffe von Desmond Cussen erhalten. Allerdings erwähnte sie jetzt auch die Schießübungen im Epping Forest. Am 12. Juli 1955 machte sie folgende Angaben: Am Tatabend gegen 20.30 Uhr habe Cussen ihr, nachdem sie beide Pernod getrunken hatten, die geladene Waffe übergeben und sie anschließend zu den Findlaters gefahren. Nun wollte die Verteidigung versuchen, dies als neuen Beweis vorzulegen, der Cussen eine aktive Rolle in der Ermordung seines Konkurrenten Blakely zuweisen würde, ihn vielleicht sogar der Anstiftung überführt hätte. Ruth verbat sich dies jedoch. Selbst wenn Cussen ihr, als sie bereits stark angetrunken gewesen war, die Waffe gegeben habe, so habe sie ihn doch darum gebeten. Es ist in der Folgezeit heftig spekuliert worden, ob und wenn ja warum sie Cussens Rolle in dem Drama zu verschleiern versucht hat. Trotz ihres Einspruchs legten ihre Anwälte diesen neuen Sachverhalt dem zuständigen Unterstaatssekretär im Innenministerium vor, der darin jedoch keinen Entlastungsbeweis für die Verurteilte sah, zumal ihm ein Gefängniswärter berichtete, der Anwalt habe seine Mandantin zu dieser Aussage massiv gedrängt.

Ruth Ellis selbst weigerte sich, ein Gnadengesuch einzureichen. Sie äußerte gegenüber ihren Anwälten:

*»Ich weiß, dass ich sterben werde und bin dazu bereit. Ich werde nicht behaupten, dass ich David nicht getötet hätte. Ich habe ihn getötet, und welche rechtlichen Spitzfindigkeiten sie als Juristen dazu auch anführen mögen, es heißt doch Leben für Leben. Ist das etwa nicht gerecht?«*

Diese Haltung überraschte und entsetzte ihre Verteidiger. Auch Ruths Freunde konnten nicht glauben, dass sie so bereitwillig in den Tod gehen wollte. Eine enge Freundin, Jaqueline D., wandte sich schließlich an ihren Abgeordneten, den Labourpolitiker George Rogers. Dieser suchte die Verurteilte im Gefängnis auf und brachte sie schließlich dazu, doch noch eine Bitte um Begnadigung bzw. Strafaufschub zu stellen. Dabei argumentierte er auch mit dem Wohl ihres Sohnes, woraufhin Ruth Ellis zurückgab, dieser werde bestens versorgt werden, darum habe sie sich gekümmert. Kurze Zeit nach diesem Gespräch scheint sie ihren Entschluss zudem bereut zu haben. So äußerte sie einer Wärterin gegenüber den Wunsch, der Politiker möge keinen Erfolg haben.

Der Innenminister Gwilym Lloyd George wertete denn auch die lange Weigerung der Verurteilten, ein Gnadengesuch zu stellen, gegen sie. Zudem könne er keine Umstände erkennen, die einen solchen Gnadenerweis befürworten würden. Er schrieb: *»Unser Strafrecht kennt kein sogenanntes Verbrechen aus Leidenschaft, und ich bin zudem nicht bereit, einem Geschlecht eine größere Neigung zu Eifersucht zuzubilligen als dem anderen.«* Dies impliziert eine angebliche Gleichheit von Männern und Frauen vor Gericht, die in scharfem Gegensatz zu der Behandlung weiblicher Angeklagter wie beispielsweise Edith Thompson steht.

Doch nicht nur das Geschlecht konnte Auswirkungen auf das Verfahren haben, die Klasse spielte im damaligen England eine ebenso große Rolle. So äußerte sich der ermittelnde Detective Chief Inspector Leslie D. in seinem zusammenfassenden Bericht vom April 1955:

*»Es scheint, dass, als Ruth Ellis David Blakely traf und realisierte, dass er aus einer weit über ihr stehenden Gesellschaftsschicht stammte und dennoch bereit war, mit ihr zusammen zu leben, sie sich entschloss, alles zu ertragen, nur damit er bei ihr bliebe. Als sich dies jedoch als unmöglich herausstellte, scheint sie sich entschlossen zu haben, an ihm Rache zu nehmen.«*

Diese Darstellung deutet an, dass das Zusammenleben nicht nur im Fall Ellis und Blakely nicht funktionierte, sondern dass Menschen, die aus unterschiedlichen Gesellschaftsschichten stammten, grundsätzlich nicht zusammenpassten. Diese Beziehung habe also quasi zwangsläufig scheitern müssen, und dass eine Frau mit Ruths Herkunft dann zur Gewaltanwendung neige, dürfe niemanden überraschen. Sie galt als Golddigger, die ihren Goldesel nicht hatte halten können.

Ruth Ellis musste nicht lange auf ihre Exekution warten. Es war einmal mehr der Henker Albert Pierrepoint, der die Verurteilte am

13. Juli 1955 hängte. Sie war die 15. Frau, die im 20. Jahrhundert dieses Schicksal erleiden musste. Bereits am Abend zuvor hatte der Gefängnisdirektor Verstärkung der Polizeiverbände angefordert, da sich vor der Strafanstalt eine immer größere Menschenmenge zusammenfand. Auch am nächsten Morgen warteten mehrere hundert Menschen vor den Toren Holloways, sangen Lieder, beteten und skandierten Ruths Namen, bis die Stunde der Exekution gekommen war. Dann verharrte die Menge schweigend, bis um 9.17 Uhr der Vollzug gemeldet werden konnte.

Ruth Ellis wurde zu einer Zeit hingerichtet, als die Diskussion um die Todesstrafe in Großbritannien einen Höhepunkt erreicht hatte. Schon 1938 war eine Initiative zur Abschaffung der Todesstrafe ins Parlament eingebracht worden, die eine fünfjährige Suspendierung von Exekutionen als Probelauf für einen völligen Verzicht vorgesehen hatte. Das Vorhaben lag jedoch wegen des Kriegsausbruchs 1939 zunächst auf Eis. 1949 setzte dann die neue Labour-Regierung eine Royal Commission ein, die das Thema untersuchen sollte und 1953 einen Bericht vorlegte. Darin diskutierte die Kommission zunächst alternative Hinrichtungsmethoden zum Erhängen, verwarf solche jedoch. Schwieriger erschien die Sachlage bei einer Entscheidung über die generelle Beibehaltung oder Abschaffung der Todesstrafe. Die öffentliche Meinung betrachtete sie als wirksame Abschreckung Krimineller, die zur Verfügung stehenden Statistiken waren in diesem Punkt jedoch nicht eindeutig. Daher sprach sich die Kommission zwar vom ethischen Standpunkt gegen Exekutionen aus, war andererseits jedoch für deren weitere Durchführung, da die überwiegende Mehrheit der Bevölkerung der Todesstrafe positiv gegenüberstand.

Der Fall Ruth Ellis, aber auch das Fehlurteil gegen Evans im Zusammenhang mit den Morden Christies, hielten die Diskussion um das Für und Wider der Todesstrafe auf konstant hohem Niveau. Das Parlament empfand die Rechtspraxis in England dabei als zunehmend unzeitgemäß, und so konnten die Abolitionisten mit dem Homicide Act 1957 einen Teilerfolg verbuchen. Dieses Gesetz sah nur noch für sechs Arten von Tötungen die Todesstrafe vor: Raubmord, beim Gebrauch von Schusswaffen oder Sprengstoff, bei Widerstand gegen eine Festnahme oder Fluchtversuchen, bei Polizistenmord, Tötung eines Gefängniswärters durch einen Insassen und schließlich bei mehreren begangenen Mordtaten.

Erst 1965 griff der Murder (Abolition of the Death Penalty) Act die fünfjährige Aussetzung von Hinrichtungen zur Erprobung einer Abschaffung der Todesstrafe wieder auf. Diesmal stimmten beide Häuser dem Vorhaben zu. Als es 1969 zu einer Wiedervorlage der Frage kam, entschieden sowohl die Lords als auch die Commons am 8. Dezember, die fünfjährige Versuchsperiode aus dem Gesetz zu streichen. Somit galt die Todesstrafe für Mord in England zwar nicht als abgeschafft, wohl aber als ausgesetzt. Lediglich für Hochverrat, Piraterie, Sprengstoffanschläge und bestimmte Vergehen innerhalb der Streitkräfte blieb sie erhalten. Regelmäßig ließ das Parlament nun einmal pro Jahr über eine Wiederaufnahme abstimmen, was jedoch jedes mal negativ ausging. Nachdem 1998 Möglichkeiten von Exekutionen durch europäische Vereinbarungen erneut weiter eingeschränkt wurden, verzichtete Großbritannien (jedoch erst 2003) auf alle Formen der Vollstreckung der Todesstrafe.

Trotz der angeblichen Gleichbehandlung der Geschlechter war Ruth Ellis die letzte Frau, die in England hingerichtet wurde. Männer mussten noch bis 1964 hängen. Gerade die Hinrichtung einer Frau weckte besonderen Abscheu. Doch auch die speziellen Umstände des Falles der Ruth Ellis scheinen dazu beigetragen zu haben, dass die Vollstreckung des Todesurteils an ihr kontrovers diskutiert wurde. Die Hinrichtungen von Louisa Merrifield 1953 – einer vorbestraften Betrügerin, die ihre ältliche Arbeitgeberin vergiftet hatte – und Styllou Chrisofi – einer zypriotischen Einwandererin, die ihre deutschstämmige Schwiegertochter brutal umgebracht hatte – ein Jahr später erregten längst nicht so großes Aufsehen. Der Fall der Ruth Ellis, mit seinen Anklängen an Starlets, die Nachtclubszene und die britische Klassengesellschaft eignete sich anscheinend besser zu Sensationalisierungen. Der Innenminister scheint die Bedeutung des Falles richtig erfasst zu haben, wenn er äußerte: *»Wenn in diesem Fall eine Begnadigung erwogen würde, müssten wir ernsthaft über die Beibehaltung von Hinrichtungen als Strafe nachdenken.«*

Das juristische Gezerre um Ruth Ellis war mit ihrem Tod nicht ausgestanden. Noch 2003 überprüfte der englische Appellationsgerichtshof die Möglichkeit eines Fehlurteils und die Abmilderung der Anklage in Totschlag, kam jedoch zu dem Schluss, dass hierfür zum damaligen Zeitpunkt keine ausreichenden Gründe vorgelegen hätten. Das nun zu ihrer Entlastung angeführte Battered Women Syndrome, welches den Kreislauf der Gewalt erklären soll, aus dem sich gerade misshandelte Frauen manchmal nicht anders als durch die Tötung ihres Peinigers befreien können, sei 1955 noch nicht akzeptiert gewesen. Heute gehen die englischen Gerichte - übrigens im Gegensatz zur deutschen Rechtssprechung - davon aus, dass langjährige körperliche Misshandlungen besonders Frauen das Gefühl vermitteln, in einer ausweglosen Situation zu leben, aus der sie sich nur durch die Tötung des brutalen Partners befreien könnten. Solche Fälle von Selbstschutz führen heute oftmals zu einer Abmilderung der Anklage von Mord in Totschlag, besonders in Fällen, die zudem die rechtlichen Voraussetzungen für die Anwendung von Regelungen in Bezug auf Selbstverteidigung, Provokation, Unzurechnungsfähigkeit oder verminderte Zurechnungsfähigkeit erlauben. Dennoch habe der Richter 1955 nach damaligem Verständnis korrekt gehandelt, als er die Jury anwies, keine Provokation durch das Opfer anzunehmen. Allerdings stellte die Entscheidung des Appellationsgerichtshofes auch fest, dass Ruth Ellis heutzutage zwar immer noch nicht wegen Provokation, sehr wahrscheinlich aber aufgrund des Battered Women Syndrome - wahrscheinlich hatte David Blakely sie so geschlagen, dass sie zehn Tage vor der Tat eine Fehlgeburt erlitten hatte - und der daraus resultierenden verminderten Zurechnungsfähigkeit nur wegen Totschlags verurteilt worden wäre. Zur Frage, ob die Hinrichtung an Ruth Ellis hätte vollstreckt werden sollen, oder ob man sie hätte begnadigen müssen, ließen sich die Juristen 2003 nicht ein. Ihre Entscheidung macht jedoch deutlich, dass Ruth Ellis zwar nach den damaligen Gesetzen und Gepflogenheiten rechtmäßig wegen Mordes zum Tode verurteilt worden war, eine Wiederaufnahme einige Jahre später jedoch vielleicht eine Abmilderung des Urteils hätte zur Folge haben können. Die Vollstreckung der Todesstrafe rückte dies jedoch in den theoretischen Bereich der Spekulation.

Anfang der 1970er Jahre geriet der Fall dann erneut in die Schlagzeilen. Ruths ehemaliger Anwalt Bickford meldete sich aus Australien, wo er inzwischen lebte, bei Scotland Yard, und behauptete, neue Beweise im Fall Ellis vorlegen zu können. U. a. wollte er einen Tonbandmitschnitt von Desmond Cussen erhalten haben. Eine der Polizei vorgelegte Abschrift des Mitschnitts, der beweisen sollte, in welchem Verhältnis die Beteiligten zueinander standen, wurde von den Ermittlern jedoch als belangloses Partygeplapper eingestuft, und wirklich ist es schwierig, aus den Gesprächsfetzen eine zusammenhängende Unterhaltung zu rekonstruieren, die mehr als die bekannte Tatsache, dass alle Beteiligten sich kannten, beweist. In diesem Zusammenhang sagte Bickford am 11. Juni 1972 außerdem aus, Ruth habe ihm gestanden, am 10. April 1955 mit Cussen und ihrem Sohn nach Penn gefahren zu sein, um nachzusehen, ob David sich dort verstecke. Bisher hatte sie behauptet, sich nicht erinnern zu können, wie sie diesen Tag verbracht hatte. Auf dem Rückweg sei sie dann aus dem Wagen gestiegen und habe im Wald auf einen Baum geschossen. Cussen war also den ganzen Tag vor Blakelys Ermordung mit ihr zusammen und könnte sie subtil aufgehetzt haben.

Interessant ist in diesem Zusammenhang auch ein Brief von Bickford vom 23. September 1972 an Superintendent Payton von Scotland Yard, in dem der ehemalige Anwalt eine sehr interessante Theorie über die Hintergründe der Tat entwickelt: Ruth habe Cussen belogen und ihm Ende 1954 gesagt, sie habe den Kontakt zu Blakely abgebrochen. So habe sie Cussen den Eindruck vermitteln wollen, er wäre der einzige Mann in ihrem Leben. Dieser durchschaute ihr Doppelspiel jedoch und wusste, das Ruth weiterhin intime Beziehungen zu Blakely unterhielt. Tief verletzt, habe Cussen daraufhin einen teuflischen Plan entwickelt, bei dem sowohl sein Konkurrent als auch seine treulose Geliebte würden leiden, er jedoch keine Strafe habe fürchten müssen. Er sei ein eher introvertierter Typ und habe daher nicht die offene Konfrontation gesucht, sondern die Strippen im Hintergrund gezogen. Er habe Ruth Ellis die geladene Waffe gegeben und sie zur Tanza Road gefahren, damit sie dort Blakely tötete, und zwar auf eine Weise, die die Schuld einzig ihr zurechnen würde. Ohne seine Hilfe hätte sie die Tat jedoch nicht begehen können. Hatte er sich bis zu diesem Zeitpunkt noch als Ruths Beschützer gegeben, ließ er sie nun fallen. Zwar sei es ihm gelungen, sie während des Prozesses mit dem Angebot, sich um ihren Sohn zu kümmern, zu beschwichtigen. Außerdem habe er es so geschickt eingefädelt, dass sie glaubte, ihm den Revolver gegen seinen Willen entlockt zu haben. Er trat als Zeuge der Anklage auf, doch die Verteidigung verzichtete - wohl auf Ruths Bitte hin - auf ein Kreuzverhör. Als das Urteil gesprochen und es belanglos geworden war, ob Ruth die Wahrheit über die Herkunft der Waffe sagte, habe er sich endgültig von ihr zurückgezogen. So stellte er die Besuche im Gefängnis ein und beteiligte sich auch nicht an der Kampagne für Ruths Begnadigung. Erst da sei ihr, die Cussen für ihren loyalsten Freund gehalten habe, aufgegangen, wie er sie benutzt hatte. Deshalb sei sie nun zu einer Aussage bereit gewesen, die ihr Schicksal jedoch nicht mehr ändern konnte. Leider konnte Bickford diese Theorie nicht gerichtsfest beweisen, zumal ihm fast alle seine Unterlagen zum Prozess abhanden gekommen waren. Dennoch wandte er sich mit seinen Vermutungen schließlich im Dezember 1973 an die Presse. Die Zeitung »Sunday People« verkündete daraufhin eine »Sensation im Fall Ruth Ellis« und behauptete, sie hätte vor dem Galgen gerettet werden können, wenn sie damals Cussens Rolle enthüllt hätte.

Ende 1973 bekam so auch Ruths Bruder Granville Neilson Wind von der Existenz des Tonbandes. Er wandte sich an die Polizei, um es ausgehändigt zu bekommen, doch die ihn im Januar 1974 besuchenden Beamten mussten feststellen, dass er keineswegs die Absicht hegte, den Mitschnitt als neuen Beweis für die Unschuld seiner Schwester zu nutzen. Vielmehr gestand er freimütig, es an die Presse verkaufen zu wollen, und rechtfertigte dies mit dem Argument: *»Jeder verdient doch Geld mit ihrer Geschichte, außer mir.«* Die Ermittler sprachen sich daraufhin gegen eine Herausgabe des Bandes aus.

Der Fall der Ruth Ellis ruinierte nicht nur ihr junges Leben, auch andere Beteiligte litten ein Leben lang unter den Nachwirkungen ihrer Schüsse auf David Blakely. Kurz nach der Hinrichtung starb ihre jüngste Schwester an Herzversagen; der Stress des Prozesses war zu viel für sie gewesen. Ihr Ex-Mann George Ellis erhängte sich 1958. Desmond Cussen wanderte nach Australien aus. Er finanzierte Ruths Sohn Andy eine teure Privatschule; es ist spekuliert worden, dass seine Bereitschaft, sich um ihren Sohn zu kümmern, Ruth Ellis dazu veranlasst haben könnte, Cussens Beteiligung an der Tötung David Blakelys zu verschleiern. Ihr Sohn Andy, zu Lebzeiten seiner Mutter herumgeschoben zwischen Verwandten und aufgewachsen in äußerst instabilen Verhältnissen, war zum Zeitpunkt der Hinrichtung seiner Mutter noch keine zehn Jahre alt, die Tochter Georgina war vier. Andy scheint all dies, trotz der finanziellen Unterstützung durch Desmond Cussen, nicht verarbeitet zu haben; er lebte unter dem neuen Namen Steven Martin Neilson oder Turner und nahm sich 1977 das Leben. Ihre Tochter Georgina, die 2003 starb, und ihre Schwester Muriel bemühten sich zeitlebens um eine Rehabilitierung von Ruth Ellis, jedoch ohne Erfolg.

Im Januar 1971 war übrigens auch Ruth Ellis Leichnam im Zuge der Umbauarbeiten in Holloway zur anderweitigen Bestattung freigegeben worden. Die Gefängnisverwaltung kontaktierte zu diesem Zweck ihre Schwester Muriel und ihren Sohn. Seit Juni 1971 ruht Ruth Ellis nun auf dem Friedhof der St. Mary's Church in Amersham, Buckinghamshire.

## Gute Zeiten, schlechte Zeiten: England in den 1960er Jahren

Den meisten Briten ging es niemals so gut wie Ende der 1950er Jahre. Der Wohlfahrtsstaat sicherte den Lebensunterhalt der Wenigen, die nicht von der Vollbeschäftigung profitieren konnten. Der Lebensstandard stieg, immer mehr Kinder konnten weiterführende Schulen besuchen und daher später qualifizierte, gut entlohnte Tätigkeiten ausüben. Die Zahl der Universitäten verdoppelte sich, was eine stärkere Egalisierung der Gesellschaft zur Folge hatte; akademische Bildung war nun kein Vorrecht der Oberschicht mehr. Die Wohnverhältnisse besserten sich, steigende Einkommen ermöglichten den Kauf eines Eigenheims, dessen solide Möblierung mit allen damals zur Verfügung stehenden technischen Annehmlichkeiten, und sogar erste Urlaubsreisen ins Ausland. Immer mehr Familien fuhren Auto. Dies alles gab es jetzt nicht mehr nur für die Mittelklasse, auch Angehörige der Arbeiterschicht konnten sich diese moderne Lebensweise zunehmend leisten. Als England dann auch noch 1966 zu Hause Fußball-Weltmeister wurde, schien das Glück perfekt.

Britische Popmusik eroberte Anfang der 1960er Jahre nicht nur in Gestalt der Beatles die Welt. Überhaupt war England bald bekannt für ein besonders freies Lebensgefühl der Jugend: Mädchen in Miniröcken, die zu wilder Musik die Nächte durchtanzten, prägten dieses Bild ebenso wie die relativ freie Verfügbarkeit von Drogen und Alkohol und weniger Hemmungen beim Sex dank leicht zugänglicher Verhütungsmittel. Bezeichnenderweise kam es in England kaum zu Studentenunruhen, die für die Universitätsstädte Kontinentaleuropas in den 1960er so prägend waren; britische Studenten hatten einfach sehr viel weniger, wogegen es zu revoltieren lohnte.

All dies sollte jedoch nicht darüber hinwegtäuschen, dass es in der britischen Gesellschaft durchaus widerstreitende Kräfte gab. Erfüllung allein im Konsum zu finden, schien gerade immer mehr jungen Menschen eine zu oberflächliche Lebensweise. Auch wenn beim Shopping alle gleich schienen, lebte die traditionelle Welt der althergebrachten Klassenschranken fort. Und es gab zahlreiche Regionen auf den britischen Inseln - besonders die alten Industriezentren im Norden und Westen - in denen der Aufschwung nicht so recht ankommen wollte. Ethnische Spannungen nahmen im Einwanderungsland Großbritannien zu, in Nordirland drohte die Situation ebenfalls zu eskalieren.

Als zum Ende des Jahrzehnts die Wirtschaft erlahmte, die Arbeitslosigkeit ebenso wie die Inflation ungeahnte Höhen erklomm und nicht einmal die Abwertung des britischen Pfundes eine Besserung herbeiführen konnte, wurde vielen klar, dass England sein Goldenes Zeitalter erlebt und seinen Zenit vielleicht für immer überschritten hatte. Als ein Anzeichen dieses zunächst noch gemäßigten Niedergangs werteten Zeitgenossen den folgenden Fall der sogenannten Moor-Mörder aus Manchester.

## »Moor Murderers«: Myra Hindley und Ian Brady

Manchester, die alte nordenglische Industriemetropole, ist keine Stadt im eigentlichen Sinne, sondern ein Zusammenschluss von zwei Großstädten - Salford und Manchester -, sechs Kreisstädten und zwei neu gebildeten Gemeinden zu einem Gebiet, das sich seit 1974 Greater Manchester nennt. Die City of Manchester ist wiederum in mehrere Distrikte unterteilt und liegt zentral in der Mitte des Mollochs, der so die zweitgrößte Stadt Englands werden konnte. Die Verschmelzung vormals eigenständiger Kleinstädte und die Einrichtung neuer Gemeinden im Umland der wachsenden Metropole hatten zur Folge, dass Greater Manchester nicht nur das ehemalige Stadtgebiet einschließt, sondern sich zum Teil auch auf Gebieten der Grafschaften Lancashire und Cheshire ausgebreitet hat. Für die Ermittlungen im Fall der Moor-Mörder hatte dies zur Folge, dass neben der Manchester Metropolitan Police auch noch die Ermittlungsbehörden von Lancashire und Cheshire mit einbezogen werden mussten.

Einst die Wiege von Industrialisierung und Kapitalismus, war der wichtigste Erwerbszweig, die Textilindustrie, in den 1960er Jahren tot. Zwar setzte man auf neue Technologien - die ersten britischen Computer waren unmittelbar nach dem Krieg an der University of Manchester entwickelt worden - und beispielsweise die Automobilherstellung, aber dennoch herrschten hier oben im Norden, weitab von der Glitzerwelt des Swinging London, in vielen Vierteln Armut, Arbeitslosigkeit und Depression. Ein Symbol dieses Abstiegs der einstmals wichtigen Industriemetropole war die Schließung der Börse 1968. Die Zukunftsaussichten gerade der Jugend waren alles andere als rosig. Vor diesem hoffnungslosen Hintergrund entwickelte sich in dieser Generation eine Jugendkultur, die radikal mit den Normen und Wertvorstellungen ihrer Vorgänger brach.

Es war die Zeit der Experimente und des Neuanfangs, der Emanzipation der Jugend von den einengenden Idealen und Moralvorstellungen der Eltern. England war in der Notzeit des Krieges zusammengerückt, doch diese Nähe empfanden gerade Jugendliche, die die Bombennächte nicht hatten miterleben müssen, zunehmend als Enge und Bedrückung. Daher brachen sich nun immer stärker hedonistische Lebensvorstellungen Bahn. Das Anderssein als die Anderen wurde chic, Beatniks in engen Anzügen und mit schwarzen Sonnenbrillen grenzten sich auch äußerlich von anderen Jugendbewegungen wie den Rockern ab. Einige übertrieben diese Kultivierung ihrer Andersartigkeit jedoch und steigerten sich in eine geradezu fanatische Verachtung für alles Althergebrachte hinein. Zu ihnen gehörten Ian Brady und Myra Hindley, zwei kleine Angestellte mit Wurzeln in der Arbeiterklasse, deren Hass auf die traditionelle Gesellschaft sie zu einer Mordserie trieb, die bis heute als eine der berüchtigtsten Englands gilt. Auch 40 Jahre später gilt das Mörderpaar als Ikone des Bösen.

Das Saddleworth-Moor westlich von Manchester ist eine trübe Gegend. Karge, mit Torfmoosen und Flechten bewachsene Flächen bilden dort, mitten im mittelenglischen Bergrücken der Pennines, eine etwa 150 Quadratkilometer umfassende Moorlandschaft. Im Oktober 1965 brach eine großangelegte Polizeiaktion in die sonst dort herrschende Ruhe und Einsamkeit ein. Die Beamten suchten nach Kinderleichen.

In den letzten drei Jahren waren in der Gegend um Manchester acht Menschen verschwunden, darunter drei Kinder. Nach konkreten Hinweisen hatte am 15. Oktober 1965 eine großangelegte Suchaktion mit 120 Beamten und 15 Hunden an zwei Stellen im Moor begonnen, einmal im sogenannten West Riding um Woodhead, anschließend in der Gegend zwischen Holmfirth und Greenfield. Die Sondierung blieb zunächst ergebnislos, erst am nächsten Tag, dem 16. Oktober, entdeckten Polizisten eine Kinderleiche im Saddleworth-Moor in der Umgebung von Greenfield: Lesley Ann D. (10), die seit den Weihnachtsfeiertagen im Jahr zuvor vermisst worden war.

Dieser traurige Leichenfund schaffte es auf die Titelseiten der Zeitungen. Obwohl die Polizei andeutete, dass sie im Moor mindestens zwei weitere Kinderleichen vermute, hielt sie sich ansonsten sehr bedeckt, was die Verlautbarung von Ermittlungsergebnissen betraf. In den Artikeln tauchten weder die Namen der verdächtigen Täter noch der Zeugen auf. Trotz oder wegen dieser restriktiven Informationspolitik schossen wilde Spekulationen ins Kraut; es hieß, angeblich suche die Polizei insgesamt acht weitere Tote. Die Ermittler beeilten sich zwar, solche Vermutungen zu entkräften, indem sie behaupteten, für weitere Todesfälle keine konkreten Beweise zu haben, die Bevölkerung fühlte sich dadurch jedoch wenig beruhigt, da die Absuchung des Saddleworth-Moores weiterging. Da kaum neue Informationen durchsickerten, druckten die Zeitungen trübe Bilder von Polizisten, die mit Schaufeln bewehrt ihre peinigende Pflicht erfüllten. Die Bevölkerung wurde zur Mithilfe aufgerufen, um das riesige Moorgebiet effektiver durchforsten zu können. Wer verdächtige Beobachtungen gemacht hatte, sollte dies der Polizei mitteilen, damit diese bessere Anhaltspunkte habe, wo sich eine Grabung lohne. Außerdem zeigten die Beamten Ortskundigen Fotos des Moores, damit diese die darauf zu sehenden Stellen identifizieren sollten.

Am 21. Oktober wurden dann erneut menschliche Überreste im Moor gefunden, die bald als die von John K. (12) aus Ashton-under-Lyne identifiziert werden konnten. Nun änderten sich die Zeitungsfotos. Statt der leeren Moorlandschaft zeigten die Bilder auf der grünen Fläche errichtete Sichtschutzplanen aus weißer Baumwolle, hinter denen, abgeschirmt von neugierigen Blicken, Polizisten und Pathologen arbeiteten.

Am Wochenende 23./24. Oktober sperrte die Polizei alle Straßen innerhalb des Moores und kontrollierte dort die Autofahrer, um sie nach ungewöhnlichen Begebenheiten in der Vergangenheit zu befragen. Neben der Polizei meldeten sich nun auch Wächter des Nationalparks Pennines und Bergrettungsmannschaften freiwillig zur Mithilfe bei der Suchaktion. Danach nahm das Interesse der Presse allerdings immer mehr ab. Bis Ende Oktober entdeckte die Polizei keine weiteren Leichen, obwohl mit großer Intensität weiter gesucht wurde. Sogar ein Flugzeug setzte man ein, um das Moor beim Überfliegen zu fotografieren. Zur Auswertung der Bilder zog die Polizei Experten der Royal Air Force hinzu, um Veränderungen der Landschaft im Vergleich mit früher gemachten Luftaufnahmen erkennen zu können.

Langsam brach der Winter herein. Immer häufiger musste die Suche wegen schweren Regenfällen, die das Moor in unwegsames Gelände verwandelten, unterbrochen werden. Nebel und Kälte trugen ebenfalls zu den wenig einladenden Bedingungen bei. Schließlich setzte Schneefall ein. Da neue Funde ausgeblieben waren, entschloss sich die Polizei am 4. November, die großangelegte Erkundung einzustellen und nur noch sporadisch bisher vernachlässigte Teile des Moores abzusuchen. Daneben sollten vier Posten errichtet werden, denen Zeugen verdächtige Beobachtungen mitteilen könnten. Doch all diese Bemühungen führten zu keinen weiteren Leichenfunden.

In Gang gekommen war die Suchaktion durch einen Notruf bei der Polizei. Am Morgen des 7. Oktober 1965 hatte sich ein völlig verängstigter junger Mann namens David Smith um 6.10 Uhr von einem Kiosk-Telefon beim Polizeirevier in Stalybridge gemeldet. Als die zu Hilfe gerufenen Beamten dort eintrafen, nahmen sie dem eingeschüchterten jungen Mann zunächst ein

Messer und einen Schraubenzieher ab, die er aus Angst zur Selbstverteidigung bei sich getragen hatte.

Smith berichtete den Beamten auf dem Revier von seinen Erlebnissen der letzten Nacht. Diese Aussagen beunruhigten die Ermittler sehr. Der Zeuge erzählte, dass seine Schwägerin Myra Hindley gegen 23.30 Uhr bei ihm und seiner Frau vorbeigekommen sei, um ihre Schwester zu bitten, ihrer Mutter eine Nachricht zu überbringen. Anschließend habe sie David aufgefordert, sie nach Hause zu begleiten, da die Straßenlaternen bereits ausgeschaltet waren. Als beide in der Wardle Brook Avenue angekommen seien, sei Smith noch auf einen Drink mit hineingegangen. Plötzlich habe er einen Schrei aus dem Wohnzimmer gehört, von dem er geglaubt habe, er sei von Ian Brady, Myras Lebensgefährten, ausgestoßen worden. Myra habe *»Dave, hilf ihm!«* gerufen. (In Hindleys Verhalten sah die Anklage später den Beweis dafür, dass sie ihren Schwager absichtlich ins Haus gelockt hatte, um ihn an der folgenden Gewalttat teilhaben zu lassen.) Im Wohnzimmer habe Smith dann gesehen, wie Brady immer wieder mit einer Axt auf Kopf und Schultern eines jungen Mannes eingeschlagen habe, der dabei furchtbar schrie. Als der am Boden Liegende sich nicht mehr bewegt habe, habe Brady ihn noch mit einem Elektrokabel gedrosselt, bis auch das letzte Stöhnen verklungen sei. Anschließend sei er aufgestanden und habe gesagt: *»Das wars. Bisher die dreckigste Arbeit.«* Völlig benommen, habe Smith dann geholfen, die Leiche in eines der Zimmer zu tragen. Um 3.00 Uhr morgens schließlich habe er sich verabschiedet, sei den ganzen Weg nach Hause gelaufen, habe sich dort übergeben und sich mit seiner beunruhigten Frau beraten, bis beide den Entschluss gefasst hätten, die Polizei zu benachrichtigen.

Alarmiert entschlossen sich die Beamten, das Haus von Hindley und Brady zu umstellen. Um 8.20 Uhr trafen sie in der Wardle Brook Avenue in Hattersley ein. Getarnt als Brotlieferant verschaffte sich einer der Polizisten Zutritt zum Haus, wo er Brady auf dem Sofa liegend vorfand. Konfrontiert mit der Aussage ihres Schwagers Smith, dass in dem Haus eine Gewalttat geschehen sei, behauptete Hindley: *»Hier ist alles in Ordnung.«* Sie gestattete den Beamten sogar, das Haus zu durchsuchen. Dabei stieß

Superintendent T. auf ein verschlossenes Schlafzimmer, von dem Myra Hindley behauptete, dass sie darin ihre Schusswaffen verwahre; der Schlüssel befinde sich auf ihrer Arbeitsstelle. Daraufhin forderte T. Hindley auf, mit ihm dorthin zu fahren und den Schlüssel zu holen. Sie weigerte sich jedoch, da sie dort nicht in Begleitung der Polizei erscheinen wollte. Der Beamte bestand jedoch darauf, dass der Raum geöffnet werde. Daraufhin warf Myra ihrem Liebhaber einen vielsagenden Blick zu, woraufhin dieser einräumte, es habe am vergangenen Abend einen Streit gegeben, und »es« sei im Schlafzimmer, welches Hindley dann aufschloss. Diese Unterhaltung war die letzte, die Hindley und Brady vor Beginn ihres Prozesses miteinander führen konnten.

Im Schlafraum fand die Polizei den Leichnam eines Jugendlichen, der als Edward E. (17) identifiziert werden konnte. Als Todesursache stellte der Pathologe einen eingeschlagenen Schädel fest, um den Hals fand sich immer noch das Kabel, mit dem er gedrosselt worden war.

Zunächst wurde nur Ian Brady festgenommen. Einen Tag später entschied der Haftrichter, dass Brady zunächst weiter im Gefängnis bleiben müsse. Beschuldigt wurde er zum damaligen Zeitpunkt nur der Tötung von Edward E. In seiner Aussage versuchte er es so darzustellen, dass es zwischen ihm und E. zu einem Streit gekommen sei, in den sich dann auch Smith eingemischt habe. Beide hätten sie die Kontrolle verloren und den jungen Mann gemeinsam mit einem Knüppel und einem Kaminbesteck geschlagen. Er habe danach noch geröchelt, und erst, als sie mit dem Aufräumen des angerichteten Schadens beschäftigt gewesen seien, sei E. plötzlich verstummt. Brady versuchte also, die Tat nicht als absichtlichen Mord, sondern als unbeabsichtigte Folge einer Schlägerei darzustellen, an der Smith maßgeblich mitbeteiligt gewesen wäre.

Myra wurde am Tag der Verhaftung Bradys von einer Polizeibeamtin verhört, sagte jedoch aus, weder sie noch Brady hätten etwas mit Edward E.s Tod zu tun, der ein Unfall gewesen sei. Der einzig wahre Satz, den sie in dieser Befragung von sich gab, zeigt, wie tief ihre Identifikation mit ihrem großen Idol Brady war: *»Whatever he has done, I have done.«* Zunächst erhob man gegen sie keine Anklage, obwohl sich ihre Aussage und die von Brady in signifikanten Punkten widersprachen. Darüber hinaus gab sie sich sehr abweisend und verschlossen. Wiederholt weigerte sie sich, in folgenden Befragungen Angaben zu machen oder leugnete dargelegte Sachverhalte rundheraus.

Erst durch den Fund von zwei Koffern voller Belastungsmaterial am 15. Oktober, die am Hauptbahnhof von Manchester in der Gepäckaufbewahrung aufgetaucht waren, gelang es, auch Beweise gegen Myra zu sichern. Das Gepäckstück enthielt unter anderem ein Notizbuch mit dem Namen John K.s, pornografische Fotos eines sehr jungen Mädchens (Lesley Ann D.), ein Tonband, auf dem neben den Schreien eines kleinen Mädchens auch ein Gespräch mit Hindley aufgenommen worden war, sowie weitere Bilder, fotografiert im Saddleworth-Moor, u. a. von der Stelle, an der am nächsten Tag das Grab von Lesley Ann D. gefunden werden sollte. Diese Indizien, zusammen mit Aussagen von Smith, dass Hindley und Brady gern in der einsamen Moorlandschaft Schießübungen veranstaltet hätten, veranlasste die Polizei dann zu ihrer Grabungskampagne dort.

Myra Hindley wurde 1942 in Crumpsall, einem Industrieviertel von Manchester, in bescheidenen Verhältnissen geboren. Als 1946 ihre Schwester Maureen auf die Welt kam, schickten die Eltern, die beide arbeiten mussten, um die Familie zu ernähren, ihre ältere Tochter zur Großmutter, bei der Myra aufwuchs und die ihre Enkelin sehr verwöhnte. Obwohl Myra intelligent war, zeichnete sie sich in der Schule nicht besonders aus. Mitschüler verspotteten sie wegen ihres dicken Hinterns, sie galt als wenig feminin. 1957 verließ sie die Schule und begann, als Stenotypistin zu arbeiten. Mit 17 verlobte sie sich. Doch die Normalität ihres Lebens empfand sie zunehmend als Eintönigkeit. Sollte das etwas schon alles gewesen sein? Sollte auch ihr Leben geprägt sein von schlecht bezahlten Jobs, finanziellen Engpässen und dauerndem Kindergeschrei? Um dem zu entgehen, löste sie ihre Verlobung und versuchte, aus ihrer Situation auszubrechen. Sie füllte Bewerbungsunterlagen der Armee aus, schickte sie jedoch nicht ab. Sie spielte mit dem Gedanken, als Au-Pair in die USA zu gehen, tat dies aber nicht. Auch das Unterfangen, in London einen Job zu finden, scheiterte. Insgesamt waren all diese Unternehmungen dadurch gekennzeichnet, dass Myra zwar alternative Lebensentwürfe ersann, ihr jedoch die Energie oder der Mut fehlten, sie auch umzusetzen.

1961 fing sie als Sekretärin bei dem chemischen Handelsunternehmen Millwards Merchandise Ltd. an, wo sie den vier Jahre älteren, aus Schottland stammenden Ian Brady (eigentlich Ian Duncan Stewart) traf und sich in ihn verliebte. Brady, 1938 unehelich geboren in einem der schlimmsten Slums von Glasgow, war bei Pflegeeltern aufgewachsen. Seine Mutter Peggy Stewart, die er lange Zeit für seine Tante hielt, hatte den vier Monate alten Ian zu einer befreundeten Familie gegeben. Seine leibliche Mutter zog nach dem Krieg mit ihrem zweiten Ehemann nach Manchester. Damit endeten endgültig ihre ohnehin immer spärlicher gewordenen Besuche bei ihrem Sohn. Seinen Vater lernte er nie kennen. All dies hatte in dem Jungen schon früh das Gefühl geweckt, ungewollt zu sein und nirgends richtig dazuzugehören. In der Schule galt er als Außenseiter. Als er sich immer mehr in kriminelle Aktivitäten verstrickte, schickte ihn ein Richter schließlich 1954 nach Manchester zu seiner Mutter Peggy und ihrem neuen Ehemann Patrick Brady, dessen Familienname nun auch Ian trug. Der Junge hatte zu diesem Zeitpunkt seine Mutter seit vier Jahren nicht gesehen. Die Familie lebte in Moss Side, einem übel beleumdeten Stadtteil, und Brady nahm zunächst Gelegenheitsjobs an, bis er sich auf Diebstähle verlegte, um seinen Lebensunterhalt zu bestreiten. Dafür kam er zunächst ins berüchtigte Gefängnis Strangeways und später in eine Erziehungsanstalt (Borstal Institution). Dort belegte er Kurse in Buchführung, die ihm nach seiner Entlassung 1957 nach einigen Umwegen 1959 eine Anstellung bei Millwards Merchandise Ltd. verschafften.

Myra war fasziniert von dem stillen jungen Mann, den die Kollegen für arrogant und mürrisch hielten. Sie hingegen meinte, sein wahres Wesen erkannt zu haben, seine Intelligenz und Weltgewandtheit. Fast ein Jahr schrieb sie elegische Einträge über ihren Kollegen in ihr Tagebuch, gegenüber dem all ihre bisherigen Freunde langweilig und kindisch erschienen. Das Objekt ihrer Begierde zeigte ihr jedoch die kalte Schulter und nahm sie kaum wahr.

Auf der Weihnachtsfeier 1961 funkte es dann endlich zwischen Brady und Hindley. Danach bemerkten Freunde und Verwandte, wie Myra sich veränderte. Die fröhliche und lebenslustige junge Frau wurde immer verschlossener und aggressiver. Brady, bereits wegen Gewaltverbrechen und Einbrüchen vorbestraft, hatte sich Myra bald vollkommen hörig gemacht. Sie las auf seine Anweisung hin Bücher von De Sade, er spielte ihr Aufnahmen von Hitler-Reden vor. All dies wirkte auf die junge Frau exotisch und hatte den Reiz des Neuen und Verbotenen. Endlich eröffnete sich ihr eine neue Welt; das Böse, das dort lauerte, nahm sie gern in Kauf, um von Brady akzeptiert und geliebt zu werden. Brady wiederum hatte in Myra eine mehr als willige Gespielin gefunden, die sich keiner seiner Fantasien widersetzte. So trat sie auf seinen Befehl hin einem Schützenverein bei, um legal Schusswaffen besitzen zu dürfen, was ihm als Vorbestraftem verboten war. Auch äußerlich passte sie sich Bradys Geschmack an, trug Miniröcke, hohe Stiefel und bleichte sich ihr dunkles Haar wasserstoffblond. Sie war vollkommen von ihrem Liebhaber eingenommen und unterwarf sich all seinen Wünschen. So war sie auch willig und bereit, als Brady eine weitere Steigerung ihrer, von beiden als besonders und einzigartig empfundenen Beziehung vorschlug: Die gemeinschaftliche Vergewaltigung und Ermordung eines jungen Mädchens sollte ein neuer Höhepunkt werden und das Paar noch enger aneinander binden.

Hindley lebte zu diesem Zeitpunkt immer noch bei ihrer Großmutter in Gorton, einem südöstlichen Vorort von Manchester, und Brady begann bald, dort regelmäßig zu übernachten. Als ihre Schwester Maureen Hindley im August 1964 von David Smith schwanger wurde und ihn heiratete, begannen Myra und besonders Brady zu versuchen, den jungen Mann in ihre perversen Machenschaften zu verwickeln. Zunächst schlug Brady vor, Banken auszurauben und zeigte Smith Revolver, mit denen beide im Saddleworth-Moor - in der Nähe der Orte, an denen später die ermordeten Kinder verscharrt wurden - Schießübungen veranstalteten. Etwa ein Jahr später zog das Ehepaar Smith dann nach Hattersley, wo inzwischen auch Hindley und Brady, obwohl unverheiratet, zusammenlebten. Diese in den 1960er Jahren neu errichtete Siedlung sollte Menschen aufnehmen, die aus der dicht besiedelten Innenstadt fortzogen. Dort betrieb die Verwaltung umfangreiche Abrissprogramme zur Sanierung der unwürdigen Wohnbedingungen. Die dabei entstandenen Hochhauskomplexe verschandeln das Stadtbild nicht nur dieser Großstadt noch heute.

Hattersley war Teil des Ortes Hyde und lag in einem idyllischen Tal, das jedoch bereits von der Autobahn M 67 durchzogen wurde, etwa 12 km südöstlich von Manchester, und gehörte der Gemeinde Tameside an, in der nördlich auch Ashton-under-Lyne und Ausläufer des Saddleworth-Moores lagen. Brady begann hier, immer unverhohlener von Gewalttaten zu schwärmen und über Morde zu philosophieren. Er machte Smith mit seinen Lieblingsautoren wie De Sade bekannt oder lieh ihm Hitlers »Mein Kampf«. Brady bewunderte auch andere Nazi-Verbrecher, z. B. Göring. Außerdem lasen er und Smith Bücher über Sadomasochismus und andere extreme Sexualpraktiken.

Die Zahl der Opfer der Moor-Mörder ist bis heute nicht restlos gesichert, namentlich sind jedoch fünf Menschen bekannt, die von Ian Brady und Myra Hindley zwischen 1963 und 1965 in der Nähe von Manchester ermordet wurden: Pauline R. (16) am 12. Juli 1963, John K. (12) am 23. November 1963, Keith B. (12) am 16. Juni 1964, Lesley Ann D. (10) am 26. Dezember 1964 und Edward E. (17) in der Nacht vom 6. auf den 7. Oktober 1965. Daneben gab Hindley später zu, zusammen mit Brady eine Anhalterin getötet zu haben, deren Namen sie jedoch nicht wisse. Brady behauptete, weitere fünf Morde begangen zu haben, dies konnte jedoch nie bewiesen werden.

Pauline R. verschwand auf dem Weg zu einer Tanzveranstaltung des Railway Workers Social Club. Myra fuhr an diesem Abend mit einem weißen Minivan durch die Straßen, auf der Suche nach einem Opfer. Junge oder Mädchen war dabei egal, Hauptsache, es war jung. Sie und Brady gingen davon aus, dass Kinder oder Jugendliche eher zu einer Frau Vertrauen haben würden, daher sollte Myra ein Kind ins Auto locken, während Brady auf seinem Motorrad folgte. Hindley kannte die Mutter von Pauline R. Trotzdem, oder vielleicht auch deswegen, sprach sie das Mädchen an und machte das Angebot, sie ein Stück mitzunehmen. Myra erzählte ihr dann, sie habe im Moor einen ihrer Handschuhe verloren, und wenn Pauline bei der Suche helfen würde, versprach sie ihr einige Schallplatten. Pauline willigte gerne ein. Auf einem Parkplatz trafen sie dann Brady, den Myra als ihren Freund vorstellte. Sie fuhr den Wagen weiter in die Moorlandschaft hinein, während sich Brady und Pauline zu Fuß auf die Suche nach dem Handschuh machten. Plötzlich fiel Brady über den nichts Böses ahnenden Teenager her, warf Pauline zu Boden und vergewaltigte sie. Um ihre Gegenwehr zu stoppen, schlug er mehrfach hart auf ihren Kopf ein. Nachdem er schließlich von ihr abgelassen hatte, schnitt er ihr mit einem Küchenmesser die Kehle durch. Anschließend holte er Myra vom Parkplatz ab, und ließ sie zusehen, wie das Mädchen verblutete. Dann begrub er Pauline mit einem Spaten, den er bereits mehrere Tage zuvor in einem Drainagegraben versteckt hatte.

John K., mit zwölf Jahren der Älteste von sieben Geschwistern, wurde zuletzt auf dem Marktplatz seines Heimatortes Ashton-under-Lyne auf dem Weg zum Kino gesehen. Das Paar hatte nun einen weißen Ford Anglia gemietet, und bevor sie aufbrachen, lud Brady einen Spaten und eine Flinte ein. Hindley setzte eine schwarze Perücke auf, damit ihre gebleichten Haare nicht auffielen. Auf dem Markt in Ashton-under-Lyne entdeckten sie einen Jungen, der sich gerade billigen Keksbruch an einem Stand kaufte. Mit dem Versprechen von einigen Süßigkeiten überredete Brady ihn, in das Auto zu Myra einzusteigen. Dann fuhren sie erneut hinaus ins Moor und erzählten die Geschichte von der Suche nach dem verlorenen Handschuh. Diesmal schickte Brady seine Gespielin jedoch fort und befahl ihr, mit dem Auto eine halbe Stunde im nahen Dorf Greenfield zu warten und erst dann zurückzukehren. Dann nahm er eine Taschenlampe, den Spaten und bat John, ihm hinaus in die Dunkelheit zu folgen. Dort erdrosselte er das Kind, nachdem er zunächst versucht hatte, es zu erstechen, das Messer sich jedoch als nicht scharf genug erwiesen hatte. Außerdem verging er sich sexuell an dem Jungen. Die Leiche wurde später mit heruntergezogenen Hosen gefunden. Schließlich begrub der Mörder sein Opfer im Moor. Nach dem Verschwinden von John K. folgten Brady und Hindley nervös der großangelegten Suchaktion, doch als diese schließlich ergebnislos verlief, fühlte sich das Pärchen sicher genug für einen neuen Mord.

Keith B. wurde vermisst, nachdem er seine Großmutter besuchen wollte, dort jedoch nie angekommen war. Auf dem Weg dorthin war er von Hindley und Brady angesprochen worden, ob er beim Transport einiger schwerer Kisten helfen könne. Der arglose Schuljunge willigte ein, und so brachten Hindley und Brady auch ihn ins Saddleworth-Moor. Diesmal folgte Hindley dem Jungen und ihrem Liebhaber in einigem Abstand. Auch Keith B. wurde dann von Brady erdrosselt und sexuell missbraucht. Als neue Steigerung der Perversion fotografierte Brady sein Opfer kurz nach dessen Tod und schaute sich die Bilder später zusammen mit seiner Geliebten an.

Lesley Ann D. verschwand am zweiten Weihnachtsfeiertag 1964. Gemeinsam mit einer Freundin und deren kleinem Bruder hatte sie einen Jahrmarkt besucht. Als die anderen Kinder bei Einbruch der Dunkelheit nach Hause gingen, verabschiedete sich Lesley Ann von ihnen, um noch einmal zurückzugehen. Vor einem Karussell traf sie dann eine Frau und einen Mann, die sie baten, beim Tragen von Geschenkpaketen zu helfen. Am Auto angekommen, fragten Brady und Hindley, ob Lesley Ann ihnen auch beim Entladen zur Hand gehen könne. Deshalb nahmen sie das Mädchen mit zu ihrem erst kürzlich bezogenen Haus in Hattersley, wo Brady im oben gelegenen Schlafzimmer bereits seine Kamera und ein Tonbandgerät aufgebaut hatte. Dort angekommen, riss Brady dem Mädchen die Kleider vom Leib und zwang es zum Posieren für pornografische Bilder. Hindley befand sich mit im Zimmer und hörte die verzweifelten Schreie und Bitten des Mädchens mit an, die das Paar zudem aufnahm, um sich später daran zu ergötzen. Schließlich knebelte Brady die Kleine, um sie zum Schweigen zu bringen, und schickte Myra ins Bad, um eine Wanne einzulassen. Dort will Hindley etwa 20 Minuten auf Brady gewartet haben. Als sie dann nachschauen gegangen sei, habe sie ihn über das tote Kind gebeugt vorgefunden. Er hatte das Mädchen vergewaltigt und erdrosselt. Auch diese Leiche begrub das Paar im Saddleworth-Moor.

Nach Lesley Ann D. wurde ebenso gründlich gesucht wie nach den anderen verschwundenen Kindern. Doch trotz intensiver monatelanger Ermittlungen und Fahndungsbemühungen fand die Polizei keine Spur von ihnen.

Das letzte Opfer der Moor-Mörder wurde der 17-jährige Edward E. Er befand sich in der Ausbildung zum Elektriker, lebte noch bei seinen Eltern und ging zwar abends des öfteren aus, war jedoch anscheinend Hindley und Brady noch nie begegnet. Wahrscheinlich traf er das Paar erstmals am Abend seines Todes in einer Bar in Manchester. Von dort ging er mit ihnen in die Wardle Brook Avenue.

Brady und Hindley scheinen jemanden gebraucht zu haben, vor dem sie sich mit ihren Verbrechen brüsten konnten. Als selbsternannte Rebellen und Outlaws konnten und wollten sie ihre Taten nicht länger im Verborgenen belassen, obwohl ihnen andererseits klar war, dass die breite Öffentlichkeit schockiert und ablehnend reagieren würde, und sie harte Strafen zu erwarten hätten. Daher erwählten sie den allmählich vorbereiteten Smith, ließen hin und wieder morbide Andeutungen fallen und kreierten mit E.s Ermordung eine Art Initiationsritus für ihn. Dazu passt die Einschätzung von Jonathan Goodman in seinem Buch »The Trial of Ian Brady und Myra Hindley« von 1973, Hindley und Brady seien *»Voyeure ... ihrer eigenen Verruchtheit«* gewesen, was sich auch in den Tonbandaufnahmen mit Lesley Ann D. und den Fotos auf den Gräbern der Opfer widerspiegelte, die dazu dienten, die eigenen Taten immer wieder erlebbar zu machen.

Doch obwohl Smith von Bradys amoralischer Einstellung fasziniert war, ebenfalls gern De Sade las und sich zu einem Bankraub bereiterklärt hatte, schockierte ihn die blutige Gewalttat, die er miterleben musste, zutiefst. Plötzlich sah er in Brady nicht mehr den coolen und überlegenen Existenzialisten und Beatnik, sondern erkannte ihn als rücksichtslosen und wahnsinnigen Mörder. Besonders die Ruhe, mit der Brady auf Edward E. einschlug, aber auch die lakonische Reaktion seiner Schwägerin Myra, erschreckten Smith. Im Prozess sagte er aus, er kenne Fleischer, die mit ähnlicher professioneller Konzentration Vieh schlachteten.

Die Mordanklage gegen Hindley und Brady wurde am 6. Dezember 1965 erhoben, der Mordprozess gegen beide fand dann vom 19. April bis 6. Mai 1966 in Chester bei Manchester statt. Die

Zeitungen berichteten nun großformatig über den *»Bodies on the Moors Trial«*. Die »News of the World« bezahlte David Smith nach Bekanntwerden der Morde zwischen £ 10 und £ 20 die Woche für Exklusivinformationen. Dies sollte im Verlauf des Prozesses zum Eklat führen, denn die Zeitung hatte Smith für den Fall einer Verurteilung von Hindley und Brady die immense Summe von £ 1 000 versprochen. So hatte Hindleys Schwager, der Hauptbelastungszeuge der Anklage, ein starkes finanziell motiviertes Eigeninteresse an einem Schuldspruch für die Angeklagten, was seine Glaubwürdigkeit in Frage stellte.

Die Verhandlung hatte zunächst im Winter 1965/66 in Cardiff/Wales stattfinden sollen, da wohl befürchtet wurde, den beiden Angeklagten könne in Manchester ob der kochenden Volksseele kein fairer Prozess gemacht werden. Da die Ermittlungen bis dahin jedoch nicht abgeschlossen werden konnten, wich man schließlich im Frühjahr 1966 nach Chester südlich von Manchester aus. Angeklagt waren die Tötungen von Edward E., Lesley Ann D. und John K. In den Fällen Pauline R. und Keith B. scheint zwar ein Verdacht gegen Hindley und Brady bestanden zu haben, die Beweislage jedoch war diffus. Daher wurde entschieden, nur die drei Verbrechen vor Gericht zu bringen, in denen die Täterschaft der zwei Beschuldigten als lückenlos nachgewiesen galt. Die Todesart der Opfer hatte während der Ermittlungen übrigens nicht geklärt werden können, da die Leichen bei Auffindung bereits zu stark verwest waren.

Die rein männliche Jury - auf der die Verteidigung bestanden hatte - sollte entscheiden, ob die Taten der Angeklagten als Morde zu werten seien. Beide plädierten auf nicht schuldig. Aus Angst vor Übergriffen saßen Hindley und Brady hinter Glas auf der Anklagebank, ein Zeichen dafür, wie groß der Hass war, der ihnen aus dem Publikum entgegenschlug.

Warum die Anwälte auf einer nur aus Männern bestehenden Jury bestanden hatten, erklärte sich spätestens beim Abspielen von Tonbandaufnahmen, die während der Ermordung von Lesley Ann D. aufgenommen worden waren; deren Einbringung in den Prozess war bereits von vornherein angekündigt worden. Die Verteidigung war wohl der Ansicht, Männer würden auf die

Hilfeschreie des kleinen Mädchens weniger emotional reagieren als weibliche Geschworene.

Als erste Zeugin sagte Maureen Smith, Myras Schwester, aus. Sie berichtete, Myra habe sich, seitdem sie Ian Brady gekannt habe, stark verändert. Sie sei nicht mehr in die Kirche gegangen, habe behauptet, die Ehe zu verachten und Kinder zu hassen. Einmal habe sie gelacht, als sie während der Fahndung nach dem Verschwinden von Lesley Ann D. von der hohen Belohnung erfahren habe, die für Informationen über das Schicksal des Mädchens ausgesetzt worden war.

Der Staatsanwalt legte dann einen in Myras Brieftasche gefundenen detaillierten dreiseitigen Plan in Bradys Handschrift vor, der in fünf Spalten genaue Anweisungen für das Verhalten vor und nach Mordtaten auflistete. Unter anderem enthielt die Liste Anweisungen, Fotos und Notizen vor Taten aus dem Haus zu entfernen. Außerdem fand sich der Eintrag »platziere P. B.« Wie die Polizei später erkannte, stand die Abkürzung »P. B.« für Prayer Book (Gebetbuch), und in Myra Hindleys Gebetbuch fanden die Beamten dann auch die Aufbewahrungsscheine für die beiden Koffer voller Belastungsmaterial.

Im weiteren Verlauf der Verhandlung legte die Anklage zunächst forensische Befunde vor, nach denen sowohl im Wohnzimmer in der Wardle Brook Avenue als auch an Bradys und Hindleys Kleidung Blutspuren der gleichen Blutgruppe wie der von Edward E. gefunden worden waren. Dies stützte Smiths Aussage und bewies, dass beide Angeklagten mit dem verletzen jungen Mann in Berührung gekommen waren. Die offene Hose E.s deutete der Staatsanwalt als Beleg eines *»perversen sexuellen Elements«*.

Dann wandte sich die Verhandlung dem Fall Lesley Ann D. zu. Der Staatsanwalt führte an, Myra habe ihre Großmutter am 26. Dezember 1964 zu ihrem Onkel ausquartiert und unter einem fadenscheinigen Vorwand erst einen Tag später wieder abgeholt. Dies habe sie getan, um zusammen mit Brady pornografische Aufnahmen der 10-Jährigen zu machen.

Am 26. April ließ die Anklage dann einen Ausschnitt aus einem der Tonbänder mit Lesley Ann D.s Stimme abspielen. Das Publikum wurde nicht ausgeschlossen, doch während der Beschallung hielten sich besonders die Frauen im Zuschauerraum die Ohren zu, wenn das kleine Mädchen um sein Leben bettelte oder vor Angst und Schmerzen schrie. Das Kind um sein Leben flehen zu hören, ließ den Zuschauern das Blut in den Adern gefrieren. Es sollten besonders diese 16 Minuten und 21 Sekunden werden, die Myra Hindley und Ian Brady zu öffentlichen Hassobjekten machten. Zu hören war unter anderem folgendes:

Zunächst Geraschel, Fußtritte, jemand pustete ins Mikrofon, um die Aufnahmefähigkeit zu testen.

Kind (schreit): *»Nicht! Mama!«*

Frau: *»Halts Maul!«*

Kind: *»Bitte, Gott, hilf mir, bitte!«*

Frau: *»Komm schon!«*

Kind: *»Bitte, bitte!* (leiser) *Hilfe, ich kann nicht, wenn Sie mich so am Hals festhalten.«*

Es folgt ein Schrei, *»Hilfe!«*, dann gurgelnde Geräusche.

Weitere Schreie und erstickende Laute.

Frau: *»Setz dich hin und sei still.«*

Mann: *»Mach weiter.«*

Geflüster, Fußtritte.

Frau: *»Halts Maul oder ich vergesse mich und knall Dir eine, ich knall Dir eine! ... Jetzt hör endlich auf. Hör auf! Halts Maul!«*

Kind: *»Ich muss euch etwas sagen. Ich muss euch etwas sagen. Bitte nehmt eine Minute eure Hände von mir, bitte. ... Bitte! Mama! Bitte ... ich kann nicht atmen. Bitte, Gott ... Warum? Was macht ihr mit mir?«*

Mann: *»Ich will nur ein paar Fotos machen, das ist alles.«*

Kind: *»Ich will zu meiner Mama ... bitte, bitte, hilf mir.«*

Mann: *»Je länger das hier dauert, desto länger dauert es, bis Du nach Hause kannst. ... Wenn Du diese Hand nicht unten behältst, schneide ich Dir die Kehle durch. ... Wie heißt Du?«*

Kind: *»Lesley.«*

Mann: *»Lesley, und weiter?«*

Kind: *»Lesley Ann.«*

Obwohl seriöse Zeitungen wie der »Guardian« explizit auf den Abdruck eines Transkripts des Tonbandes verzichteten, verhielten sich andere Blätter nicht so sensibel. Selbst in der »Times« konnten die Leser Ausschnitte aus einer Abschrift nachlesen. Daher kam es am 28. April im britischen Unterhaus zu einer Debatte, in der sowohl die Konservativen als auch Labour-Abgeordnete die Berichterstattung einzelner Zeitungen scharf kritisierten. Abgeordnete beider Fraktionen forderten eine Gesetzesinitiative, um die Gerichtsberichterstattung in der Presse besonders in Mordfällen strenger kontrollieren und gegebenenfalls einschränken lassen zu können.

David Smith berichtete als Zeuge über verschiedene Unterhaltungen mit Brady, in denen dieser behauptet hatte, drei oder vier Menschen getötet zu haben. Außerdem gab er an, am Abend des 5. Oktober – einen Tag vor der Tötung von Edward E. – beobachtet zu haben, wie Hindley und Brady zwei große Koffer aus dem Haus schafften – eben jene Koffer, die dann voller Fotos und Notizen in der Gepäckaufbewahrung gefunden wurden. Dieses Vorgehen entsprach genau Bradys später in Myras Brieftasche gefundenem Plan. Die Verteidigung versuchte nach der Schilderung der Ermordung von Edward E., Smiths Glaubwürdigkeit u. a. dadurch zu erschüttern, dass sie seine Vereinbarung mit dem berüchtigten Boulevardblatt anführte sowie seinen mangelnden Arbeitswillen, sein Atheistentum, seine Vorstrafen wegen Körperverletzung und seine Verachtung für bürgerliche Normen und Werte. Insgesamt ist die Rolle von David Smith als ausgesprochen schillernd zu bezeichnen. Ob er wirklich so unschuldig war, wie er beteuerte, ist zumindest fraglich. Andererseits war er doch noch nicht so abgestumpft, als dass er nicht die Gefährlichkeit besonders von Brady erkannt hätte. Ohne Smiths Aussagen wäre eine Festnahme der »Moor-Mörder« wohl zumindest nicht so bald erfolgt. Für den 26. Dezember 1964, als Lesley Ann D. verschwand, gab ihm seine Frau jedenfalls ein Alibi.

Am 29. April erlebte die Verhandlung einen weiteren Höhepunkt: Ian Brady betrat den Zeugenstand und sagte zu seiner Verteidigung aus. Er bestritt, etwas mit dem Tod von John K. oder Lesley Ann D. zutun zu haben. Edward E. sei während einer Auseinandersetzung gestorben, in die auch David Smith verwickelt gewesen sei. Er bestritt jedoch jede Tötungsabsicht, was die Tat nach englischem Recht auch als Totschlag erscheinen lassen konnte. Angeblich sei E. homosexuell gewesen, und Smith und Brady hätten die Absicht gehabt, ihn damit zu erpressen, um zu Geld zu kommen. Dass sie sich dafür einen 17-jährigen Auszubildenden ausgesucht haben wollten, der gerade einmal £ 4 die Woche verdiente, machte diese Geschichte jedoch nicht recht glaubwürdig.

Auch Lesley Ann sei ihm von David zugeführt worden. Er gab zu, pornografische Fotos von dem kleinen Mädchen gemacht zu haben, allerdings lediglich für Smith, der die Bilder an einen Freund hätte verkaufen wollen. Das Mädchen wäre mit den Nacktfotos einverstanden gewesen, er hätte aber trotzdem Myra Hindley gebeten, dabei zu sein, damit sich die Kleine nicht aufrege. Die Tonbandaufnahme wollte er gemacht haben, um die Vorgänge während der Fotosession zu dokumentieren und sich vor späteren Beschwerden zu schützen. Als das Mädchen plötzlich zu schreien angefangen habe, habe er ihr lediglich den Mund zugehalten und ihr später ein Taschentuch als Knebel in den Mund gesteckt. Anschließend habe Smith das Mädchen aus dem Haus gebracht und angeblich in Manchester in der Nähe der Belle-Vue-Hunderennbahn abgesetzt.

John K. wollte er nicht kennen, mit seinem Tod habe er nichts zu tun. Dass ein Foto existiere, das Myra Hindley im Moor an der Stelle zeigt, an der später das Grab des Jungen entdeckt wurde, sei purer Zufall.

Obwohl Brady versuchte, Smith als Komplizen darzustellen, bemühte er sich andererseits, die Rolle von Hindley herunterzuspielen. So sei sie nicht im Zimmer gewesen, als Edward E. erschlagen wurde, und anschließend hysterisch geworden, als sie den Leichnam entdeckt habe. Myra habe auch gegen die Nacktfotos von dem kleinen Mädchen protestiert. Allerdings nahm die Öffentlichkeit Bradys Aussagen ausgesprochen misstrauisch auf. Für Empörung sorgten besonders seine Ausführungen über E.s angebliche Homosexualität – damals in Großbritannien noch illegal – und die Behauptung, Lesley Ann sei mit den Nacktfotos einverstanden gewesen und habe dafür zehn Shilling gefordert. Nicht nur die Eltern der getöteten Kinder empfanden diese Aussagen als Schlag ins Gesicht, die gesamte britische Öffentlichkeit entrüstete sich über diese Verunglimpfungen.

Bradys Verteidiger wies darauf hin, dass nicht alle Befragungen seines Mandanten durch die Polizei ordentlich protokolliert worden seien. Außerdem hätten die Ermittler dem Beschuldigten zunächst einen Anwalt verweigert. Insgesamt machte der Angeklagte jedoch einen ausgesprochen schlechten Eindruck bei seinen Aussagen. Er wirkte arrogant und überheblich. So äußerte er sich blasphemisch über den von ihm verlangten Eid und sagte, er habe die Verhöre im Zusammenhang mit den verschwundenen, vermutlich ermordeten Kindern als *»amüsant«* empfunden. Dagegen wirkten seine Versuche, die Befragungen durch die Polizei als unzumutbar darzustellen – so soll er mehrere Stunden von allen Seiten angebrüllt worden sein – allenfalls als mitleidheischend. Es entstand der unvorteilhafte Eindruck, Brady sehe sich als einziges Opfer in diesem Fall.

Am 3. Mai sagte dann auch Myra Hindley aus. Sie war die erste Frau, die sich in England als Mitangeklagte in einem Verfahren wegen mehrfachen Sexualmordes an Kindern verantworten musste. Zunächst begann sie ihre Aussage mit einer Liebesbeteuerung für Ian Brady, und es scheint, als sollte dies auch ihre Verteidigungsstrategie sein. Sie behauptete, an den eigentlichen Mordtaten keinen Anteil gehabt zu haben. Ihre Bereitschaft, bei der Zuführung der Opfer zu helfen, erklärte sie damit, einerseits in Brady verliebt gewesen zu sein, andererseits jedoch auch schreckliche Angst vor ihm gehabt zu haben, weil sie gewusst hätte, zu was er fähig sei. Vor Gericht über ihre Gefühle für Brady befragt, bekannte sie: *»Ich liebte ihn, und auch jetzt ... liebe ich ihn immer noch.«*

Befragt zu ihrer Reaktion auf die Entdeckung des toten Edward E. beschrieb sie ihre Empfindungen folgendermaßen: *»Mir war schlecht. Ich weinte. Ich war erschrocken. Ich hatte Angst.«* Auch sie belastete in ihrer Aussage ihren Schwager David Smith. Sie selbst wollte sich während der Tat in der Küche aufgehalten und die Ohren zugehalten haben. Verhört zu ihrer Reaktion auf die Aufnahme mit Lesley Ann D. antwortete sie: *»Ich schäme mich.«* Damit zeigte sie, im Gegensatz zu ihrem Komplizen, wenigstens den Ansatz von Reue. Ihre harsche Behandlung des Kindes, die auf dem Tonband festgehalten war, erklärte sie damit, dass sie in

Panik geraten sei, als das Mädchen angefangen habe, zu weinen und zu schreien. Die Kleine sei sehr verängstigt gewesen, und auch Myra wollte zunehmend unter Stress gestanden haben, als ihr Opfer sich nicht beruhigen lassen wollte. Durch die grobe Behandlung habe sie lediglich versucht, das Kind zum Schweigen zu bringen, und dadurch Schlimmeres verhindern wollen. Hindley bestritt ebenfalls, etwas mit den Tötungen von Lesley Ann D. und John K. zu tun gehabt zu haben.

Im Kreuzverhör thematisierte der Staatsanwalt wiederholt den Aspekt, wie Myra Hindley als Frau so rücksichtslos habe handeln können, besonders gegenüber einem kleinen Mädchen. Genau dies war es auch, was die britische Öffentlichkeit schockierte. So liest sich ein Teil der Befragung folgendermaßen:

Staatsanwalt: *»Sie konnten die Schreie* [von Edward E.] *nicht ertragen?«*

Hindley: *»Der Lärm war so laut, dass ich mir die Ohren zuhielt.«*

Staatsanwalt: *»Dieses Gericht hat bereits einen anderen Schrei gehört, sogar mehr als einen, der in einem Raum getan wurde, in dem Sie sich aufhielten?«*

Hindley: *»Ja.«*

Staatsanwalt: *»Die Schreie eines kleinen Kindes von zehn Jahren, weiblich wie Sie?«*

Hindley: *»Ja.«*

Staatsanwalt: *»Haben Sie sich auch die Ohren zugehalten, als Sie die Schreie von Lesley Ann D. hörten?«*

Hindley: *»Nein.«*

Staatsanwalt: *»Warum nicht?«*

Hindley: *»Ich wollte, dass sie still ist.«*

Staatsanwalt: *»Sie wollten das Kind nicht fortbringen oder dafür sorgen, dass es behandelt wird, wie gerade eine Frau ein Mädchen behandeln sollte?«*

Hindley: *»Das hätte ich tun sollen, habe es aber nicht getan. Ich habe dafür keine Verteidigung. Keine Rechtfertigung. So etwas ist nicht zu rechtfertigen. Ich war grausam.«*

Staatsanwalt: *»Grausam und ohne Mitleid?«*

Hindley: *»Ich war grausam.«*

Staatsanwalt: *»Und ohne Mitleid?«*
Hindley: *»Ich war grausam.«*

Es wird deutlich, dass der Ankläger hier zeigen wollte, wie unweiblich und damit unnatürlich Hindleys Verhalten und Gefühlsleben war. Bradys Taten konnten mit Sadismus erklärt werden, aber welche Deutungsmuster standen bei einer weiblichen Sexualmörderin zur Verfügung? Hindley versuchte, diese Leerstelle für sich zu nutzen und gerierte sich ganz als unter Bradys Einfluss stehend, passiv, verwirrt, manipulierbar. Da die Öffentlichkeit nicht glauben mochte, dass eine Frau aktiv Anteil an solchen Kindermorden hätte haben können, schien es zunächst für Hindley möglich, unter Ausnutzung traditioneller Vorstellungen über Wesen und Rolle der Frau sich als weniger verantwortlich, wenn auch nicht gänzlich unschuldig, darzustellen, und so eine mildere Strafe zu erhalten. Dies erwies sich jedoch als Trugschluss, denn die vorgetragenen Beweise, die gemachten Aussagen und nicht zuletzt das Tonband belegten eine Tatbeteiligung Hindleys. Ihre Versuche des Abschwächens, Leugnens und nicht zuletzt auch ihre ungebrochene Liebe zu Brady deuteten auf eine tiefe Verstrickung in die Morde hin und ließen Myra für Gericht und Öffentlichkeit sogar als noch schrecklicher als ihren männlichen Komplizen erscheinen. Der Abscheu, den ihr Verhalten auslöste, war so groß, dass Bradys Bild in der Öffentlichkeit bald verblasste, Hindley hingegen zu einer verteufelten Ikone des Bösen schlechthin wurde. So gaben englische Eltern beispielsweise ihren Töchtern kaum noch den Vornamen Myra. Verwandte der Opfer schworen, Hindley umzubringen, sollte sie je wieder auf freien Fuß gesetzt werden.

Die Presse thematisierte besonders die Lektüre Bradys und sah in dieser einen Auslöser für seine Taten. Nazi-Literatur und den Werken des Marquis de Sade wurde dabei eine Vorbildfunktion eingeräumt. Der breiten Öffentlichkeit galten besonders Bücher wie »Justine« einfach nur als unanständig, schweinisch und obszön, und in diesem Sinne interpretierte man auch ihre Wirkung auf den Mörder; dem lag die weitgehend akzeptierte Theorie zu Grunde, nach der die Lektüre von Pornografie zwangsläufig zur Verübung von Verbrechen führe. Auch Nazi-Bewunderer konnten in England, das im Zweiten Weltkrieg in Europa zunächst fast allein gegen die Nationalsozialisten gekämpft hatte, nicht mit Nachsicht rechnen – obwohl auch dort in den 1930er Jahren eine inzwischen aus dem öffentlichen Bewusstsein weitgehend verdrängte populäre faschistische Organisation existiert hatte.

Diese negative Bewertung ermöglichte es, in der »Schmutzliteratur« einen bequemen (Mit-) Schuldigen an den unvorstellbar grausamen Taten der Moor-Mörder zu finden. Fachleute hielten es jedoch für noch erschreckender, dass Brady die Ironie und Gesellschaftskritik der Werke des französischen Adeligen verstanden hatte, und daraus, wie aus einem weiteren seiner Lieblingsbücher, Dostojewskis »Schuld und Sühne«, eine »Philosophie des Amoralismus« ableitete, nach der jedes Individuum das Recht habe, sich auch an jedem beliebigen Bösen zu ergötzen, da auch das Böse ein Teil der Natur des Menschen sei. Brady lebte diese Philosophie im Extremen aus, und fand in Myra eine Gleichgesinnte. Pamela Hansford Johnson (*»On Iniquity«*) schrieb dazu 1967: *»Es gibt Bücher, die sind nicht für alle Leute geeignet, und es gibt Leute, die sind nicht für alle Bücher geeignet.«* Bezeichnender Weise führte das Gericht als negative Beispiele fast ausnahmslos Hitlers »Mein Kampf« und den Marquis de Sade an, Dostojewskis Klassiker hingegen galt nicht als Quelle von Bradys Verderbnis. Dahinter stand die Annahme, ein anerkanntes Werk der Weltliteratur könne ja wohl kaum eine so verheerende Wirkung ausüben.

Hier klang auch Kritik an der sich immer stärker von traditionellen Werten befreienden Gesellschaft der 1960er an. Freiheit, Aufbruch in gesellschaftliches Neuland, die Erweiterung des Horizontes, erschienen konservativen Kreisen im Zusammenhang mit den Moor-Mördern als zunehmend gefährlich. Auch die Presse stellte ein ums andere Mal die »laxe Moral« der Zeit, als deren Auswüchse sie die Moor-Morde deutete, in den Mittelpunkt der Berichterstattung. Einfach zusammengefasst lautete die Faustregel: Freizügigkeit und liberales Klima lassen Sadismus und Perversionen akzeptabel erscheinen. 1966 markiert hier in England auch insofern einen Bruch, als plötzlich in Reaktion auf die Taten Bradys und Hindleys Bestrebungen nach »Law and Order« wieder die Oberhand gewannen.

Gerade weil Hindley als Frau eine Ausnahme im Kanon der Lustmörder darstellt(e), wurde die Interpretation ihrer Rolle besonders kontrovers diskutiert. Einige sahen sie als völlig unter Bradys Einfluss stehend, was einer angeblich traditionell weiblichen Beeinflussbarkeit zu entsprechen schien. Brady hätte demnach seine willige Schülerin verdorben (sog. Pygmalion-Theorie). Ergänzt wird diese Annahme häufig durch die Argumentation mit »folie à deux«, wobei die Geisteskrankheit des einen (Brady) auf eine ihm nahestehende Person (Hindley) übertragen worden sei. Als unfassbar erschien es, dass ausgerechnet eine doch angeblich mit Mutterinstinkten ausgestattete Frau Kinder zur sexuellen Befriedigung getötet haben sollte. In den letzten Jahren erfuhr das Bild der manipulierten und relativ unbeteiligten Hindley - das sie auch selbst lange aufrecht erhalten hatte - jedoch immer stärkere Risse. Nicht zuletzt ihre Geständnisse von 1986/87, in denen sie eine weit tiefere Verstrickung eingestand, aber auch ein sich veränderndes, egalitäreres Frauenbild, lenkten die Überlegungen in eine entgegengesetzte Richtung: Könnte es nicht auch sein, dass Myra die Taten ebenso wie Brady gewollt und genossen hatte? War sie vielleicht sogar die treibende Kraft gewesen, Bradys sexuelle Fantasien in die Tat umzusetzen?

Doch bereits einer der ermittelnden Inspektoren hatte gesagt, er halte Myra Hindley für ebenso grausam wie Ian Brady. Auch andere Prozessbeobachter sahen in Hindley eine geradezu »entartete« Person, da sie gegen angeblich natürlich weibliche Instinkte verstoßen hätte. Dies ließ sie in ihren Augen als noch bösartiger erscheinen als ihren männlichen Komplizen.

Am 6. Mai 1966 verurteilte das Gericht in Chester Ian Brady und Myra Hindley wegen Mordes zu lebenslangen Haftstrafen, dem Whole Life Tariff. Die Geschworenen hatten etwas über zwei Stunden beraten, und dann Brady wegen dreifachen Mordes und Hindley wegen der Morde an Edward E. und Lesley Ann D. schuldig befunden. Der Mord an John K. sei Hindley hingegen nicht anzulasten. Der Richter kommentierte seine Strafzumessung gegenüber Brady: *»Dies waren drei geplante, grausame und kaltblütige Morde. In Ihrem Fall fälle ich das einzige Urteil, das das Gesetz heutzutage vorsieht, und das ist dreimal lebens-*

*länglich.«* Anschließend musste der Abtransport der Verurteilten von der Polizei eskortiert werden, da eine aufgebrachte Menge vor dem Gericht den Gefangenentransporter bedrängte. Es herrschte Lynchjustiz-Stimmung. Bereits in Untersuchungshaft hatten beide in Einzelzellen sitzen müssen, da Mitgefangene geschworen hatten, die Moor-Mörder zu töten.

Die Betonung des Wortes »heutzutage« legt nahe, dass der Richter Brady gerne am Galgen gesehen hätte. Die Todesstrafe war jedoch kurz vor Bekanntwerden der Moor-Morde ausgesetzt worden. Am 27. Oktober 1965 hatte das House of Lords in dritter Lesung mit einer Mehrheit von 94 Stimmen den Murder (Abolition of Death Penalty) Act angenommen. Nach Erteilung der königlichen Zustimmung (royal assent) war er am 8. Dezember in Kraft getreten. Der oberste britische Richter (Lord Chief Justice) Lord Parker hatte dabei beispielsweise seine Befürwortung der Suspendierung der Todesstrafe damit begründet, dass er als Vorsitzender des Appellationsgerichts, an das sich fast jeder verurteilte Mörder zwecks Begnadigung wende, in den letzten Jahren habe beobachten müssen, dass einige Verurteilte ohne Gnadenerweis hingerichtet worden seien, während andere, ähnlich schuldige, eine Begnadigung zu lebenslanger Haft erreicht hatten. Um diese ungerechte Ungleichbehandlung zu beenden, hatte sich einer der obersten Juristen Englands für die vorübergehende Aussetzung der Todesstrafe ausgesprochen. Die Gegenseite hatte zwar eingewandt, dass eine Suspendierung zwangsläufig zu einer Steigerung der Mordrate führen müsse; dabei lebe man doch bereits in einer *»Epoche der Gewalttätigkeit mit sehr schwerer Kriminalität«*. Außerdem, so wurde argumentiert, fordere die Bevölkerung die Beibehaltung der Todesstrafe, wie beispielsweise eine Petition gegen ihre Aussetzung gezeigt habe, die in wenigen Tagen von 3 000 Menschen unterschrieben worden war. Die Forderung nach einem nationalen Referendum zum Thema Pro und Contra Todesstrafe hatte eine Mehrheit der Lords jedoch unter Verweis darauf, dass es sich ja zunächst um eine Versuchsperiode von fünf Jahren handele, nach der erneut beraten werden solle, abgelehnt.

So blieb Hindley und Brady die Todesstrafe erspart. Lebenslänglich bedeutete damals nach englischen Recht zunächst die

Inhaftierung auf unbestimmte Zeit. Bis 2003 hatte der Innenminister das Recht, die Mindesthaftzeit festzusetzen, nach der es frühestens zu einer Anhörung vor dem für Entlassungen auf Bewährung zuständigen Parole Board – es befürwortet eine Freilassung auf Bewährung, wenn der oder die Verurteilte Reue zeigt, sich der Schwere der begangenen Tat bewusst ist und darüber hinaus keine Gefahr für die Öffentlichkeit mehr darstellt – kommen konnte. Im Fall der Moor-Mörder stellten die in der Folgezeit wechselnden Innenminister, die über eine Entlassung von Brady und Hindley zu entscheiden hatten, schnell und wiederholt klar, dass in diesem Fall lebenslänglich wirklich lebenslange Haft bedeuten müsse und werde.

Im Jahre 2003 ging mit dem Criminal Justice Act dies Recht auf einen Richter über. Außerdem wurden mit diesem Gesetz drei Richtwerte für die Strafzumessung in verschiedenen Kategorien festgeschrieben. Der Whole Life Tariff – lebenslang ohne Aussicht auf Bewährung – existiert weiterhin; zur Verhinderung einer Freilassung speziell der Moor-Mörder ist er einmal vorgesehen für multiple Mordtaten in Verbindung mit dem sexuellen Missbrauch von Kindern, aber auch für terroristisch motivierte Taten oder bereits wegen Mordes vorbestrafte Wiederholungstäter. Bei einem solchen Urteil ist die Haftentlassung extrem unwahrscheinlich und wird meist nur nach sehr langer Haftzeit aus gesundheitlichen Gründen gewährt. Mindestens 30 Jahre müssen Verurteilte einsitzen, wenn sie einen Mord begangen haben, der sadistische oder sexuelle Motive aufweist, eine Schusswaffe verwendet, einen Raubmord begangen oder einen Polizisten getötet haben. Bei allen anderen Mordtaten ist eine Strafe von mindestens 15 Jahren vorgesehen. Dies ist auch die meist verhängte Strafform. Von den 582 (Stand 2004) lebenslang in englischen Gefängnissen einsitzenden Verurteilten verbüßen derzeit 25 Personen einen Whole Life Tariff.

Trotz der ihr entgegengebrachten Feindseeligkeit gab Myra Hindley den Kampf um ihre Freilassung nicht auf. Bereits zwei Wochen nach dem Urteil wandte sie sich mit einer Bitte um Revision an den Court of Appeal, die jedoch im Oktober 1966 verworfen wurde. Brady verzichtete zunächst auf weitere juristische

Eingaben und äußerte sich erstmals 1978 wieder öffentlich, nur um zu verkünden, dass er seine Strafe für die gemeinsam mit Myra begangenen Verbrechen akzeptiere. Kurz danach begann sich sein Geisteszustand ernsthaft zu verschlechtern. Er hatte Halluzinationen, hörte Stimmen und glaubte, er solle ermordet werden. Schließlich verlegte man ihn 1985 in eine Anstalt für psychisch kranke Straftäter.

In den ersten Jahren der Haft hielt das Paar, obwohl in verschiedenen Haftanstalten einsitzend, engen Kontakt, schrieb sich zahlreiche Briefe und ersuchte sogar um die Erlaubnis nach, heiraten zu dürfen. Dennoch entfremdeten sich beide durch die erzwungene Trennung immer mehr, und 1970 kam es zum endgültigen Bruch. Brady schien seine Verurteilung akzeptiert zu haben und arrangierte sich mit seinem Leben als Gefangener. Hindley hingegen beteuerte lange Zeit ihre Unschuld und bestritt weiterhin, in die Tötungen der Kinder involviert gewesen zu sein. Sie gab lediglich zu, Brady gedeckt zu haben, was jedoch ihrer Meinung nach keine lebenslange Haft rechtfertigen würde.

1974 verurteilte ein Gericht sie, eine weitere Insassin und eine Gefängniswärterin, die mit Hindley ein lesbisches Verhältnis unterhalten haben soll, wegen der Planung eines Fluchtversuches. Dieser Umstand sollte sich später negativ auf ihre Begnadigungsversuche auswirken.

1977 begann Hindley, ein Dossier über die Taten zusammenzustellen, dass sie zwei Jahre später mit der Bitte um Begnadigung an das Innenministerium weiterleitete. Auch in diesem Dokument behauptete sie, die Schuld liege allein bei Brady und Smith. Das zuständige Komitee entschied zunächst, dass über Hindleys mögliche Haftentlassung erst in drei Jahren verhandelt werden könne. Als es 1982 so weit sein sollte, verschob der damalige Innenminister die unpopuläre Entscheidung erneut um drei weitere Jahre. Als ihr Antrag schließlich 1985, fast zwanzig Jahre nach ihrer Inhaftierung, erörtert wurde, stieß er auf Ablehnung; man empfahl eine Mindeststrafe von 30 Jahren. Eine erneute Anhörung wurde in fünf Jahren in Aussicht gestellt. Als es 1986 auch der Europäische Gerichtshof für Menschenrechte ablehnte, sich mit ihrem Fall zu befassen, scheint Myra Hindley erkannt zu haben, dass ihre

Strategie der Leugnung jeglicher Tatbeteiligung hoffnungslos unglaubwürdig erschien. Vielleicht inspirierte sie auch ein Brief der Mutter von Keith B., dem immer noch vermissten Jungen, der als ein weiteres Opfer der Moor-Mörder galt, zu einem Umschwenken. Mrs. Winnie J. bat die Verurteilte darin, endlich ihr Schweigen zu brechen und zu verraten, wo sich der Leichnam ihres Sohnes befände, damit sie ihn endlich anständig beerdigen könne.

Nun erhoffte sich Myra Hindley scheinbar, durch offenkundig zur Schau gestellte Kooperation die öffentliche Meinung in ihrem Sinne positiv beeinflussen zu können. Ende 1986 ließ sie deshalb ein weitreichendes Geständnis veröffentlichen. Zwar bestritt sie weiterhin, direkt an den Tötungshandlungen beteiligt gewesen zu sein, gab aber ihre Rolle bei der Opfersuche und -beseitigung zu.

Die neuen Angaben führten dazu, dass die Polizei die Ermittlungen in den nie geschlossenen Fällen Pauline R. und Keith B. intensivierte. Bereits im Herbst 1986 brachte man Myra Hindley zweimal ins Saddleworth-Moor, um bei der Suche nach den weiteren Mordopfern zu assistieren. Die Gegend wurde dazu von der Polizei weiträumig abgesperrt, da man Racheakte der Bevölkerung an der verhassten Kindermörderin befürchten musste. Aufgrund der bei diesen Tatortbegehungen und einem weiteren Ortstermin im Februar 1987 gemachten Angaben konnten am 1. Juni 1987 die Überreste der Leiche von Pauline R. exhumiert werden.

Einen Tag später ließ auch Ian Brady verlauten, dass er zur Zusammenarbeit mit den Ermittlern bereit sei. Er legte ebenfalls ein Geständnis ab und nahm außerdem nach langer Zeit über seinen Anwalt wieder Kontakt zu seiner Komplizin auf. Zu diesem Zeitpunkt war Brady bereits als psychisch gestört ins Park Lane Mental Hospital in Liverpool eingewiesen worden. Im August des gleichen Jahres behauptete er dann, noch fünf weitere Morde begangen zu haben; seine Angaben zu Tatabläufen und Opfern waren aber überaus verschwommen, so dass diese Enthüllungen auf wenig Glauben stießen. Zwar ermittelte die Polizei, doch wurde zu Bedenken gegeben, dass Brady nicht nur als geisteskrank anzusehen sei, sondern auch nichts mehr zu verlieren habe und sich mit diesen Bekenntnissen vielleicht nur wichtig machen wolle; schließlich stand zu diesem Zeitpunkt die hilfsbereite Myra im Mittelpunkt der Aufmerksamkeit. Die Nachforschungen nach den angeblich weiteren Opfern verliefen denn auch im Sande, u. a. auch deswegen, weil Brady selbst beim Nachweis weiterer Morde keine härtere Strafe hätte angedroht werden können.

Myra Hindley hatte bisher als willige Schülerin Bradys gegolten, dem der aktive Part bei den Morden zugeschrieben worden war. Die nun Mitte der 1980er Jahre abgelegten Geständnisse der beiden beinhalteten eine wesentliche Neubewertung von Hindleys Rolle. Sie selbst gab zu, aktiv in Opfersuche und Leichenbeseitigung eingebunden gewesen zu sein. Brady behauptete darüber hinaus, Myra habe mit ihm gemeinsam Pauline R. getötet und das Mädchen sexuell missbraucht. Auch Lesley Ann D. soll sie eigenhändig erwürgt haben. Welchen Glauben man den Aussagen des psychisch kranken Mörders auch beimessen mag, zumindest im Fall D. passen seine Angaben zu den Geräuschen und Vorgängen, die auf dem Tonbandmitschnitt zu hören sind.

Hindleys Geständnisse sollten verdeutlichen, dass sie inzwischen ihre Taten aufrichtig bereue und sich der Ungeheuerlichkeit der Morde und dem durch sie verursachten Leid bewusst geworden sei. Doch auch ihre Anhörung 1990 wurde negativ beschieden. 1994, nach einer Entscheidung des House of Lords, nach der jedem Lebenslänglichen die genaue Dauer seiner Haftzeit mitgeteilt werden musste, erfuhr sie, dass 1990 beschlossen worden war, sie bis zu ihrem Tod in Haft zu behalten. Dagegen legte sie Widerspruch ein, weil 1985 der damalige Innenminister festgelegt hatte, dass lebenslänglich im Höchstfall 30 Jahre Haft bedeuten solle. 1997 bestätigte der damalige Innenminister Michael Howard dann jedoch ihre Inhaftierung bis zum Tod.

Hindleys Anwälte beantragten daraufhin eine Überprüfung dieser Anordnung durch den englische High Court. Einer der Hauptgründe dafür war die Argumentation, dass Hindley, die ja im Gegensatz zu Brady nur wegen zweier Morde verurteilt worden war, daher auch eine mildere Strafe verdiene. Doch wenn beide bis zu ihrem Tod im Gefängnis bleiben müssten, sei keine Abstufung der Strafen erkennbar. Außerdem verwiesen die Juristen auf Äußerungen von Verfahrensbeteiligten von 1966, nach denen Hindley lediglich zwischen 25 und 30 Jahren Haft hatte verbüßen sollen. Der High Court lehnte die Eingabe jedoch 1998 ab.

Doch Hindley gab nicht auf. Sie berief sich weiterhin auf die angebliche Haftzeitbemessung von 30 Jahren, die ihr eigentlich 1996 die Freiheit hätte bringen müssen. Im Jahr 2000 verfasste sie eine Eingabe an das House of Lords, um ihre vorzeitige Haftentlassung zu erreichen. Doch auch diese wurde abschlägig beschieden.

Myra Hindley beteuerte wiederholt, sie empfinde Reue und habe sich geändert. So erwarb sie im Gefängnis einen Abschluss in Geisteswissenschaften an einer Fernuniversität und fand zum katholischen Glauben zurück. Fotos, die in den 1980er Jahren aus ihrem Gefängnisalltag verbreitet wurden, zeigten eine freundlich lachende dunkelhaarige Frau, nicht mehr die sinister und abweisend blickende blonde Sirene der 1960er. Es gelang ihr, im Verlauf ihres Kampfes um Begnadigung viele prominente Fürsprecher zu gewinnen, darunter ehemalige hochrangige Richter.

All dies nützte ihr jedoch nichts. Anfang November 2002 starb Myra Hindley mit 60 Jahren an den Folgen einer Lungenentzündung im Gefängniskrankenhaus. Bis zuletzt hatte sie ihre Hoffnungen auf Freilassung nicht begraben. So lag seit Mai ein neuer Antrag beim Europäischen Gerichtshof für Menschenrechte in Straßburg vor. Außerdem hätte ihr u. U. der bereits erwähnte Criminal Justice Act von 2003 geholfen, denn nun war nicht mehr der Innenminister, sondern der jeweilige Strafrichter für die Festsetzung des Strafmaßes zuständig. Eine solche unabhängige Instanz wäre vielleicht eher gewillt gewesen, die unpopuläre Entscheidung einer Begnadigung Hindleys zu treffen als Politiker, die wiedergewählt werden wollten.

Angehörige der Opfer und große Teile der Bevölkerung zeigten sich auch mehr als 35 Jahre nach ihrer Verurteilung damit zufrieden, dass die Moor-Mörderin nicht begnadigt worden war. Ihre Asche wurde, nachdem sie am 20. November unter Ausschluss der Öffentlichkeit verbrannt worden war, an einem geheimen Ort verstreut. Kein Mitglied ihrer Familie nahm am Beisetzungsgottesdienst teil, der unter strenger Polizeiobservation stattfand. Auf einer der Karten, die zur Trauerfeier abgegeben wurden, stand *»Burn in Hell«*.

Ian Brady jedoch lebt. Anders als Hindley hat er nie versucht, wieder auf freien Fuß zu gelangen. Er bemühte sich lediglich darum, aus der psychiatrischen Anstalt wieder ins Gefängnis zurückverlegt zu werden. Seit 1999 befindet er sich im Hungerstreik und wird zwangsernährt. Er will so erreichen, dass man ihm das Recht zugesteht, sich zu Tode zu hungern, anstatt langsam im Gefängnis zu verrotten. Auch ihm hat also die Ankündigung der Haft bis zum Tod zugesetzt. Seine Forderung wird allerdings nicht erfüllt werden.

Seine Todessehnsucht hielt den Mörder und glühenden Nazi-Anhänger nicht davon ab, 2001 ein Buch mit dem Titel *»Gates of Janus«* zu veröffentlichen, in dem der vom Verlag fast stolz als *»Englands meistgehasster Krimineller«* bezeichnete Autor quasi die Arbeit von »Kollegen« begutachtet, nämlich eine Analyse von Serienmordfällen wie dem des Yorkshire Ripper versucht.

Welch feindseligen Reaktionen die Moor-Mörder auch vierzig Jahre nach ihrer Verurteilung noch auszulösen imstande sind, zeigen die Bewertungen künstlerischer Verarbeitungen der Geschehnisse: So schockierte die britische Öffentlichkeit 1997 ein Porträt Myra Hindleys aus Handabdrücken zahlloser Kinder, das die Londoner Royal Academy of Art ausstellte. Nach massiven Protesten musste es aus Angst vor Vandalismus hinter Plexiglas verbracht werden und wurde von zwei bewaffneten Sicherheitsleuten bewacht. Auch nach der Ankündigung mehrerer TV-Verfilmungen zum Thema rechneten die Verantwortlichen mit Einwänden. Das Fernsehen traute sich bezeichnenderweise erst nach langer Zeit, den Fall zu verarbeiten. Am 14. und 15. Mai 2006 strahlte der Sender ITV den Fernsehfilm *»See no Evil«* aus, der die Morde aus der Sicht von Myras Schwester Maureen erzählt. Der Sender beeilte sich, bereits im Vorfeld zu versichern, dass das Projekt seriös sei und die Unterstützung der Hinterbliebenen der Opfer habe – im Gegensatz zu Bradys, der gegen die Filmpläne vorzugehen versuchte. Kontrovers ist außerdem die Verfilmung der Kampagne für Hindleys Freilassung, die Channel 4 plant.

Myra Hindley und Ian Brady gelten in England weiterhin als *»Messlatte des Bösen«* und *»boshaft jenseits aller Vorstellungskraft«*. Die 72-jährige Mutter von Keith B. sucht immer noch nach der Leiche ihres Sohnes. Zuletzt machte Ian Brady, der jetzt im

Ashworth Secure Hospital, Merseyside, einsitzt, im März 2006 ein Hilfsangebot, den Ort zu finden, an dem er den Jungen vor mehr als 40 Jahre im Moor vergraben hat. Dazu will er ins Saddleworth-Moor gebracht werden. Niemals hat er Reue gezeigt oder seine Morde bedauert. So bleibt den Hinterbliebenen nur der Trost, dass die Geister ihrer Opfer die Täter verfolgen werden.

## Der kranke Mann Europas: Niedergang in den 1970er Jahren

In den 1970er Jahren erlebte England einen wirtschaftlichen Niedergang, der sogar noch die Depression der 1920er Jahre übertraf. Die Arbeitslosigkeit stieg rasant an, ebenso die Inflationsrate, die 1980 schließlich fast 20 Prozent betrug. Besonders unter Jugendlichen breitete sich ein Gefühl von »No Future« aus, die Wut darüber reagierten die Halbwüchsigen durch Randale beim Fußball, aber auch in der aufkommenden Punkbewegung ab. Nicht nur in den traditionell hart gebeutelten Regionen im Norden und Westen, sondern auch in bis dahin prosperierenden Gegenden wie den West Midlands stieg die Arbeitslosenquote auf 20 Prozent. Alteingesessene Großbetriebe der Stahlindustrie mussten schließen und ihre Arbeiter auf die Straße setzen. Die geringeren Steuereinnahmen des Staates und die steigenden Wohlfahrtskosten führten dazu, dass Investitionen in andere Bereiche wie Bildung, Gesundheit, Kunst oder Umweltschutz unterlassen werden mussten, was den schleichenden Verfall dieser Sektoren zur Folge hatte. Armut und Arbeitslosigkeit lösten in Nordirland zudem fast bürgerkriegsartige Zustände aus, und die ersten Bombenanschläge der IRA im Lande des »Besatzers« selbst kamen hinzu und erzeugten Angst und ein Klima der permanenten Bedrohung. England war von einer erfolgreichen und geachteten Weltmacht innerhalb einer Dekade zum »kranken Mann Europas« geworden.

Der Winter 1978-79 ging als »Winter of Discontent« in die Geschichte ein. Die britische Insel wurde durch zahlreiche Streiks der öffentlichen Verwaltung - sogar die Totengräber legten die Arbeit nieder - geradezu paralysiert. Diese extreme Situation verlangte nach radikalen Lösungen. Die Zweifel am Erfolg des seit Kriegsende implementierten Kollektivismus, das großspurige Auftreten der mächtigen Gewerkschaften, die angesichts der Rezession dennoch immer höhere Löhne forderten und damit Betriebe ruinierten, die geringe Effizienz der staatlich verwalteten Schlüsselindustrien und ein allgemeines Bedürfnis nach Veränderungen bescherte England schließlich 1979 einen Regierungswechsel von Labour zu den Konservativen und mit Margaret Thatcher die erste Premierministerin seiner Geschichte. Sie machte sich sogleich daran, mit dem Thatcherismus einen Politikstil zu etablieren, der von Bewunderern hoch gelobt und von Kritikern ätzend niedergemacht wurde. Ihr Credo lautete Eigenverantwortung, Konkurrenz, Privatisierung und Nationalismus. Der Staat sollte so wenig wie möglich eingreifen, vielmehr würde das freie Spiel der Kräfte den Markt schon ordnen. Diese wirtschaftliche Maxime übertrug Thatcher auch auf den sozialen Sektor. Die Hoffnung, dass die Tories die wirtschaftlichen Belange des Vereinigten Königreiches schneller und besser wieder auf Kurs bringen könnten als die eher an sozialen Fragen und den Gewerkschaften orientierte Labour Party, sollte sich jedoch höchstens teilweise erfüllen.

Die Mordserie des »Yorkshire Ripper« wurde von vielen Zeitgenossen als eine weitere Geißel der englischen Gesellschaft dieser Zeit wahrgenommen, gleichsam als Resultat wie auch als Ausdruck der stetig steigenden Verzweiflung und des Zusammenbruchs des traditionellen britischen Lebensgefühls der Nachkriegszeit. England galt in manchen Teilen als nicht mehr regierbar, und der »Yorkshire Ripper« musste als Inkarnation dieser anarchischen Verhältnisse herhalten.

## Peter Sutcliffe, der »Yorkshire Ripper«

Zwischen 1975 und 1980 versetzte eine erneute Mordserie Nordengland in Angst und Schrecken. Hatten die Kindermorde der Moor-Mörder Hindley und Brady eine Dekade zuvor die gesamte Öffentlichkeit schockiert, breitete sich nun zunehmend unter Frauen Panik aus. Die Morde ereigneten sich im Industrierevier südlich des Aire Valley, einer grünen Senke in den kargen Pennines im Westen von Yorkshire, die Emily Brontë, die mit ihrer Familie ganz in der Nähe gelebt hatte, in ihrem Buch »Wuthering

Heights« verewigte. Insgesamt gingen 13 Frauenmorde und sieben versuchte Tötungen auf das Konto eines Täters, der im Viereck der Industriestädte Leeds, Bradford, Halifax und Huddersfield agierte und bald nur noch – in Anlehnung an den berüchtigtsten englischen Frauenmörder – der »Yorkshire Ripper« genannt wurde. Seine Verbrechen verübte er mit einem Hammer, mit dem er seine Opfer niederschlug. Anschließend fügte er ihnen schwere Stich- und Schnittverletzungen zu.

Seit dem Sommer 1975 hatte der Täter Frauen brutal überfallen. Zunächst überlebten die Opfer jedoch, wenn auch schwer verletzt und mit schlimmen psychischen Folgen: Anna R. (34) aus Keighley wurde am 15. Juli 1975 überfallen, als sie sich auf dem Heimweg befand. Glücklicherweise fand man sie gegen 2.00 Uhr morgens und brachte sie ins Krankenhaus, so dass sie ihre Schädel- und Unterleibsverletzungen nach mehreren dramatisch verlaufenden Operationen wider Erwarten überlebte. Die verheiratete Putzfrau Olive S. (26) erlitt am 15. August 1975 in Halifax ebenfalls heftige Schläge auf den Kopf, doch auch sie konnte von Ärzten gerettet werden.

Das nächste Opfer war die Gelegenheitsprostituierte Wilma McC. Sie stammte eigentlich aus Schottland, war aber 1970 mit ihrem Mann nach Leeds gezogen. Dort wohnte sie nach der Scheidung allein mit ihren vier Kindern und besserte die Familienbeihilfe, da ihr Mann keinen Unterhalt zahlte, durch ihren Liebeslohn auf. Auch am Abend des 19. Oktober 1975 zog sie durch ihre Stammkneipen und landete schließlich nach der Sperrstunde um 22.30 Uhr in einer der wenigen noch geöffneten Bars, dem »Room at the Top«, die sie gegen 1.00 Uhr morgens verließ. Nachdem sie zunächst einen Lastwagenfahrer abgewiesen hatte, wurde sie letztmals lebend gesehen, wie sie in ein Auto stieg. Am nächsten Morgen fand der Milchmann ihre Leiche am Rand eines Spielplatzes, der nur etwas mehr als 100 Meter von ihrem Haus entfernt lag. Ihr Schädel war eingeschlagen worden, zudem wies sie schwere Unterleibsverletzungen auf, aus denen sie stark geblutet hatte.

Dann herrschte zunächst Ruhe. Augenscheinlich war es dem Täter gelungen, seinen Tötungstrieb auszuleben, und die damit für ihn eingetretene Befriedigung scheint kurzfristig ausgereicht zu haben, ihn von weiteren Taten abzuhalten. Dass ihm die Vollendung seiner Fantasie ausgerechnet bei einer (Gelegenheits-)Prostituierten gelungen war, sollte für Frauen dieses Erwerbszweiges fatale Folgen haben, denn nun wandte der Mörder sich verstärkt dieser Gruppe zu, um unter ihnen seine Opfer auszuwählen. Diese Frauen stellten nicht viele Fragen und gingen sogar »freiwillig« mit einem potenziellen Freier mit, was für den Angreifer den Vorteil mit sich brachte, seine Opfer an abgelegene Stellen bringen zu können, was die Gefahr seiner Entdeckung minimierte. Im Gegensatz dazu waren seine Angriffe auf offener Straße, obwohl mitten in der Nacht erfolgt, riskant gewesen.

Am 20. Januar 1976 traf es dann die »Halbprofessionelle« Emily J. (42). Auch sie hatte drei Kinder. Zunächst besuchte sie an jenem Abend zusammen mit ihrem Ehemann den Pub. Dann muss sie ihrem Mörder begegnet sein, der sie unvorstellbar grausam zurichtete: Ihre Leiche wies neben einem mit Hammerschlägen zertrümmerten Schädel fünfzig Einstiche mit einem Schraubenzieher in Hals, Brust und Unterleib auf, ein Stück Holz war ihr in die Vagina gerammt worden, anschließend war der Täter auf ihr herumgetrampelt. Die Gewalt des Täters eskalierte augenscheinlich.

Eine glückliche Ausnahme bildete dann der Überfall auf die von den Antillen stammende Marcella C. am 9. Mai 1976 in Leeds. Sie war als Anhalterin zu einem Mann ins Auto gestiegen, bei dem sie sich später nur noch an seinen schwarzen Bart und den weißen Wagen mit schwarzem Dach erinnern konnte. Er habe ihr zunächst Geld für Sex angeboten, und als sie abgelehnt habe, sei er im Park von Soldier's Field über sie hergefallen. Es gelang ihr, sich zu befreien und zu einer Telefonzelle zu schleppen, von wo sie die Polizei rief. Nach diesem Misserfolg des Täters verstrichen wieder einige Monate, bevor er erneut zuschlug.

Im gleichen Park wie Marcella C. wurde am 6. Februar 1977 die ohne festen Wohnsitz lebende Irene R. (28) ermordet. Auch sie hatte sich gelegentlich verkauft, um ihren Lebensunterhalt zu finanzieren. Angeblich hatte sie sich an diesem Abend im Nachtclub »Tiffany's« aufgehalten. Am nächsten Morgen entdeckte ein Jogger ihre Leiche. Nun begann sich unter den Prostituierten

Angst auszubreiten. Die Ähnlichkeit der Taten wurde in Zusammenhang gesetzt, und der Mythos eines Prostituiertenmörders mit all seinen unheimlichen Konnotationen heraufbeschworen.

Ein erstes handfestes Indiz dafür, dass hier ein Serientäter am Werk war, lieferte der Polizei die Ermordung von Patricia A. (32) in Bradford. Sie ging regelmäßig auf den Strich und nahm ihre Freier mit nach Hause. Dort in der Lumb Lane wurde sie gegen Mitternacht am 24. April 1977 umgebracht, ihre Leiche entdeckte ein Freund jedoch erst fast 16 Stunden später. Am Tatort fanden Experten einen Stiefelabdruck, der mit einem an der Leiche von Emily J. gesicherten übereinstimmte.

Im Sommer 1977 tötete der Mörder erstmals ein Opfer außerhalb des Milieus, vielleicht auch deshalb, weil die Prostituierten zunehmend misstrauischer wurden und sich vor dem unheimlichen Killer zu schützen versuchten. Am Abend des 26. Juni ermordete der Ripper die erst 16-jährige Jayne MacD. in Leeds. Ein Freund hatte sie noch nach Hause bringen wollen, doch kurz bevor sie dort ankamen verabschiedete sie sich und nahm eine Abkürzung. Dort wurde sie niedergeschlagen und auf einen etwa 20 Meter entfernten Kinderspielplatz geschleift.

Maureen L., 42-jährige Gelegenheitsprostituierte aus Bradford, kam am 9. Juli 1977 nur wie durch ein Wunder mit dem Leben davon. Auch sie war, wie Irene R., zuvor im »Tiffany's« gewesen und von dort um 2.00 Uhr nachts von einem Mann mitgenommen worden, der ein weißes Auto mit schwarzem Dach fuhr. Auf einem unbebauten Grundstück traktierte der Täter sie dann mit Messerstichen und ließ erst von ihr ab, als er sie für tot hielt. Da sie sich während ihrer Genesung nicht um ihre Kinder kümmern konnte, verlor sie das Sorgerecht.

Inzwischen hatte die Polizei eine Sonderkommission gebildet, deren Bemühungen durch einen Besuch des Innenministers, der sich vom betriebenen Aufwand beeindruckt zeigte, gegen die zunehmende Kritik an den unergiebigen Ermittlungen verteidigt werden sollten.

Am 30. September schlug der Mörder jedoch erneut zu. An diesem Abend verschwand die 21-jährige Jean J. aus Manchester, die hin und wieder auf den Strich ging. Es wurde noch beobachtet, wie sie in ein rotes Auto stieg, dann verlor sich ihre Spur. Ihr Freund, mit dem sie zusammengelebt hatte, meldete sie allerdings auch nach einer Woche noch nicht als vermisst, da sie öfters mal für einige Zeit verschwunden gewesen sei. Erst am 11. Oktober wurde ihre Leiche in einer Laubenkolonie gefunden. Sie war so schwer verstümmelt worden, dass sie lediglich mit Hilfe von Fingerabdrücken identifiziert werden konnte. An dieser Leiche fand sich eine nagelneue £ 5-Note, der bei den weiteren Ermittlungen zentrale Bedeutung zukommen sollte. Nachforschungen ergaben nämlich, dass der frische Geldschein aus einem Kontingent stammte, das nur 35 Firmen zur Auszahlung ihrer Löhne zur Verfügung gestanden hatte. Alle der insgesamt ca. 8.000 dort Beschäftigten wurden von der Polizei befragt, jedoch zunächst ohne konkretes Ergebnis.

Eine erste genaue Beschreibung des Täters erhielt die Polizei von der am 14. Dezember in Leeds überfallenen Marilyn M. Ein Mann hatte die Prostituierte im Auto mitgenommen und sie damit beruhigt, dass er behauptete, zwei ihrer Freundinnen zu kennen. Sie parkten in der Nähe eines Kinderspielplatzes. Als ihr Freier, der sich Dave nannte, sie dann jedoch niederschlagen wollte, gelang es ihr, um Hilfe zu rufen und sich loszureißen. Ein junges Paar, das zufällig auf einem Spaziergang vorbeigekommen war, half der Verletzten, die Polizei zu rufen, der sie ihren Angreifer folgendermaßen beschrieb: Ungefähr dreißig Jahre alt, etwas unter 1,70 Meter groß, kräftig, schwarzes, krauses Haar, Vollbart. Auch an die Kleidung konnte sie sich recht gut erinnern, verwechselte aber die Automarken (sie will in einem braunen Morris Oxford gesessen haben, in Wahrheit fuhr der Täter damals jedoch einen roten Ford Corsair).

Am 20. Januar 1978 verschwand die »Edelhure« Yvonne P. (27), die eigentlich nicht auf dem Straßenstrich arbeitete. Sie hatte ihren Mörder beim Autostopp getroffen und war von ihm mitgenommen worden. Bei ihrer Ermordung ging der Täter anders vor als sonst; so benutzte er statt eines Hammers einen Knüppel. Dies verwirrte die Polizei zunächst, die die Tote außerdem erst über zwei Monate nach ihrem Verschwinden, am 26. März 1978, unter einem alten Sofa auf einem Stück Brachland fand.

In der Zwischenzeit hatte der Täter erneut zugeschlagen und am 31. Januar die erst 18-jährige Prostituierte Helen R. umgebracht. Das Mädchen war bei Pflegeeltern aufgewachsen und ging mit ihrer Zwillingsschwester auf den Autostrich in Huddersfield. Aus Angst vor dem unbekannten Prostituiertenmörder hatten die Schwestern sich in regelmäßigen Abständen an einem Treffpunkt eingefunden und dort der jeweils anderen die Autonummer des Wagens aufgeschrieben, in den sie steigen wollten. Doch an diesem Abend verfehlten sie sich, und so stieg Helen in einen roten Ford Corsair, ohne ihre Schwester benachrichtigt zu haben.

Nicht nur die Polizei, auch die Medien intensivierten nun die Jagd auf den Yorkshire Ripper. Nachdem die Behörden von West Yorkshire in Aussicht gestellt hatten, eine Belohnung von £ 10 000 für Informationen über den Mörder auszusetzen, zog die »Yorkshire Post« nach und lobte zusätzlich weitere £ 5 000 aus. Allerdings wurde die polizeiliche Prämie vom Innenministerium umgehend kassiert; man befürchtete, das Geld könne zu viele Spinner und Wichtigtuer anlocken, die die Ermittler mit falschen Nachrichten überschwemmen würden. Diese Annahme sollte sich als geradezu prophetisch erweisen. Allerdings fanden sich nach der Intervention des Ministeriums Geschäftsleute aus Yorkshire bereit, die Summe privat aufzubringen.

Wiederum in Manchester wurde am 16. Mai 1978 die schwer kranke und eben aus dem Krankenhaus entlassene spanischstämmige Prostituierte Vera M., 41, Mutter von sieben Kindern, getötet. Ihre Leiche fand sich in der Nähe eines Krankenhausparkplatzes und war entsetzlich zugerichtet worden.

Fast ein Jahr geschah keine weitere Tat. Die breite Öffentlichkeit zeigte sich jedoch im Frühjahr 1979 umso schockierter, als am 4. April in einem Park in Halifax die Leiche der hübschen 19-jährigen Bankangestellten Josephine W. gefunden wurde. Was die Prostituierten-Morde an Frauen der Unterschicht nur unzureichend vermocht hatten, geschah nun durch das erneute Verbrechen an einer »unbescholtenen« Frau. Die Bevölkerung zeigte sich zunehmend beunruhigt, als ihr langsam klar wurde, dass nicht nur »gefallene Mädchen« in größter Gefahr schwebten, sondern dass es potenziell jede Frau treffen konnte. Dazu trugen auch die folgenden Taten bei: die Ermordung der Studentin Barbara L. (19) in Bradford am 1. September; der Mord an der Verwaltungsbeamtin und ehemaligen Soldatin Margaret W. (47), die in einem der besseren Viertel von Leeds erwürgt wurde und sich aufgrund ihrer guten körperlichen Verfassung lange gegen ihren Angreifer gewehrt hatte, nach fast einem Jahr der Ruhe am 20. August 1980 (diese Tat zählten die Ermittler zunächst nicht zu den Ripper-Morden); der Überfall auf die aus Singapur stammende Forschungsstipendiatin Dr. Upadhya B., die den Strangulationsversuch jedoch überlebte. Am Abend von Bonfire-Night, dem 5. November 1980, überlebte die 16-jährige Teresa S. gegen 18.00 Uhr den Angriff mit einem Hammer, weil ihr Freund ihre Schreie gehört und ihr zu Hilfe gekommen war, den Angreifer jedoch bei der Verfolgung aus den Augen verlor.

Im Februar 1980 kam es zu einem Aufsehen erregenden Gerichtsverfahren, das die Angst gerade unter den Frauen in Nordengland plastisch verdeutlichte. Angeklagt war die 27-jährige Lehrerin Sarah D. aus Bradford. Man beschuldigte sie, eine Angriffswaffe ohne behördliche Genehmigung und vernünftige Erklärung bei sich getragen zu haben. Es handelte sich dabei um ein Messer, das Miss D., wie sie angab, immer bei sich hatte, wenn sie abends das Haus verließ. Sie sagte, sich damit vor einem eventuellen Angriff des Rippers schützen zu wollen, doch die Geschworenen stellten keine unmittelbare Bedrohung fest und verurteilten die Angeklagte zu einer Geldstrafe von £ 75. Dabei wird die Lehrerin keinesfalls die einzige Frau in Nordengland gewesen sein, die sich bewaffnete. Es setzte sich in der weiblichen Bevölkerung immer mehr die Einstellung durch, dass, wenn die Polizei keinen Schutz gewährleisten könne, frau eben selbst aktiv werden müsse. Daher empfahlen Studenten der Universität Bradford im November 1980, sich mit Messern oder Pfeffersprays zu bewaffnen. Die Polizei war jedoch strikt gegen solche Maßnahmen. Nach ihrem paternalistischen Verständnis war es für die Mädchen besser, sich von starken männlichen Beschützern begleiten zu lassen, als selbstbestimmt für die eigene Sicherheit zu sorgen.

Weniger als zwei Wochen nach dem misslungenen Überfall auf Teresa S., am 17. November, fand der Ripper dann sein letztes

Mordopfer. Die Anglistik-Studentin Jaqueline H. wurde in Leeds, nachdem sie aus dem Bus gestiegen war und zu ihrem Wohnheim hatte gehen wollen, überfallen und getötet. Sie erlitt u. a. schwere Verletzungen an beiden Augen. Nach dieser Tat taten sich die Frauen von Leeds zusammen und machten sich die alte Forderung der Frauenbewegung nach dem »Recht der Frauen auf die Nacht« zu eigen. Sie verlangten, sich endlich wieder unbehelligt während der Dunkelheit in ihrer Stadt bewegen zu können, und die Organisation Women against Violence against Women organisierte mehrere Demonstrationen in Leeds, die bis zu 600 Teilnehmerinnen zählten. Sie sahen die Taten des Rippers als extremen Ausdruck allgemeiner Frauenfeindlichkeit und wiesen auf die weite Verbreitung von Gewalt gegen Frauen hin. Die National Women's Aid Federation, die sich für misshandelte Frauen engagierte, fand plötzlich Gehör mit ihren Anklagen gegen häusliche Gewalt. Selbst die »Times« schrieb im Dezember 1980 darüber. So interpretierte man die Ripper-Jagd zunehmend auch als Teil des gesamtgesellschaftlichen Kreuzzuges gegen Gewalt gegen Frauen.

Bis in die 1970er Jahre hinein hatte beispielsweise die Polizei in Auseinandersetzungen zwischen (Ehe)-Partnern nicht eingegriffen. Häusliche Gewalt galt als privates Problem, in das sich die Ordnungskräfte nicht einmischen wollten. Erst die sich Ende der 1960er Jahre entwickelnde Frauenbewegung schaffte es, diese Einstellung aufzubrechen und ein Bewusstsein dafür zu schaffen, dass es sich um Körperverletzung handelte, wenn ein Mann seine Frau schlug. Da jedoch die Hilfe der Behörden in solchen Fällen recht spärlich blieb, eröffnete 1971 in West-London das erste britische Frauenhaus, das sich weiblicher Misshandlungsopfer annahm. Schnell war das Haus überfüllt, was auch der Öffentlichkeit klarmachte, wie weit verbreitet das Problem von Gewalt in Beziehungen war. Im Zuge weiterer Agitation verabschiedete das Unterhaus schließlich 1976 den Domestic Violence Act, der es geschlagenen Frauen ermöglichte, gerichtlichen Schutz gegen ihren gewalttätigen Partner zu beantragen. Im gleichen Jahr eröffnete das erste Rape Crisis Centre, das sich um Vergewaltigungsopfer kümmerte, die vor britischen Gerichten oft mit altbekannten Vorurteilen zu kämpfen hatten, z. B. dass sie den Überfall durch aufreizende Kleidung oder sexy Benehmen provoziert hätten. So konnten der sexuellen Nötigung angeklagte Männer oft mit relativ milden Strafen rechnen.

Im Klima der Angst vor dem »Yorkshire Ripper« erschienen Vorwürfe radikaler Feministinnen wie *»Jeder Mann ist ein potenzieller Vergewaltiger!«* plötzlich glaubhaft, denn genau dies versuchte die Polizei Frauen in Nordengland mit ihren Warnungen zu verdeutlichen. So kamen nicht nur eingefleischte Frauenrechtlerinnen zu der Überzeugung, dass an diesen Vorwürfen etwas dran sein müsse. Frauen aller Altersgruppen, aller sozialen Schichten und religiösen Überzeugungen beteiligten sich an den Aktionen, und viele Frauen stellten überrascht fest, wie groß die weibliche Unterstützungsbereitschaft und Solidarität war. So fand die Frauenbewegung einen Zugang zu Geschlechtsgenossinnen, die ihr sonst eher ablehnend gegenüberstanden. Die Angst vor dem Ripper und seine sich in den Morden manifestierende Verachtung für Frauen, die Hilflosigkeit der männlichen Autoritäten wie der Polizei und der Justiz, den Mörder endlich dingfest zu machen, und die starke Einschränkung ihres eigenen Bewegungsradius sensibilisierte Frauen aller Schichten plötzlich dafür, wie sehr der männliche Täter Macht über sie ausübte und ihr Leben negativ beeinflusste. So waren die Demonstrationen gegen die Unfähigkeit der Polizei auch Zeichen an den Mörder, dass sich die Bürgerinnen nicht einschüchtern lassen wollten. Diese Mobilisierung der Frauen zog weitere Aktionen nach sich. Da die Womens Lib in England gegen Pornografie als ausbeuterisch und frauenverachtend vorging, und solche Filme und Zeitschriften auch als Anstifter zu Sexualstraftaten galten – was jedoch bis heute umstritten ist – demonstrierten beispielsweise zahlreiche Frauen gegen die Aufführung des Films *»The Violation of the Bitch«* (ein billiger Hardcore-Porno, in dem eine junge Frau vergewaltigt und ermordet wird, und der beworben wurde mit dem klassischen Rechtfertigungssatz »Sie wollte es doch«) in einem Kino in Bradford, wo der Ripper bereits mehrfach zugeschlagen hatte. Hier schritten die Ordnungshüter übrigens engagiert ein und nahmen mehrere Demonstrantinnen fest ...

Im Gegensatz dazu erschien die Polizei bei der Fahndung nach dem Ripper zunehmend machtlos. Am 19. November 1980 konnte sie die Einwohnerinnen der Region lediglich warnen: »*Wir können Frauen nur raten, wenn es sich irgendwie vermeiden lässt, nicht allein unterwegs zu sein. Keine Frau ist sicher, bis dieser Mann nicht gefasst ist.*« Da Jaqueline H. Studentin gewesen war, sah sich besonders die Universität Leeds in der Verantwortung für ihre über 4 000 Kommilitoninnen und organisierte Transportdienste für sie. Die Studentinnen akzeptierten diese Vorsichtsmaßnahmen zwar als notwendig, fühlten sich jedoch, wie Befragungen ergaben, dadurch auch massiv in ihrer Bewegungsfreiheit eingeschränkt. In Leeds herrschte nach Einbruch der Nacht quasi eine Ausgangssperre für alleinstehende Frauen und Mädchen. Einige Frauen fragten sich übrigens, warum sie als die potenziellen Opfer und nicht die Männer als die potenziellen Täter zu Hause bleiben sollten, doch auf solch aufwieglerische Kritik reagierte die männliche Öffentlichkeit extrem dünnhäutig.

Trotz der Großfahndung nach dem »Yorkshire Ripper« führte letztlich der Zufall zu seiner Festnahme. Am Abend des 2. Januar 1981 kontrollierte eine Polizeistreife in Sheffield ein Auto, das an einer abgelegenen Stelle parkte. Neben dem Fahrer saß die aus Jamaika stammende Prostituierte Ava R. (24). Eine Überprüfung ergab, dass der Wagen mit falschen Nummernschildern versehen war. Den Beteuerungen des Mannes, er und die Frau seien ein Paar, schenkten die Streifenbeamten keinen Glauben. Der Fahrer entfernte sich daraufhin kurz, angeblich um auszutreten, kam dann aber gleich zurück. Die Beamten nahmen die Personalien der Insassen auf, dann brachten sie den Mann, den Lastwagenfahrer Peter Sutcliffe, damals 34 Jahre alt, auf die Wache, um ihn zu den falschen Nummernschildern zu befragen.

Endlich schien sich all die vorausgegangene Informationssammlung ausgezahlt zu haben. Da aufgefallen war, dass Sutcliffe gut auf die Beschreibung des Rippers passte, zog man Beamte aus West Yorkshire, dem Hauptjagdrevier des Mörders, hinzu; es zeigte sich, dass Sutcliffe bereits mehrfach von der Polizei zur Mordserie befragt, aber immer wieder von der Liste der Verdächtigen gestrichen worden war. Eine Durchsuchung des Wagens förderte zwar zunächst nichts Verdächtiges zu Tage, doch dann fand man bei der Absuchung der Umgebung des Ortes, an dem die Verhaftung erfolgt war, einen Hammer und ein Messer - Sutcliffe hatte beides fortgeworfen, als er angeblich Urinieren gewesen war. Schließlich gab Sutcliffes Frau Sonia an, ihr Mann sei am Abend der Bonfire-Night erst um 20.00 Uhr nach Hause gekommen, das wisse sie bestimmt, da sie dieses Ereignis wegen der Feierlichkeiten im Gedächtnis behalten habe. Der Verdächtige hatte allerdings angegeben, schon um 18.00 Uhr, dem Zeitpunkt des Überfalls auf Teresa S., daheim gewesen zu sein. Auf diese Ungereimtheiten hingewiesen, legte Sutcliffe nach zwei Tagen Befragung am 4. Januar ein Geständnis ab - allerdings gestand er nur die zwölf Taten, die ihm bis dahin zugerechnet wurden, und ließ beispielsweise die als untypisch geltende Strangulation von Margaret W. aus. Des Weiteren gab er lediglich zwei der sieben Mordversuche zu. Er bekannte sich dazu, der Ripper zu sein, bat allerdings darum, es seiner Frau selbst sagen zu dürfen. Außerdem zeigte er sich fast erleichtert: *»Ich möchte jetzt erzählen, was ich getan habe. Ich bin froh, dass alles vorbei ist. Ich hätte das Mädchen in Sheffield getötet, wenn ich nicht verhaftet worden wäre ...«* Er erweckte den Eindruck, unter seinen Taten gelitten zu haben: *»Wenn ich an all die Opfer denke, erinnert mich das daran, was für ein Monster ich bin. Ich weiß, ich hätte immer weiter und weiter gemacht, wenn ich nicht verhaftet worden wäre, und jetzt will ich diese schwere Last endlich abladen.«* Bald darauf behauptete er in seinen Aussagen, das Motiv für seine Taten seien göttliche Befehle gewesen, die Straße von Huren zu reinigen.

Wer war dieser Peter Sutcliffe, dem es gelungen war, über Jahre hinweg die Frauen eines ganzen Landstrichs zu terrorisieren? Geboren am 2. Juni 1946 in Bingley, einer Kleinstadt im Aire Valley östlich von Keighley, wo er etwas mehr als 29 Jahre später eines seiner ersten Opfer, Anna R., anfallen sollte, war er zum Zeitpunkt seiner Verhaftung 34 Jahre alt. Er stammte aus armen Verhältnissen, hatte noch fünf weitere Geschwister. Schulkameraden beschrieben ihn als Einzelgänger, der keine Freunde hatte und sich lieber in Büchern vergrub, als draußen mit Gleichaltrigen zu spielen und Sport zu treiben. Dies änderte sich erst, als er mit Bodybuilding begann. Sutcliffe war katholisch, als Kind sogar Chorknabe, doch mit 17 wandte er sich von der Kirche ab. Trotz seiner Leseleidenschaft zeichnete er sich in der Schule nicht besonders aus und ging mit 15 ohne Abschluss ab. Anschließend verdingte er sich in verschiedenen Hilfsarbeiterjobs, blieb jedoch nie lange, sondern wechselte seine Arbeitsstellen häufig oder verlor sie, weil er zu spät kam. Er begeisterte sich für Maschinen aller Art, besonders hatten es ihm jedoch Autos und Motorräder angetan. Einige Zeit war er auf dem Friedhof seiner Heimatstadt als Totengräber angestellt. Hier soll er nekrophile Tendenzen gezeigt haben.

Einige Autoren haben in Sutcliffes Kindheit und Jugend einen unterschwelligen Konflikt mit seinem Vater ausmachen wollen. John Sutcliffe hatte zunächst in einer Bäckerei gearbeitet, war bei der Kriegsmarine gewesen und dann in einer Textilfabrik beschäftigt. Er galt als Bild von einem Mann und wahrer Hüne, begeisterte sich für Fußball und hatte häufig Affären. Dagegen sei sein ältester Sohn ein Muttersöhnchen gewesen, so ganz anders als sein klassische Männlichkeit verkörpernder Vater. Dies habe John Sutcliffe zunehmend irritiert, und der Sohn habe sich als permanente Enttäuschung der Erwartungen seines Vaters wahrgenommen. Erst in seiner späteren Teenagerzeit hätte durch eine zunehmende Anpassung Peters an die von ihm erwartete Männerrolle - Bodybuilding, männliche Freunde und damit soziale Integration, Autos und Motorräder als Hobby - eine Annäherung von Vater und Sohn stattgefunden. Der Zwiespalt, das Gefühl der Enttäuschung und Ablehnung jedoch, sei bei Peter Sutcliffe unterschwellig erhalten geblieben und habe letztlich zu seiner Entwicklung zum brutalen Serienmörder beigetragen. Er habe schon damals begonnen, ein Doppelleben zu führen: Nach außen gab er sich immer mehr als der raue, aber gute Bursche, den besonders sein Vater sich wünschte. Davon abgesondert soll jedoch eine gänzlich andersartige Innenwelt existiert haben, die Peter Sutcliffe verbarg und die in ihrer Abschottung seltsame Blüten trieb. 1965 oder '66 erlitt er zudem einen schweren Motorradunfall, bei dem er sich auch Kopfverletzungen zuzog.

Angeblich hatte er bis zu seinem 20. Lebensjahr nie eine Freundin gehabt. Dann jedoch lernte er 1966 die 16-jährige Gymnasiastin Sonia S. kennen, Tochter tschechoslowakischer Einwanderer. Ihr

Vater hatte in seiner Heimat an der Universität gelehrt, und war daher zunächst nicht begeistert über den Freund aus einfachen Verhältnissen, ließ sich aber überzeugen, dass Peter Sutcliffe ehrlich und freundlich war. Ende der 1960er Jahre, in einer schwierigen Phase ihrer Beziehung, hatte Sutcliffe dann angeblich erstmals Kontakt zu Prostituierten. Einige dieser Erlebnisse verliefen enttäuschend. Im September 1969 versuchte er erstmals, eine Prostituierte zu überfallen. Er wollte die Frau in Bradford mit einem schottergefüllten Strumpf niederschlagen, doch das Mordwerkzeug riss. Im Oktober 1969 nahm ihn die Polizei wegen geplanten Einbruchdiebstahls fest. Man hatte ihn im Rotlichtviertel verhaftet und einen Hammer, den man als Einbruchswerkzeug deutete, bei ihm gefunden. Leider stand diese spezielle Information der »Ripper Squad«, der zuständigen Sonderkommission, später nicht zur Verfügung – lediglich die Festnahme war dokumentiert, nicht die Art des mitgeführten Werkzeugs.

Nachdem er und Sonia acht Jahre zusammen gewesen waren, beugten sie sich schließlich dem familiären Druck und heirateten am 10. August 1974, an Sonias 24. Geburtstag. In der Zeit davor durchlitt Sonia mehrere schizophrene Schübe. Inzwischen hatte Peter Sutcliffe eine feste Anstellung als Nachtwächter gefunden, Sonia wollte Lehrerin werden. Das Ehepaar zog zunächst zu Sonias Eltern, da sie noch nicht genug Geld für ein eigenes Haus gespart hatten. Erst im Sommer 1977 kauften sie ein Eigenheim. Kurz nach der Eheschließung verlor Sutcliffe seinen damaligen Job, investierte seine Abfindung in den Erwerb eines Lastwagenführerscheins und fing als Kraftfahrer beim Transportunternehmen T. & W. H. Clark an. Dort avancierte er zu einem der besten Mitarbeiter, so dass er in einem Werbeprospekt der Firma abgebildet wurde. 1979 begann Sutcliffe, der inzwischen als Lastwagenfahrer häufig zwischen Yorkshire und Schottland pendelte, mit der in der Nähe von Glasgow lebenden Teresa D. eine Affäre und gab sich als Pete Logan aus. Nun führte er ein Doppelleben im Doppelleben.

Peinlich für die Polizei war, dass Sutcliffe bereits mehrmals von ihr verhört, als Verdächtiger aber immer wieder ausgeschlossen worden war, obwohl er der Beschreibung durch überlebende

Opfer sehr ähnlich sah. Im Zusammenhang mit der bei Jean J. gefundenen £ 5-Note war auch Sutcliffe am 2. November 1977 von Polizisten zu Hause aufgesucht und befragt worden. Er hatte einen entspannten Eindruck gemacht und war nicht beunruhigt erschienen. Geldscheine aus seiner Lohntüte vom Vormonat hatte er nicht mehr vorweisen können. Da seine Frau bestätigte, dass er am Abend des 1. Oktober, als Jean J. ermordet worden war, daheim gewesen wäre, und Sutcliffe außerdem abstritt, Prostituierte aufzusuchen, vermerkte der zuständige Beamte nach Ende der Routinebefragung *»keine Verbindung«*. Dennoch durchsuchten Polizisten am 8. November das Haus der Sutcliffes, fanden jedoch nichts Verdächtiges.

Das nächste Mal war Sutcliffe ins Visier der Polizei geraten, als diese bei verdeckten Kontrollen der Rotlichtviertel in Bradford, Leeds, Manchester und Sheffield - an den Orten, an denen der Ripper bevorzugt seine Opfer suchte - auffällig häufig Sutcliffes roten Ford Corsair registriert hatte. Dazu am 13. August 1978 befragt, gab Sutcliffe an, er komme auf seinem Arbeitsweg häufig durch Bradfords Rotlichtviertel. Er wäre jedoch kein Freier dort. Seine Frau bestätigte wiederum das Alibi für die Nacht vom 16. auf den 17. Mai, als Vera M. getötet worden war; sie und ihr Mann seien in einer Diskothek tanzen gewesen. Der Beamte machte sich nicht die Mühe, die Reifen von Sutcliffes Ford zu kontrollieren - obwohl an einigen Tatorten Reifenspuren gesichert worden waren, die man jedoch nicht eindeutig einem bestimmten Modell hatte zuordnen können. So fiel auch nicht auf, dass Sutcliffe ein weiteres Auto besaß - einen schwarzen Sunbeam Rapier - der bereits mehrfach in anderen Rotlichtdistrikten aufgefallen war. Die Reifen des Ford wurden erst überprüft, als Sutcliffe ihn bereits weiterverkauft hatte. Zu diesem Zeitpunkt hatte der neue Besitzer die Pneus jedoch bereits ausgewechselt.

Am 29. Juli 1979 kam es zu einer weiteren Befragung, weil Sutcliffes Wagen erneut häufig in den einschlägigen Amüsiervierteln von Bradford, Leeds und Manchester gesichtet worden war. Die damit beauftragten Detectives wussten jedoch nichts über die vorherigen Vernehmungen, da Sutcliffes Akte bei der »Ripper Squad« nicht auf dem neuesten Stand war. Sutcliffe blieb bei seiner Behauptung, er ginge nicht zu Huren. Dennoch fiel den Detectives auf, wie gut er in das erstellte Täterprofil passte. Da war zunächst seine Ähnlichkeit mit den Phantombildern: Sutcliffe passte von Größe und Statur, hatte schwarze Haare und einen Vollbart. Außerdem war er Lastwagenfahrer - einer der Berufe, die der Ripper möglicherweise ausübte. Allerdings gab ihm seine Frau Alibis für die in Frage kommenden Abende. Die Ermittler waren sich nicht hundertprozentig sicher, hielten Sutcliffe jedoch für einen der aussichtsreichsten Kandidaten und hatten beide das Gefühl, dass mit diesem Mann etwas nicht stimme. Sie vermerkten all dies in ihrem Bericht und empfahlen eine schärfere Überprüfung. Es dauerte jedoch neun Monate, bis die Meldung den zuständigen Chefermittler erreichte. Die Sonderkommission hatte einfach mit zu viel Material zu kämpfen, das nicht zeitnah genug gesichtet werden konnte. Zu diesem Zeitpunkt konzentrierte sich die Ermittlung dann bereits auf mehrere Briefe und Tonbandaufnahmen, die von Sutcliffe fort und in eine andere Richtung zu deuten schienen. Der Hinweis auf Sutcliffe wanderte in die Akten und fiel der Vergessenheit anheim.

An dieser Stelle muss auf eine verhängnisvolle falsche Fährte eingegangen werden, der die Polizei mit desaströsen Folgen für die Ermittlungen auf den Leim ging: Am 17. Juni 1979 war bei den Beamten der Sonderkommission ein Tonband eingetroffen, auf dem ein Mann behauptete, die Morde begangen zu haben. Derselbe, das ergaben Vergleiche und die grob eingekreisten Absendeorte, hatte im März 1978 und 1979 bereits drei Briefe - zwei an die Ermittler, einen an die Boulevardzeitung »Daily Mirror« - geschickt, in denen er sich bezichtigte, im November 1975 in Preston die 26-jährige Joan H. umgebracht zu haben. Besonders diese Briefe erinnern stark an den Fall Jack the Ripper - so signierte der Verfasser auch -, der ebenfalls mit der Polizei korrespondiert haben soll. Allerdings erwiesen sich schon im 19. Jahrhundert die meisten dieser Schreiben als Fälschungen, die Sonderkommission hätte also gewarnt sein können - war sie aber nicht. Da der Unbekannte einen Akzent aus dem Grenzgebiet zu Schottland sprach, konzentrierten sich nun alle Nachforschungen auf Personen aus der Gegend um Sunderland. Im Oktober 2005 konnte der Mann übrigens endlich gefasst werden, nachdem die Polizei lange nur von einem schlechten Scherz ausgegangen war. Nun sieht es so aus, als ob der als John Humble Identifizierte den Mord an Joan H. wirklich begangen hat. Sutcliffes nach der Verhaftung gesicherte Blutwerte hatten bereits einwandfrei ergeben, dass er nicht ihr Mörder sein konnte, so dass diese Spur viel zu spät als Niete erkannt wurde.

Warum die Ermittler ausgerechnet diesen Briefen und dem Tonband so große Bedeutung beimaßen, ist unverständlich. Außer den Verweisen auf den Tod von Joan H. – über den in der Zeitung berichtet worden war, der jedoch nicht mit den Ripper-Morden in Zusammenhang gebracht wurde – enthielten die Schreiben nichts, was man als Täterwissen hätte auslegen können. So verwies weder der Brief vom 8. noch der vom 13. März 1978 auf die Ermordung der zu diesem Zeitpunkt noch nicht entdeckten Yvonne P. am 21. Januar 1978. Einige vage Anspielungen auf ein höheres Alter der nächsten Opfer bewahrheiteten sich zwar, dafür fanden die Morde aber nicht an den angekündigten Tatorten statt – der anonyme Schreiber hatte vielleicht nur einen Glückstreffer gelandet. Eine interne Untersuchung ergab, dass Informationen, über die laut Polizei allein der Täter verfügen könne, kurz nach den jeweiligen Verbrechen in der Zeitung gestanden hatten. Alles in allem scheinen die Briefe aus Sunderland zumindest in der Rückschau als nicht besonders vielversprechend, Übereinstimmungen mit Ermittlungsergebnissen der anderen Ripper-Morde können auch als bloße Zufälle erklärt werden – so fanden sich an einem der Briefe Spuren eines bestimmten Schmieröls, dass auch in Wunden der Leiche von Josephine W. festgestellt worden war. Deshalb sandte die »Ripper Squad« zahlreiche Ermittler nach Sunderland, um Firmen zu überprüfen, die dieses Öl verwendeten, und herauszufinden, ob sich deren Angestellte zur Zeit der Morde in West Yorkshire aufgehalten hatten – eine enorm umfangreiche Aufgabe, die erneut Tausende Informationsbruchstücke lieferte, die erfasst und ausgewertet werden mussten.

Als dann auch noch das Tonband veröffentlicht und die Bevölkerung bei der Identifizierung des Sprechers zur Mithilfe aufgefordert wurde, übertraf die enorme Reaktion der Öffentlichkeit selbst die kühnsten Erwartungen der Ermittler. Allein in den ersten drei Tagen nach der Einrichtung einer Telefonnummer, unter der das Band angehört werden konnte, waren schon ca. 2 500 Hinweise eingegangen, die natürlich alle abgearbeitet werden mussten. Allein 100 Polizisten versahen Telefondienst. Schließlich konnte der Akzent des Mannes auf eine bestimmte Region – Castletown am Fluss Wear – eingeschränkt werden; dennoch hätte die genaue Überprüfung aller dortigen männlichen Einwohner und die Suche nach Männern, die ihre Heimatregion verlassen hatten und nach Nord-West-England gezogen waren, etwa 18 Monate gedauert. Trotzdem gab die Polizei an ihre Ermittler die Anweisung heraus, keine Personen mehr zu überprüfen, die nicht diesen speziellen Wearside-Dialekt sprachen – was Peter Sutcliffe ermöglichte, ungestört weiter zu morden. Die neue Richtung der Ermittlungen kam ihm sogar entgegen, denn Sutcliffe wusste nun, dass er nicht in das Raster des gesuchten Mannes passte. Hier zeigt sich, welch verhängnisvolle Folgen ein überbewertetes Täterprofil haben kann. Übrigens hatte keines der überlebenden Opfer den Sunderland-Akzent erwähnt oder bemerkt. »Wearside-Jack« erwies sich bis zu Sutcliffes Verhaftung als Spur ins Nichts – allerdings als eine, die Presse und Bevölkerung beschäftigt hielt und sie als konkretes Ermittlungsergebnis zunächst davon ablenkte, die Untersuchung allzu heftig zu kritisieren. Vielleicht hätte die Hinzuziehung neuer Ermittler die alleinige Konzentration auf die Spur nach Sunderland aufbrechen können, doch noch im November 1980 verwahrte sich die Polizei von Yorkshire gegen den Eingriff Scottland Yards in die Ermittlungen.

Es ist bezeichnend, dass die Verantwortlichen nicht skeptisch wurden als sich der Briefschreiber nicht ermitteln ließ, zumal die Polizei laufend falsche Geständnisse und wirre Schreiben erhielt – allein nach dem Mord an Helen R. waren es ca. 200 anonyme Anrufe und 50 Briefe. Im Oktober 1979 gab es insgesamt fast 17 000 Tatverdächtige zu überprüfen. Die Polizei drohte, in Hinweisen zu versinken. Da noch kein Computersystem zur Fallanalyse existierte, musste versucht werden, die Informationsflut – die durch Fernsehaufrufe noch verstärkt wurde – per Hand auf Karteikarten zu bündeln. Dies und die schiere Fülle des Materials erschwerte das Finden von Querverbindungen. Nach Sutcliffes Verhaftung wurde daher schnellstens ein Computersystem für die Polizei entwickelt, ein Vorläufer von HOLMES.

1979 und 1980 war Sutcliffe noch weitere Male von der Polizei befragt worden. So hatten neue Nachforschungen ergeben, dass er zu den jetzt nur noch 241 Personen gehörte, die möglicherweise von der Bank die bei Jean J. gefundene Pfundnote als Teil ihres Lohnes erhalten hatten. Jedes Mal gelang es Sutcliffe jedoch, sich herauszuwinden, was dadurch begünstigt wurde, dass in vorherigen Interviews gesammelte Erkenntnisse noch nicht in seiner Akte abgelegt waren. Dann wieder waren Informationen falsch eingeordnet oder so katalogisiert worden, dass sie sich schlicht nicht mehr wiederfinden ließen. Hier zeigte sich, dass die Sammelwut der Ermittler bei der Untersuchung eher hinderlich als hilfreich gewesen war. Schließlich setzte man nach Sutcliffes Ergreifung eine Kommission ein, die die Ermittlungen bewerten und Empfehlungen für spätere Großfahndungen erarbeiten sollte. Man hoffte, wenigstens aus den Fehlern der Ripper-Jagd lernen zu können.

So gab der Innenminister den sogenannten Byford-Report in Auftrag. Dieser erst 2006 in Auszügen veröffentlichte Bericht stellte u. a. fest, dass es ein schwerer Fehler der Ermittler gewesen sei, die Untersuchung so stark auf die Briefe und das Tonband von »Wearside Jack« zu konzentrieren und dadurch andere Hinweise zu vernachlässigen. Des Weiteren sei die Einsatzzentrale nicht in der Lage gewesen, der Informationsflut Herr zu werden, weshalb wichtige Akten nicht auf dem neuesten Stand waren und ermittlungsrelevante Ergebnisse ungenutzt verstaubten. Als weiteren Verstoß gegen alle Regeln guter Polizeiarbeit wertete der Report, dass Alibis von Verwandten – im Fall Sutcliffe die seiner Frau – akzeptiert worden waren, wohingegen normalerweise gerade solchen Bestätigungen misstraut werden muss. Wenn all diese Nachlässigkeiten und Ineffektivität abgestellt worden wäre, hätte Sutcliffe sicher 18 Monate früher festgenommen werden können. Dies hätte das Leben von drei Frauen – Barbara L., Margaret W. und Jaqueline H. – retten können. Als Lehren schlug der Inspector of Constabulary Lawrence Byford einen umfangreichen Katalog vor:

Standardisierung des Vorgehens von Sonderkommissionen, verstärkte Nutzung von Computern zur Datenverarbeitung, bessere Vernetzung der einzelnen Polizeieinheiten und klarere Zuweisung der Verantwortlichkeit, Berücksichtigung der Koordination großer Polizeieinsätze in der Ausbildung höherer Dienstgrade, die Zusammenstellung eines ständigen Spezialistenteams sowohl aus dem ermittlungstechnischen als auch aus dem forensischen Bereich, und schließlich eine Intensivierung der Pressearbeit.

Außerdem gab die Polizei selbst den Sampson-Report in Auftrag, der schon 1983 veröffentlicht wurde. Neben Kompetenzwirrwarr, Pannen bei der Datenablage, Fehlern bei der Ermittlungsarbeit und administrativem Chaos habe auch die dünne Personaldecke der Polizei von West Yorkshire dazu geführt, dass Beweise gegen Sutcliffe untergegangen oder nicht beachtet worden seien. Auch habe sich der Druck der Öffentlichkeit, Ergebnisse zu liefern, negativ ausgewirkt. Der Bericht kam jedoch bei allem Verständnis für die komplizierte Situation der Ermittler zu dem Schluss, dass bei genauerer und gründlicherer Polizeiarbeit Sutcliffe bald nach dem Mordversuch an Marilyn M. im Dezember 1977 hätte verhaftet werden müssen.

Bereits im Vorfeld des Gerichtsverfahrens gegen Peter Sutcliffe hatte es eine Kontroverse über die Zurechnungsfähigkeit des Ripper gegeben. Die Verteidigung bot vier Gutachter auf, die den Beschuldigten als vermindert zurechnungsfähig aufgrund paranoider Schizophrenie einschätzten. Diese juristische Umschreibung von psychischen Erkrankungen fand mit dem Homicide Act von 1957 Eingang in die englische Rechtsprechung. Die verminderte Zurechnungsfähigkeit ermöglicht es dem Richter, eine Anklage von Mord auf Totschlag abzumildern, wenn sich zeigt, dass der Beschuldigte zwar ein Tötungsdelikt begangen, dies jedoch aufgrund einer psychischen Erkrankung – wie z. B. dem Befehl innerer Stimmen – beabsichtigt hat. Ursprünglich sollte diese Kategorie geistig zurückgebliebene Angeklagte vor der Todesstrafe schützen, doch die im relevanten Abschnitt angeführte »geistige Abnormität« wird inzwischen weit ausgelegt, so dass nicht nur anerkannte Geisteskrankheiten wie Schizophrenie darunter fallen, sondern auch leichtere und umstrittenere Formen psychischer

Probleme wie Angstzustände oder Depressionen. In einem solchen Fall wird das Urteil – meist die Unterbringung in einer Anstalt – vom Richter gesprochen, es gibt kein Verfahren mit Geschworenen.

Auch die Anklage stimmte im Fall Sutcliffe bei einer Vorbesprechung mit dem Richter, aber ohne Geschworene, am 29. April 1981 zunächst der Einschätzung als vermindert zurechnungsfähig zu. Dies hätte bedeutet, dass Sutcliffe in einer speziellen psychiatrischen Anstalt untergebracht worden wäre. Der zuständige Richter jedoch ließ sich zunächst die Expertisen genauestens erläutern, bevor er nach einem weiteren Tag Bedenkzeit beschloss, gegen die Empfehlungen der Sachverständigen den Mordprozess durchzuführen. Er war der Meinung, dass eine Jury entscheiden sollte, ob Sutcliffe vermindert zurechnungsfähig oder voll straffähig sei, und dass es am Angeklagten liege, dies zu beweisen und nicht nur begründete Zweifel an seiner geistigen Gesundheit zu nähren.

Der Prozess gegen den Yorkshire Ripper begann am 5. Mai 1981 in London vor dem Old Bailey. Sutcliffe bekannte sich im Fall der 13 Mordanklagen für nicht schuldig und gab lediglich die sieben Mordversuche zu, da er weiterhin behauptete, sich in einem Zustand stark verminderter Steuerungsfähigkeit befunden zu haben und daher keine vorsätzlichen Morde begangen haben könnte, sondern es sich bei den tödlichen Angriffen lediglich um Totschlag gehandelt habe. Nach allerlei Präliminarien sagte der Angeklagte schließlich am 11. Mai zur Sache aus.

Er berichtete von dem für ihn einschneidenden Erlebnis, als er zum ersten Mal eine Stimme gehört haben wollte. Dies sei auf dem Friedhof in Bingley geschehen, zu seiner Zeit als Totengräber, als er gerade dabei gewesen sei, ein Grab auszuheben. Aus dem Grab will der 20-jährige Sutcliffe eine Stimme vernommen, außerdem eine Botschaft auf dem Grabstein gelesen haben: »*We be the echo!*« Er habe diese Erscheinung als absolut wunderbar empfunden. Es wäre Gottes Stimme gewesen, und er wäre auserwählt worden, sie zu hören. Ende der 1960er Jahre, nach einigen unschönen Erfahrungen mit Prostituierten, soll die Stimme ihm seine Mission eingegeben haben: die Prostituierten auszurotten, da sie schuld seien an allem Bösen auf der Welt. Ihre Obszönität sollte für alle sichtbar werden, daher arrangierte er die Leichen in charakteristischer Weise, indem er sie entblößt - den BH nach oben geschoben, den Slip halb herunter gezerrt - liegen ließ. Wenn er eine Frau für eine Hure hielt - nicht alle der von ihm angegriffenen Frauen gingen auf den Strich, doch Sutcliffe scheint mit dem Fortgang seiner Mordserie immer irrealere Vorstellungen entwickelt zu haben, so dass es manchmal ausreichte, dass eine Frau angeblich wie eine Prostituierte gegangen sei (wie auch immer man sich das vorzustellen hat), um in sein Opferschema zu passen -, fühlte er immer öfter den starken Drang, sie zu töten. Über den Angriff auf Olive S. berichtete er beispielsweise: *»Ich wollte sie umbringen. [...] Ich wusste, es war meine Mission. Ich hatte Stimmen gehört - Echos. Also habe ich es getan ...«* Angeblich sei seinen Taten immer ein schrecklicher innerer Kampf vorausgegangen, die Angriffe habe er dann *»wie ein Roboter«* begangen. Die vielen Fahndungspannen, die es ihm ermöglicht hatten, immer wieder genaueren Nachforschungen zu entgehen, deutete Sutcliffe dahingehend, dass Gott seine schützende Hand über ihn gehalten habe.

Anschließend legten die Sachverständigen ihre Interpretation vor. Dr. Milne sah in Sutcliffes Aussagen zwei Aspekte einer schizophrenen Erkrankung: einmal, dass er auch *»unbescholtene Frauen«* für Prostituierte gehalten habe; zum anderen, dass er unfähig gewesen sei, während der Angriffe die Kontrolle über sein Verhalten zu bewahren, obwohl er wusste, dass er gerade ein Verbrechen beging. Auch Dr. MacCulloch diagnostizierte paranoide Schizophrenie. Als Anzeichen dafür wertete er u. a. Sutcliffes Glauben daran, dass seine Handlungen von jemand anderem - Gott - kontrolliert würden, dessen Stimme er angeblich vernahm und die für ihn real war. Dass Sutcliffe etwa ein Jahr nach seiner Hochzeit zu morden begann, begründeten die Sachverständigen damit, dass der Druck, die Fassade des anständigen Ehemannes aufrechtzuerhalten, zu groß geworden sei und sich ein gewalttätiges Ventil gesucht habe. Die Enge im Haus seiner Schwiegereltern, die ständige Kontrolle des ehelichen Zusammenlebens dadurch, dass in einem solchen Arrangement wenig verborgen bleiben kann, nicht zuletzt Sutcliffes Potenzprobleme sollen dazu beigetragen haben, dass sein Doppelleben förmlich implodiert sei.

Trotz dieser Expertenmeinungen wurde Sutcliffe als zurechnungsfähig behandelt. Er galt als klug genug, sich die angeblichen schizophrenen Symptome ausgedacht und vorgespielt zu haben. Als Vorbild soll ihm seine wirklich an Schizophrenie leidende Ehefrau gedient haben, der gegenüber er im Gefängnis geäußert haben soll, er hoffe auf zehn Jahre »Klappsmühle« statt 30 Jahre Knast. Unglaubwürdig machte sich der Angeklagte auch dadurch, dass er behauptet hatte, zwischen 1969 und 1975 keinen Kontakt zu Prostituierten gehabt zu haben und diesen nur gesucht habe, wenn er persönliche Probleme hatte oder unter Depressionen litt – was Freunde und Verwandte jedoch widerlegten. Die Aussagen Sutcliffes sind nicht nur vom Richter als unglaubwürdig gewertet worden. Es herrschte allgemein die Annahme vor, dass der Angeklagte den Verrückten nur spiele, um nicht in eine Haftanstalt zu kommen, sondern in die Psychiatrie. Allerdings gaben selbst kritische Beobachter zu, dass seine Erzählungen durchaus überzeugend wirkten.

Sutcliffes Anwalt betonte in seinem Plädoyer, sein Mandant leide an einer psychischen Krankheit, die seine Steuerungsfähigkeit stark eingeschränkt habe. Daher sei er nicht des Mordes, sondern nur des Totschlags schuldig. Dagegen vertrat die Anklage nun die Ansicht, dass Sutcliffe seine Geisteskrankheit simuliere. Niemand habe beim Angeklagten je psychische Störungen bemerkt, auch habe er die Stimmen keinem anderen Menschen gegenüber erwähnt, bis er mit den Mordvorwürfen konfrontiert worden sei. In Wahrheit habe er Spaß und Lust beim Töten seiner Opfer empfunden, es handele sich also eindeutig um Mord.

Am 22. Mai brauchte die Jury fast sechs Stunden, um zu einem Urteil zu gelangen. Mit einem Ergebnis von zehn zu zwei Stimmen sprach sie Peter Sutcliffe des 13-fachen Mordes schuldig. Der Richter verurteilte den Angeklagten daraufhin zu einer lebenslangen Haftstrafe, gab die Empfehlung aus, den »Yorkshire Ripper« frühestens nach 30 Jahren auf Bewährung zu entlassen und bedauerte dabei, gesetzlich gezwungen zu sein, ein Ende der Haftzeit zu prognostizieren; eigentlich wünsche er sich in Sutcliffes

Fall, dass der Verurteilte nie mehr in Freiheit gelangen würde. Er begründete diese harte Strafe mit der Angst, die Sutcliffes Mordserie verbreitet hatte, mit der feigen Ausführung - Sutcliffe habe als körperlich kräftiger Mann schwächere Frauen von hinten erschlagen - und mit seiner generellen Einschätzung des Charakters des Beschuldigten: *»Ich habe nicht den geringsten Zweifel, dass Sie ein wirklich gefährlicher Mann sind.«*

Die Presse hat Sutcliffe im wahrsten Sinne des Wortes zum Ripper gemacht: 1976 verlieh ihm ein Journalist der »Yorkshire Post« in Anlehnung an den Londoner Mörder von 1888 den Beinamen »Yorkshire Ripper«. Dieser griffige Spitzname verdeutlichte prägnant die Kontinuität mörderischer Sadisten, in die nun auch der moderne Täter eingereiht wurde. Auch ihn jagte die Polizei lange Zeit vergeblich, auch er verstümmelte seine Opfer, obwohl er sie nicht ausweidete.

Nach der Verhaftung Sutcliffes stürzte sich die Presse mit Feuereifer auf sein Umfeld. Freunde, Verwandte, Kollegen - alle sollten interviewt werden, um den Drang der Öffentlichkeit, alles über den Ripper zu wissen, zu stillen. Der Mörder, der so lange gesichtslos agiert hatte - was sein besonderes Bedrohungspotenzial ausgemacht hatte -, sollte nun möglichst schnell beschrieben, charakterisiert und dadurch auch entmystifiziert werden. Geschichten über das Privatleben des Ripper standen dabei besonders hoch im Kurs. Vor allem die Frage danach, wie viel seine Frau gewusst hatte, beschäftigte die Gemüter. Um Informationen zu ergattern, waren sich die Journalisten nicht zu schade, massiv Geld anzubieten. So erhielt Sonia Sutcliffe von der »News of the World« angeblich ein Angebot von mehr als £ 100 000 für ihre Memoiren. Dieser Scheckbuch-Journalismus wurde nicht nur im Nachhinein von der Pressekommission heftig kritisiert, da er Sensationalisierung Tür und Tor geöffnet habe, unethisch sei und nichts mit sauberer Recherche zu tun habe; auch die Angehörigen der Ermordeten - besonders die Eltern des letzten Opfers Jaqueline H. - empörten sich darüber, dass die Familie des Täters reich belohnt würde, während beispielsweise die Kinder der toten Frauen oftmals völlig mittellos in Heimen aufwuchsen. Nicht nur der Täter dürfe nicht von seinen

Taten profitieren, auch Freunde und Angehörige sollten sich nicht am »Blutgeld« bereichern dürfen.

Zudem gilt in England ein Gesetz, das es der Presse verbietet, vor oder während einer Untersuchung Aussagen von Personen zu veröffentlichen, die in einem Gerichtsverfahren als Zeugen vorgesehen sind. Dies soll sicherstellen, dass das Gericht wichtige Informationen von den Zeugen selbst und nicht aus der Presse erhält, und die Unvoreingenommenheit der Geschworenen garantieren. Einige der großen Boulevardzeitungen hielten sich jedoch nicht an diese Vorgaben. So veröffentlichte die »Sun« das Hochzeitsfoto der Sutcliffes, das sie zuvor für £ 700 einem Freund abgekauft hatte. Auch Auszüge aus Tagebüchern erschienen. Der »Daily Star« zahlte Ava R., einer wichtigen Verfahrenszeugin, £ 4 000 für die Exklusivrechte an ihrer Story über Sutcliffes Verhaftung. Die »Daily Mail« hatte sogar £ 5 000 geboten, war damit jedoch zu spät gekommen. Der »Daily Express« hatte Sonia Sutcliffe £ 80 000 für Aussagen über ihr Zusammenleben mit ihrem Ehemann geboten, obwohl klar war, dass sie eine Zeugin sein würde.

Die Press Commission bezeichnete in ihrem Report zur Berichterstattung über die Ripper-Morde, der 1983 erschien, die Darstellungsweise der meisten Blätter als geeignet, ein faires Verfahren zu verhindern. Zu schnell sei die Unschuldsvermutung gegenüber dem Angeklagten - unschuldig, bis die Schuld bewiesen ist - fallengelassen worden; vielmehr hätten die Zeitungen - übrigens auch auf Grundlage der Verlautbarungen der Polizei - Peter Sutcliffe allzu schnell als überführten Täter präsentiert. Dies kann in Rechtssystemen, die auf Verurteilungen durch Geschworene basieren, fatale Folgen haben, denn wenn den potenziellen Jury-Mitglieder bereits im Vorfeld der Verhandlung der Beschuldigte als Täter gezeigt wird, beeinflusst das natürlich ihre Einstellung dem Angeklagten gegenüber.

Dem Verhalten von Presse und Polizei wurde jedoch auch Verständnis entgegengebracht. Fünf Jahre lang hatte ein Killer West Yorkshire in Angst und Schrecken versetzt, das Unvermögen der Ermittler, den Ripper zu stellen, hatte harsche Kritik nach sich gezogen, die wiederum bei den überlasteten Beamten Frustrationen ausgelöst hatte. Daher jubelten nicht nur die Detectives der »Ripper Squad«, als sie sicher sein konnten, den Mörder endlich dingfest gemacht zu haben, auch die Presse beeilte sich, zur Beruhigung der Bevölkerung und nicht ganz frei von Rachegelüsten, den Verhafteten, der eigentlich immer noch als unschuldig zu gelten hatte, als Täter vorzuführen.

Trotz der verständlichen Absichten der Medien – immerhin waren mit der Festnahme Sutcliffes laut der »Times« *»Fünf Jahre des Terrors in nördlichen Städten«* zu Ende gegangen – wies die Press Commission darauf hin, dass es normalerweise unüblich sei, Namen und Adresse eines Festgenommenen bereits zu veröffentlichen, bevor er überhaupt offiziell irgendeines Verbrechens beschuldigt worden war. So war es bei Sutcliffe geschehen, bevor am 5. Januar Anklage gegen ihn erhoben wurde. Des Weiteren rügte der Presserat die Veröffentlichung von Fotos von Sutcliffe im »New Standard«, während er lediglich als Verdächtiger verhört worden war. Außerdem sei die frühe Publikation von Hintergrundmaterial, das Freunde und Arbeitskollegen Sutcliffes geliefert hatten, dazu angetan gewesen, bei der Leserschaft (und damit potenziellen Geschworenen) ein bestimmtes negatives Bild vom Festgenommenen zu erzeugen und zu verfestigen, was deren Unvoreingenommenheit beeinträchtigt haben könnte. Zusammenfassen ließen sich die beanstandeten Punkte folgendermaßen: *»Allgemein entstand der Eindruck, dass der festgenommene Mann, obwohl er noch keines konkreten Verbrechens angeklagt worden war, ohne Zweifel der Mörder der 13 Frauen und Mädchen sei, und dass der Prozess gegen ihn nichts weiter als eine Formalität darstelle.«*

Als ein populäres Deutungsmuster der Ripper-Morde kristallisierte sich die negative Bewertung von Sonia Sutcliffe heraus. Weit verbreitet war die pseudopsychologische Annahme, Sutcliffe habe die Prostituierten stellvertretend für seine Frau getötet. Eigentlich sei Sonia gemeint gewesen, sie habe ihn quasi zu den Morden provoziert. Darüber, wie sie dies getan haben soll, finden sich in der Presse allerdings nur Andeutungen: So sei sie ausgesprochen merkwürdig gewesen, habe unter Putzwahn gelitten und soll peinlich auf Sauberkeit bedacht gewesen sein. Ein gemütliches Heim habe sie ihrem Mann nicht bereitet. Außerdem habe sie keine Kinder bekommen können, die sich ihr Mann angeblich sehr gewünscht habe. So sei ein Grund für seine Affäre mit Teresa D. gewesen, dass sie viele kleine Neffen und Nichten hatte. Auch erschien es vielen als unglaubwürdig, dass die Ehefrau nichts vom Treiben ihres Mannes mitbekommen haben wollte. Dies erklärte Sutcliffe damit, dass seine Frau eine Nacht pro Woche als freiwillige Pflegerin arbeitete und er meist dann losgezogen sei. Überdies hatte sie seine Angaben über Alibis immer bestätigt. Erst 1994 ließ sie sich von Sutcliffe scheiden.

Sutcliffes letztes Opfer, die Jamaikanerin Ava R. (24), konnte ihm ohne größere Verletzungen entgehen. Die Berichterstattung über sie lässt jedoch deutlich Züge medialer Unzufriedenheit erkennen. Die farbige Prostituierte eignete sich nach dem Verständnis der Presse so gar nicht dazu, zur Heldin stilisiert zu werden, die dem Ripper hatte entkommen können. Viel mediengerechter erschienen da die sozial engagierte Studentin oder die fleißige Bankangestellte. Daher erschienen in Artikeln über Ava R. häufig abwertende Bemerkungen wie die, sie habe lediglich £ 10 »gekostet«. Hier zeigt sich, dass Sutcliffe mit seiner angeblichen Ablehnung der Prostituierten eine Saite zum Klingen gebracht hatte, die in der englischen Gesellschaft einen steten Widerhall fand. Auf diese Frauen wurde herabgesehen, sie galten als selbst schuld an ihrem Schicksal, zu faul oder unfähig, anders ihr Geld zu verdienen, und einige glaubten gar, die Frauen genössen ihre Arbeit und hätten sie aus Nymphomanie ergriffen. Sutcliffe stilisierte sich nun zum radikalen Vollstrecker dieses allgemeinen Abscheus.

Der Innenminister verhängte über Sutcliffe schließlich den Whole Life Tariff, der ihn bis zu seinem Tod im Gefängnis halten sollte. Da diese Praxis aber vom Europäischen Gerichtshof für Menschenrechte als unzulässig erklärt worden ist, könnte Sutcliffe 2011 - nach den ursprünglich festgesetzten 30 Jahren - im Alter von 65 Jahren wieder in Freiheit gelangen, wenn er denn dann als ungefährlich gilt.

Der Verurteilte kam zunächst ins Parkhurst Prison auf der Isle of Weight, eine gewöhnliche Haftanstalt. Seine schizophrene Erkrankung brach allerdings immer stärker durch. Um jedoch keinen Verdacht auf ein Fehlurteil aufkommen zu lassen, verhinderten die Behörden zunächst seine Überführung in eine Anstalt für geisteskranke Straftäter. Erst 1984 wurde er schließlich ins Broadmoor Krankenhaus eingewiesen. Dort verübten Mitinsassen wiederholt Anschläge auf ihn: 1996 versuchte ein Häftling, ihn zu erwürgen, 1997 stach ihm ein anderer Insasse mit einem Zeichenstift in beide Augen, so dass Sutcliffe inzwischen fast erblindet ist. In seiner Vernehmung zu dem Vorfall sagte der Täter: *»Er* [Sutcliffe] *hat gesagt, Gott habe ihm befohlen, 13 Frauen zu töten, und ich sage nun, der Teufel hat mir befohlen, ihn umzubringen.«* Bereits 1983 hatte ihm ein Mitinsasse in Parkhurst mit einer kaputten Kaffeetasse schwere Gesichtsverletzungen beigebracht. All dies belegt den Hass, den Sutcliffe selbst unter schweren Jungs und nach so langer Zeit noch auf sich zu ziehen vermag.

Im Laufe der Haftzeit gestand Sutcliffe übrigens auch den Überfall auf die erst 14-jährige Tracey B. am 27. August 1975 in Silsden. Das junge Mädchen überlebte seine schweren Kopfverletzungen und war in der Lage, eine relativ genaue Beschreibung ihres Angreifers zu liefern, die große Ähnlichkeit mit Sutcliffe aufwies. Dennoch galt sie zum Tatzeitpunkt nicht als Ripper-Opfer – was umso erstaunlicher anmutet, da der in ihrem Fall ermittelnde Detective Chief Superintendent James Hobson auch maßgeblich an der Jagd auf den Yorkshire Ripper beteiligt war –, da sie keine Prostituierte war und als Tatwaffe ein Stück Holz statt eines Hammers angenommen wurde. Auch als Tracy B. nach weiteren Ripper-Morden und dem Erscheinen von Phantombildern bei der Polizei angab, dass sie in dieser Person ihren Angreifer wiedererkenne, glaubten die Beamten, das Mädchen wolle sich nur wichtig machen und reagierten mit Unglauben auf ihre Aussagen. Erst 1992 gab Sutcliffe zu, auch ihr Angreifer gewesen zu sein. Ob jedoch, wie ihr Vater behauptete, die Einsicht der Polizei, auch Tracey B. sei ein Ripper-Opfer, seine Ergreifung beschleunigt hätte, ist zumindest fraglich.

Darüber hinaus existiert auch in anderen Fällen der Verdacht, dass Sutcliffe als Täter in Frage komme. In drei weiteren Mordfällen aus der Zeit von 1977 bis 1980 kann seine Täterschaft als wahrscheinlich gelten. Daneben ist über Sutcliffes Rolle bei 13 weiteren Angriffen auf Frauen zwischen 1972 und 1980 spekuliert worden, bei denen die Opfer glücklicherweise überlebten. Zwei der versuchten Tötungen ereigneten sich 1972 bzw. 1974, also vor dem offiziellen Beginn der Mordserie, aber nach dem von Sutcliffe gestandenen gescheiterten Angriff auf eine Prostituierte in Bradford im September 1969, der seine erste Tat gewesen sein soll. Wenn diese beiden zusätzlichen Angriffe wirklich auf Sutcliffes Konto gehen, hat er gelogen, als er behauptete, zwischen 1969 und 1975 keine Gewalttaten begangen zu haben. Ob dies jedoch noch weitere Taten Sutcliffes wahrscheinlich erscheinen lässt, ist fraglich. Der Fall erfuhr und erfährt so große Popularität, dass es kaum vorstellbar ist, dass weitere Angriffe des Rippers unerkannt geblieben sind. Im Gegenteil, in zahlreichen ihm im Laufe der Zeit zur Last gelegten Fällen hat sich seine Unschuld erwiesen.

Es soll hier nicht verschwiegen werden, dass es auch Stimmen gibt, die nicht an Sutcliffes Schuld in allen von ihm gestandenen 13 Fällen glauben. So gilt einigen immer noch »Wearside Jack« als Verdächtiger, andere sehen in Sutcliffe entweder einen Sündenbock oder einen Nachahmungstäter oder denken, dass er einen Komplizen gehabt haben muss. Auch die Polizei erwog nach 1978 im Zuge ihrer Suche nach dem anonymen Briefeschreiber kurzzeitig die Möglichkeit, dass sie es mit zwei Mördern zu tun habe. All dies ist jedoch höchstens Spekulation, das Urteil gegen Sutcliffe hat nach wie vor Bestand.

Dass der »Yorkshire Ripper« auch 25 Jahre nach seinen Taten immer noch Angst und Schrecken verbreitet, zeigte die Reaktion auf einen Hafturlaub 2002, in dem Sutcliffe unter Aufsicht das Grab seines Vaters besuchen durfte. Überlebende Opfer, Hinterbliebene, Politiker, aber auch Personen, die sich noch gut an die Furcht vor dem Mörder Ende der 1970er Jahre erinnern konnten, kritisierten die Entscheidung scharf, den inzwischen 58-jährigen Sutcliffe auch nur für ein paar Stunden zu entlassen. Die Tory-Abgeordnete Julie Kirkbride, die mit einem Opfer Sutcliffes zur Schule gegangen war, brachte Ablehnung und Unverständnis der Bevölkerung auf den Punkt, als sie sagte: *»Ich glaube nicht, dass der Innenminister nachvollziehen kann, wie furchtbar es für*

*Frauen in West Yorkshire war, viele Jahre mit der Angst zu leben, das nächste Opfer des Rippers zu werden.«* Der Terror, den der Ripper in Nordengland verbreitet hat, ist unvergessen.

Ava R. übrigens gab die Prostitution auf. Zumindest in ihrem Fall hat der Ripper seine angebliche Mission also erfüllt.

## Die konservative Revolution der »eisernen Lady«: Die erste Regierung Thatcher

Margaret Thatcher machte sich nach ihrem Wahlsieg 1979 daran, das Land grundlegend umzubauen. Mit dem Versprechen angetreten, die englische Wirtschaft zu stabilisieren und den Einfluss des Staates zurückzubauen, erhöhte sie zunächst die Zinsen, um die Inflation einzudämmen, und hob dann die Mehrwertsteuer auf 15 Prozent an. Beide Maßnahmen trafen den Markt hart. 1981 folgten weitere Steuererhöhungen. Zwar fiel die Inflationsrate ab 1982 langsam, die Zahl der Arbeitslosen stieg jedoch immer weiter, von ca. zwei Mio. 1980 auf mindestens drei Mio. 1983. Im selben Jahr verzeichnete die Industrieproduktion im Vergleich mit 1978 einen Rückgang um 30 Prozent.

Thatcher zog sich daneben besonders durch ihre Kompromisslosigkeit in der Nordirland-Frage den Hass der nationalistischen Iren zu. 1981 begannen IRA-Gefangene in einem nordirischen Gefängnis einen Hungerstreik, um als politische Gefangene anerkannt zu werden und dadurch bestimmte Vergünstigungen zu erreichen. Die Premierministerin blieb jedoch bei ihrer Haltung, bei den Terroristen handele es sich um gewöhnliche Kriminelle und gab ihren Forderungen nicht nach. Zehn der Gefangenen überlebten die Aktion nicht und hungerten sich zu Tode.

Um die innenpolitische Stimmung zu heben, ließ Thatcher im Falkland-Krieg noch einmal die Muskeln des englischen Weltreiches spielen. Als Argentinien, regiert von einer Militärjunta, am 2. April 1982 die britischen Falkland-Inseln besetzte, schlug die öffentliche Empörung im britischen Mutterland hohe Wellen. Bis dahin hatte wohl kaum ein Engländer auch nur gewusst, wo dieses Inselarchipel im Südatlantik, 8 000 Meilen entfernt von Großbritannien und bewohnt von nicht einmal 3 000 Untertanen ihrer Majestät der Königin, genau lag. Um die ca. 450 Kilometer vor der südamerikanischen Küste gelegene Inselgruppe, von den Argentiniern Malvinas genannt, wurde bereits seit der argentinischen Unabhängigkeit zu Beginn des 19. Jahrhunderts gestritten. Nachdem Argentinien die Inseln besetzt hatte, schickte Margaret Thatcher sofort eine Task Force der Navy – komplett mit zwei Flugzeugträgern, Dutzenden Kriegsschiffen, Kampfjets und 10 000 Soldaten – in den Südatlantik, die bis Juni die Falklands zurückeroberte. Trotz der 255 getöteten britischen Soldaten war der Krieg in England ausgesprochen populär, und die Regierung wusste eine überwältigende Mehrheit der Bevölkerung hinter sich. Kritische Stimmen, die anmerkten, die Kampfhandlungen sollten durch die Entzündung eines neuen imperialistischen Nationalstolzes nur von den innenpolitischen Misserfolgen der Regierung Thatcher ablenken, konnten sich ebenso wenig Gehör verschaffen wie Analysten, die darauf hinwiesen, dass sich die britische Regierung nur deshalb plötzlich so vehement für ihre bis dahin fast vergessenen Untertanen im Südatlantik einsetze, weil rund um die Inseln große unterseeische Ölvorkommen vermutet wurden.

Getragen vom Jubel über den Sieg im Falkland-Krieg, aber auch dank der in sich zerrissenen und immer weiter nach links abdriftenden Labour Party, die in diesem Zustand kein Gegner war, der Alternativen zum Thatcherismus bieten konnte, sicherten sich die Tories 1983 eine weitere Amtsperiode als Regierungspartei. Diesmal fiel der Sieg der »eisernen Lady« – so erstmals von russischen Medien 1976 tituliert nach Kritik am angeblichen Sowjet-Imperialismus – mit 144 Sitzen Vorsprung weitaus überwältigender aus als noch 1979. Thatcher und die Konservativen sahen dies als Ansporn, ihre Politik fortzusetzen.

Für den folgenden Fall des Dennis Nilsen spielt aber noch eine weitere Entwicklung eine Rolle: Die Legalisierung der Homosexualität. Berühmt und berüchtigt sind die Prozesse gegen Oscar Wilde von 1895, die mit seiner Verurteilung zu zwei Jahren Zwangsarbeit wegen Unzucht (= homosexuellen Handlungen) endeten. Erst 1967 wurden homosexuelle Handlungen zwischen erwachsenen Männern in England legalisiert. Übrigens war Margaret Thatcher eine der wenigen konservativen Abgeordneten, die der Gesetzesänderung zugestimmt hatten. Dazwischen gab es Zeiten relativer Toleranz, wenn sich schwule Männer diskret verhielten –

so die 1920er und 1960er Jahre –, und Orte, an denen sich eine homosexuelle Subkultur entfaltete – hauptsächlich die anonyme Metropole London. Prominente Künstler konnten teilweise zumindest mit dem öffentlichen Verdacht, schwul zu sein, leben – so die Schriftsteller Noel Coward, W. H. Auden, Christopher Isherwood oder in den 1960ern der Theaterautor Joe Orton, der 1967 von seinem Liebhaber erschlagen wurde, der Designer Cecil Beaton oder der Schauspieler Kenneth Williams. Andere, wie die Schriftsteller E. M. Forster oder Stephen Spender, unterdrückten und verleugneten ihre Neigung, um gesellschaftlich und beruflich nicht geächtet zu werden. Die Strafbarkeit der Homosexualität unterstützte die soziale Ausgrenzung schwuler Männer und machte sie angreifbar, ängstlich und erpressbar. Die Furcht vor Enttarnung hatte sich tief ins Bewusstsein vieler Homosexueller eingebrannt, und die Einstellung der Öffentlichkeit, die zwar einerseits in der Liberalisierung des Gesetzes ihren Ausdruck fand, andererseits »Schwuchteln« gegenüber ausgesprochen reserviert blieb und weiterhin Vorurteile hegte, tat ihr übriges, um Homosexualität auch in den 1970ern noch als Makel gelten zu lassen. Erst allmählich, als sich in den 1980er und 1990ern immer mehr Prominente outeten, schien es auch für nicht berühmte Männer akzeptabel, ihre homophilen Neigungen zuzugeben.

Vor diesem Hintergrund aus Niedergang, sozialen Unruhen, einem immer stärker spürbaren Auseinanderdriften der englischen Gesellschaft und innerhalb einer anonymen und größtenteils im Verborgenen agierenden schwulen Subkultur wurde Dennis Nilsen zu einem der berüchtigtsten englischen Serienmörder. Die Kälte, die er bei seinem Prozess ausstrahlte, und die Brutalität seiner Handlungen wurde von ihren Feinden als Summe und Vermächtnis der Ära Thatcher interpretiert.

## Dennis Nilsen: Killing for Company

Ungefähr zur selben Zeit als der Yorkshire Ripper Nordengland in Angst und Schrecken versetzte, ereignete sich in London eine Mordserie, die zunächst weitaus weniger Aufsehen erregte. In der Zeit zwischen 1978 und 1983 verschwanden insgesamt 15 junge Männer, die alle entweder homosexuell waren oder sich zumindest als männliche Prostituierte verdingten. Das ungeklärte Schicksal dieser sozialen Außenseiter zog jedoch keine großangelegte Fahndung nach sich, viele waren nicht einmal vermisst gemeldet worden, und so konnte einer der schlimmsten englischen Serienmörder nur durch einen Zufall entdeckt und verhaftet werden.

Cranley Gardens ist eine ruhige Straße, die einem ganzen Viertel im Nordlondoner Stadtteil Muswell Hill seinen Namen gegeben hat. Nummer 23 stach in dieser ordentlichen Wohngegend dadurch heraus, dass das Haus in einzelne kleine Wohneinheiten unterteilt worden war, um mit deren Vermietung mehr Geld verdienen zu können. So lebten in den möblierten Zimmern 1983 insgesamt fünf Mieter: Im Erdgeschoss wohnte seit Sommer 1982 die Barfrau Fiona B., zusammen mit ihrem Freund Jim A. Daneben hatten zwei junge Mädchen im Dezember 1982 zwei möblierte Zimmer gemietet. Die erste Etage stand leer. Unterm Dach logierte seit Anfang 1982 der Beamte Dennis Nilsen mit seiner Hündin Bleep.

Am 4. Februar 1983, einem Freitag, verständigten Jim A. und Fiona B. die Hausverwaltung und teilten mit, dass die Toilette, die alle Mieter des Erdgeschosses benutzten, bereits seit einem Tag verstopft sei und sich trotz des Einsatzes von Rohrfrei nicht säubern ließe. Da jedoch das Wochenende vor der Tür stand, tat sich in dieser Angelegenheit erst einmal gar nichts. Die Bewohner fragten auch den schweigsamen Nilsen, ob er Probleme mit seiner Toilette hätte, was dieser verneinte. Er bekam jedoch die allgemeine Aufregung wegen der Verstopfung im Erdgeschoss mit und erfuhr auch, dass die Verwaltung einen Klempner schicken wollte. Am folgenden Montag ließ sich allerdings kein Handwerker sehen. Erst am Dienstagabend, als es bereits dunkel war, trat die

Firma Dyno-Rod auf den Plan, um die Rohre zu begutachten. Nach eingehender Prüfung kam der Installateur zu dem Schluss, dass die Verstopfung außerhalb der Hausleitungen beim Übergang in die Kanalisation zu finden sein müsste. Um dies zu bestätigen, öffnete der Handwerker einen im Garten gelegenen Schachtdeckel und stieg in die Dränage hinab. Dort schlug ihm ein ungewöhnlich heftiger Gestank entgegen, und trotz der schlechten Sichtverhältnisse konnte er am Boden des Loches eine weißliche Masse ausmachen, die keinesfalls von Exkrementen herrührte, sondern wohl aus Fleischfetzen bestand. Alle Bewohner des Hauses wurden daraufhin befragt, ob sie Nahrungsmittel in ihre Toilette geschüttet hätten, was alle verneinten. Da der Klempner bei Dunkelheit nicht mehr viel tun konnte, verabredete er, am nächsten Tag wieder zu kommen.

Am 9. Februar konnten die Mitarbeiter von Dyno-Rod den weißen Matsch zunächst nicht mehr entdecken, als sie erneut den Kanalschacht hinabkletterten. Jemand schien sauber gemacht zu haben. Erst Stochern in den Abflussrohren förderte erneut Fleischstücke und Knochenfragmente zu Tage. Fiona B. berichtete den Handwerkern außerdem, dass sie in der Nacht Geräusche aus dem Garten vernommen hatte. Nun wurde es Mietern und Installateuren doch unheimlich, und sie entschieden sich, die Polizei zu verständigen. Beamte trafen gegen 11.00 Uhr ein und brachten die Fleischreste ins nächstgelegene Leichenschauhaus in Hornsey. Der Leichenbeschauer schickte die Proben weiter ins Charing Cross Hospital, wo sie um 15.30 Uhr untersucht wurden. Der zuständige Pathologe erklärte, es handele sich eindeutig um Menschenfleisch, die Knochensplitter stammten aus einer Männerhand.

Zwei Kommissare kehrten daraufhin in die Cranley Gardens zurück und warteten auf die Heimkehr des Mieters im Dachgeschoss. Als Nilsen um 17.40 Uhr nach Hause zurückkehrte, konfrontierten ihn die Beamten mit dem grausigen Fund. Der Mann zeigte sich zunächst schockiert, erwiderte dann jedoch auf die direkte Frage, wo der Rest der Leiche sei: *»In zwei Plastiktüten im Wandschrank.«* Die Beamten öffneten die Türen zunächst noch nicht, sondern nahmen Nilsen erst einmal mit zur Wache.

Auf die eher rhetorische Frage, ob es nur eine Leiche oder mehrere gebe, antwortete der Verhaftete, es könnten 15 oder 16 sein, genau wisse er es nicht. Nun war es an den Polizisten, schockiert zu sein.

Die Funde in Nilsens Wohnung deuteten ebenfalls auf Mehrfachmord. Im Wandschrank befanden sich zwei große Plastiksäcke, die, in Einkaufstüten verpackt, Reste von zwei oder drei Toten enthielten. Die Leichen waren zerstückelt und ausgeweidet worden, die Köpfe teilweise abgekocht. Arme, Beine, Schädel und Innereien in verschiedenen Stadien der Verwesung verbreiteten einen bestialischen Gestank und ergaben ein makabres Puzzle menschlicher Extremitäten auf den Metalltischen der Pathologie.

Am 10. Februar begann die Vernehmung des Verhafteten. Im Verlauf der nächsten Woche legte Nilsen mit ruhiger Stimme ein umfassendes Geständnis ab, in dem er sich bemühte, die einzelnen Taten präzise zu beschreiben. Vor den Ermittlern entrollte sich eine entsetzliche Geschichte, deren Grauen durch die emotionslose Schilderung des Täters noch gesteigert wurde.

Am 30. Dezember 1978 will Nilsen sein erstes Opfer in einem Irish Pub, dem »Cricklewood Arms«, kennengelernt haben. Nilsen ging oft in Gay Bars, zu denen dieser Pub jedoch nicht zählte. Den Namen des jungen Mannes will er nicht gekannt haben. Betrunken seien sie zu Nilsens Wohnung gegangen, der damals noch in der Melrose Avenue im Nachbarstadtteil Neasden gewohnt hatte. Beide stiegen zusammen ins Bett, zum Sex sei es jedoch nicht gekommen. Was am frühen Morgen des 31. Dezember 1978 dann geschah, beschrieb Nilsen später so:

*»Ich dachte, es ist Morgen, also wacht er gleich auf und verlässt mich. [...] Ich dachte, er soll über Neujahr bei mir bleiben, ob er will oder nicht. Ich holte mir die Krawattenschlinge. [...] Ich setzte mich schnell auf ihn und zog, so fest ich konnte. [...] Wir kämpften [...] Er strampelte so stark mit den Füßen [...] Nach ungefähr einer halben Minute merkte ich, wie sein Körper langsam erschlaffte. [...] Da hörte ich ein Röcheln und stellte fest, dass er wieder atmete. [...] Ich rannte in die Küche und ließ einen Plastikeimer mit Wasser vollaufen. ‚Ertränken wird wohl besser sein', dachte ich. [...] Ich ließ seinen Kopf*

*untergetaucht, er wehrte sich nicht. Nach ein paar Minuten kamen keine Blasen mehr. Ich nahm ihn hoch und setzte ihn in den Sessel ...«*

Die Ermordung des jungen Mannes ließ Nilsen zunächst erstarren. Lange betrachtete er die Leiche. Dann begann ein bizarres Ritual, das sich bei den meisten, jedoch nicht bei allen seinen Opfer wiederholen sollte. Er trug den Toten ins Bad und wusch ihn sorgfältig. Anschließend schleppte er die Leiche zurück ins Schlafzimmer, zog ihr Socken und Unterwäsche an und legte sich mit ihr ins Bett. Er sei dabei sehr erregt gewesen und habe sexuelle Handlungen an dem Toten vorgenommen. Danach wurde der Leichnam zunächst auf dem Boden des Schlafzimmers abgelegt. Später versuchte Nilsen, sein Opfer unter den Bodendielen zu verstecken, doch die Leichenstarre hatte eingesetzt und der Körper war dadurch so unbeweglich geworden, dass er sich nicht in das aufgestemmte Loch schieben ließ. Damit er feststellen konnte, wann der Rigor Mortis nachließ, lehnte Nilsen den steifen Körper an die Wand. Am nächsten Morgen stand er noch genauso dort, also lockerte Nilsen die Gliedmaßen manuell, untersuchte den Toten erneut und legte ihn dann unter die Bodenbretter, wobei er die Leiche sorgfältig zudeckte. Kleidung und Schuhe des Opfers wanderten in den Müll. Damit jedoch nicht genug. Wieder ist es am aufschlussreichsten, den Täter selbst zu Wort kommen zu lassen, um die folgenden, fast unbeschreiblichen Handlungen, zu erzählen:

*»Eine Woche später war ich neugierig, ob sich sein Leichnam irgendwie verändert hatte, ob er schon anfängt zu verwesen. Ich grub ihn aus und holte den verschmutzten Jungen hoch ... Ich zog mich nackt aus, brachte ihn ins Bad und wusch ihn. Er hatte praktisch keine Verfärbungen, er war kreidebleich. [...] Ich holte ihn aus der Wanne und wusch mich in seinem Badewasser. [...] Ich kniete mich über ihn und masturbierte auf seinen nackten Bauch. Bevor ich schlafen ging, hängte ich ihn an den Fußknöcheln am Hochbett auf. [...] Ich stellte mich zu ihm und masturbierte noch einmal. Ich wischte ihn sauber und nahm ihn ab.«*

Anschließend kam der Tote wieder unter die Dielen, wo er bis zum 11. August 1979 verblieb. Dann grub Nilsen ihn aus und verbrannte ihn auf einem Scheiterhaufen weit hinten in seinem Garten. Erst im Januar 2006 konnte das Opfer identifiziert werden. Es handelte sich um den erst 14-jährigen Stephen Dean H., der auf dem Heimweg von einem Popkonzert verschwunden sein soll. Wenn dies stimmt, ist Nilsens Schilderung des Treffens der beiden zumindest fraglich. Zur Glaubwürdigkeit seiner Aussagen jedoch später mehr.

Nilsen scheint von seinem ersten Mord selbst geschockt gewesen zu sein. Er will versucht haben, seine gefährlichen Impulse zu unterdrücken. Dies scheint ihm bis zum Oktober 1979 gelungen zu sein. Dann würgte er bei sadomasochistischen Sexpraktiken einen Studenten aus Hong Kong, Andrew H., der sich durch Prostitution etwas hinzuverdiente. Ob Nilsen wirklich töten wollte – angeblich fürchtete er, von H. ausgeraubt zu werden –, muss dahingestellt bleiben, der junge Mann flüchtete jedenfalls verängstigt und benachrichtigte die Polizei, die Nilsen noch in derselben Nacht aufsuchte. Dieser behauptete, dass lediglich Sexspiele etwas aus dem Ruder gelaufen seien, was die Beamten nur allzu bereitwillig akzeptierten, da sie so um nähere Untersuchungen auf dem heiklen und für sie wohl auch unangenehmen Feld der Schwulenszene herumkamen. Andrew H. machte außerdem keine Anstalten, eine formelle Anzeige gegen Nilsen zu erstatten, da er fürchtete, dass seine Aktivitäten durch eine Gerichtsverhandlung bekannt werden könnten. Hier spielte Nilsen die Stigmatisierung homosexueller Handlungen in die Hände. Während des Prozesses gegen ihn vier Jahre später ist dann die Frage aufgeworfen worden, ob der Mörder nicht schon damals hätte verhaftet und so die Mordserien verhindert werden können. Eine Nachprüfung ergab jedoch, dass H. sich geweigert hatte, eine schriftliche Aussage abzugeben, so dass die Polizei den Anschuldigungen nicht weiter hatte nachgehen können. Den Ermittlern konnte also kein Vorwurf gemacht werden.

Am 3. Dezember 1979 lernte Nilsen in einem Pub im West End den kanadischen Touristen Kenneth O. (19) kennen, der am nächsten Tag nach Hause fliegen wollte. An seinem letzten Tag in

London bot Nilsen dem jungen Mann an, ihm die Stadt zu zeigen. Abends gingen sie in die Melrose Avenue, um gemeinsam zu essen. Dann besorgten sie sich Rum, Whiskey und Bier, tranken und hörten Musik. Nilsen will sich, auch aufgrund des Alkoholeinflusses, nicht mehr genau an die Tat erinnern können, nimmt jedoch an, Kenneth O. mit einem Kopfhörerkabel erdrosselt zu haben. Danach badete er ihn, nahm ihn mit ins Bett und verstaute ihn tagsüber im Kleiderschrank. Am nächsten Abend fotografierte er die Leiche in verschiedenen Positionen mit einer eigens gekauften Polaroid-Kamera und masturbierte dabei. Dann kam auch der Kanadier unter die Dielen. In den folgenden zwei Wochen will Nilsen den Toten etwa viermal herausgeholt haben, um ihn in einem Sessel sitzend zu betrachten. Alle Habseligkeiten seines Opfers warf er in den Müll. O. war eines der wenigen Mordopfer, die als vermisst gemeldet wurden. Er war kein obdachloser Stricher, sondern ein ausländischer Student. Seine Familie suchte nach ihm, die Zeitungen berichteten Ende 1979 über sein Verschwinden. Eine Verbindung zu Nilsen wurde jedoch nicht hergestellt.

Martyn D. wurde von seiner Familie dagegen zunächst nicht vermisst. Der Junge kam aus Birkenhead, Merseyside, dem Landstrich zwischen Liverpool und Manchester, und war bereits mehrfach ausgerissen. Er galt als aggressiv und hielt sich mit kleinen Diebstählen über Wasser, wenn er sich wieder einmal herumtrieb. Seine Eltern konnten ihn schließlich nicht mehr bändigen und gaben ihn in ein Heim. Außerdem musste er eine Sonderschule besuchen. Er betäubte sein Elend mit Tabletten und ging in Schwulenclubs anschaffen. Nach der Schulzeit fand er dann jedoch eine feste Freundin und machte einen Kochlehrgang. Zum ersten Mal schien sein Leben Stabilität zu gewinnen. Als er dann allerdings beim Schwarzfahren erwischt wurde, verfiel er wieder in seine gewohnten Verhaltensmuster und setzte sich im Mai 1980 nach London ab. Seine Familie hörte nichts mehr von ihm, machte sich aber zunächst keine Gedanken, da Martyn ja schon öfter verschwunden und immer wieder aufgetaucht war. Da er in London keine Bleibe hatte, übernachtete er auf Bahnhöfen. Dort sprach ihn Nilsen, der gerade von einem Gewerkschaftskongress in Southport kam, an und lud den Obdachlosen in seine Wohnung ein. Beide tranken ein paar Bier, dann legte D. sich schlafen. Er wurde von Nilsen im Bett erwürgt und anschließend noch mehrere Minuten in der Küchenspüle unter Wasser gedrückt. Dann erfolgten wieder ein Bad und Masturbation, bevor Nilsen den Jungen im Schrank versteckte. Als er nach zwei Tagen einmal nachsah, war die Leiche stark aufgedunsen. *»Er kam sofort unter die Dielen.«*, berichtete Nilsen. Martyn D. war nur 16 Jahre alt geworden.

Auch Billy S. (27) hatte es aus seiner Heimat Schottland nach London verschlagen. Im Norden lebten eine Exfreundin und ein Kind, in London ging der Alkoholiker, der viel Zeit in Erziehungsheimen und Gefängnissen verbracht hatte, auf den Strich. Dennoch waren nicht alle seine familiären Bindungen abgerissen. Er schrieb seiner Mutter regelmäßig und sie war es auch, die ihren Sohn schließlich als vermisst meldete. Nilsen will den jungen Mann in einem Pub am Piccadilly Circus kennengelernt haben. Nach einer gemeinsamen Sauftour bat seine neue Bekanntschaft Nilsen, bei ihm übernachten zu dürfen, da er keine Bleibe habe. An die Tötung selbst kann Nilsen sich angeblich nicht erinnern. Am nächsten Morgen fand er jedoch eine Leiche in der Wohnung. Auch wann genau die Tat geschah, ist unklar. Es muss irgendwann im Frühsommer 1980 gewesen sein.

Auch die Erinnerungen an seine nächsten Opfer sind bei Nilsen mehr oder weniger verschwommen. Niemand vermisste sie, bis heute sind sie nicht identifiziert, sondern tragen lediglich Nummern. Opfer Nr. 5 war ein Stricher, der wahrscheinlich aus Thailand oder von den Philippinen stammte. Nr. 6 war angeblich ein junger Ire, den Nilsen in einer Bar aufgerissen hatte. An Nr. 7 erinnert Nilsen sich wieder etwas besser. Die Leiche des jungen Hippies, den er am Bahnhof Charing Cross getroffen und mitgenommen hatte, sei ausgesprochen mager gewesen und habe ihn sexuell nicht erregt. Opfer Nr. 8 ist dagegen in der Rückschau wie ausgelöscht. Bei Nr. 9 und Nr. 10 handelte es sich jeweils um junge Schotten, die Nilsen in Bars im Stadtteil Soho kennenlernte. Opfer Nr. 11 war ein tätowierter Skinhead, dessen Leiche Nilsen in seinem Schlafzimmer an den gefesselten Händen aufhängte, um ihm die Kleider vom Leib zu schneiden.

Am 11. November 1980 gelang einem jungen Mann die Flucht. Douglas S., der ebenfalls aus Schottland stammte, hatte Nilsen am Vorabend in dem Schwulenpub »Golden Lion« getroffen. Anschließend tranken sie bei Nilsen in der Melrose Avenue weiter. S. behauptete später, nicht homosexuell zu sein weshalb er nicht zu Nilsen ins Bett gestiegen sei, sondern auf einem Sessel übernachtet habe. Was dann geschah, ist nicht gänzlich geklärt. S. erklärte vor Gericht, er sei davon aufgewacht, dass er mit einer Krawatte gewürgt wurde. Seine Füße seien gefesselt gewesen. Es sei dann zu einem Handgemenge gekommen, bei dem Douglas S. seinen Angreifer am Auge verletzt haben will. Nilsen habe sich daraufhin ein Messer gegriffen, damit jedoch nicht zugestochen, sondern sich langsam wieder normal verhalten. S., der seinen seltsamen Gastgeber nicht reizen wollte, entschuldigte sich und trank noch ein Glas mit Nilsen. Dann verabschiedete er sich und verließ die Wohnung. Als er an einer Telefonzelle vorbeikam, alarmierte er die Polizei, die mit ihm in die Melrose Avenue zurückkehrte. Dort widersprach Nilsen den Aussagen S.s und bestritt, ihn angegriffen zu haben. Spuren eines Kampfes waren nicht zu entdecken, Nilsen schien unverletzt, auch an Douglas S. konnten keine Wunden festgestellt werden. Die Beamten nahmen auch hier einen Krach unter schwulen Liebhabern an, den es nicht weiter zu untersuchen galt. Außerdem war S. stark betrunken. Daher nahmen die Polizisten nur seine Adresse auf und baten ihn, sich am nächsten Tag nüchtern zu melden, um Anzeige zu erstatten. S. ließ jedoch nichts von sich hören. Als die Polizei daraufhin an die angegebene Anschrift schrieb, stellte sich heraus, dass sie falsch war. Wahrscheinlich hatte S., der ein halbes Jahr nach dem Überfall heiratete, vermeiden wollen, dass diese Eskapade mit einem Mann bekannt wurde. Der Vorfall war jedoch vom gleichen Revier bearbeitet worden wie ein Jahr zuvor die Beschwerde von Andrew H. Dennoch sahen die Ermittler keinen Zusammenhang.

Bei Mord Nr. 12 – dem letzten, der in der Melrose Avenue verübt wurde – verhielt sich alles etwas anders. Das Opfer, Malcolm B. (24), entsprach als Waise und Heimkind mit psychischen Problemen zwar genau Nilsens bevorzugtem Typ – ein Opfer, das nicht so schnell vermisst wurde – dennoch ist sein Fall angeblich kein Sexualmord gewesen. Nilsen hatte B., der als anstrengend und schwierig galt, am 17. September 1981 früh morgens in der Melrose Avenue aufgelesen. Er saß an eine Gartenmauer gelehnt. Auf die Frage Nilsens, ob alles in Ordnung sei, erwiderte B., er habe gerade einen epileptischen Anfall erlitten. Nilsen nahm den jungen Mann erst einmal mit nach Hause, machte ihm einen Kaffee und rief dann einen Krankenwagen. Als Malcolm B. am nächsten Tag entlassen worden war, suchte er erneut das Haus seines Samariters auf und wartete dort, bis Nilsen von der Arbeit nach Hause kam. Dieser war nicht gerade erfreut, B. auf seiner Schwelle sitzend vorzufinden, bot ihm aber dennoch ein Essen an. Dann betranken sich beide, und B. schlief auf der Couch ein. Nilsen überlegte nun, wie er den ungebetenen Gast, der sich u. a. mit Erpressungen über Wasser hielt, loswerden könne. Immerhin lagerten unter seinem Dielenboden mehrere Leichen, die B. nicht entdecken sollte. Der kranke Obdachlose störte einfach. Nach etwa 20 Minuten des Nachdenkens erdrosselte ihn Nilsen mit den bloßen Händen. Da er keine Lust verspürte, den Toten unter den Dielen zu verstecken, stopfte er die Leiche in den Spülschrank.

Nilsen sagte einmal über die Beseitigung von Leichnamen, die Toten seien wie dreckige Teller nach einem Festmahl. Ganz so pragmatisch scheint seine Einstellung zu den Leichen zwar nicht gewesen zu sein – bis die Verwesung zu stark fortgeschritten war, holte er die meisten immer wieder aus ihrem Versteck unter den Dielen hervor, wusch und kleidete sie, drapierte sie im Sessel, redete mit ihnen, fotografierte sie und nahm sexuelle Handlungen an und mit ihnen vor – wenn er dann jedoch aufgrund des unübersehbaren körperlichen Verfalls genug von ihnen hatte, musste er sich dem Problem der Entsorgung stellen. In der Melrose Avenue lagerte er die Toten unter dem Fußboden, bis dort einfach kein Platz mehr war. Den Geruch überdeckte er mit Raumspray und Duftsticks, gegen Fliegen und anderes Ungeziefer sprühte er zweimal am Tag die Zimmer mit Insektenvernichter aus. Wenn es schließlich nötig war, zerteilte er die verwesten Leichen in handlichere Stücke, weidete sie aus – alles nackt und mit bloßen

Händen - und versteckte sie in Koffern in seinem Schuppen. Dann errichtete er einen großen Scheiterhaufen am Ende seines Gartens, schaffte die Leichenteile in aller Frühe dort hin und ließ das Feuer den ganzen Tag über brennen. Anschließend zerkleinerte er die Asche sorgfältig und verstreute sie in seinem Garten. Innereien kippte er auf ein angrenzendes Stück Brachland. Dies geschah mindestens drei Mal. Kinder und Nachbarn bemerkten jedes Mal die starken Flammen, dachten aber, es handele sich um alte Möbel und Gartenabfälle. Die letzte Verbrennung veranstaltete Nilsen unmittelbar bevor er am 5. Oktober 1981 in die Cranley Gardens 23 umzog. Der Vermieter hatte es endlich geschafft, den streitbaren Mieter im Erdgeschoss mit einer Prämie von £ 1.000 zum Auszug zu bewegen.

In den Cranley Gardens mussten noch drei weitere Männer sterben. Im März 1982 kam es zur Tötung von John H., der heftig um sein Leben gekämpft hat. H., der den Spitznamen »John der Grenadier« trug, war ein harter Bursche; er hatte auf der Straße und in Heimen gelebt, seit er 13 Jahre alt war. Er lernte Nilsen im Dezember 1981 in einem Pub im Londoner West End kennen. Beide tranken miteinander und unterhielten sich lange. Im nächsten März trafen sie sich zufällig in einer anderen Kneipe wieder und gingen in Nilsens neue Wohnung, um dort weiterzutrinken und etwas zu essen. Gegen Mitternacht war John müde und betrunken und legte sich schlafen. Gegen 1.00 Uhr versuchte Nilsen dann, seinen Besucher zu wecken und zum Gehen zu bewegen, aber der Mann wollte nicht. Obwohl er nackt in Nilsens Bett lag, fühlte der Hausherr sich nicht von seinem Gast angezogen. Im Gegenteil, er empfand ihn, ähnlich wie Malcolm B., als Eindringling und Störenfried.

Nilsen probierte zunächst, H. mit einem Stück Polsterband zu erdrosseln. »John der Grenadier« wehrte sich jedoch wild, bäumte sich auf und versuchte ebenfalls, Nilsen zu würgen, schlug dann allerdings mit dem Kopf gegen die hölzerne Rückwand des Bettes und verlor das Bewusstsein. Nilsen schnürte ihm nun so lange weiter die Kehle zu, bis er kein Röcheln mehr hörte und glaubte, H. wäre tot. Doch als Nilsen, der das Schlafzimmer kurz verlassen hatte, zurückkam, stellte er zu seinem großen Erschrecken fest, dass sein Opfer immer noch atmete. Auch weiteres minutenlanges Drosseln führte nicht dazu, dass das Herz des Mannes zu schlagen aufhörte. Nilsen schleppte den Bewusstlosen daher ins Bad und hängte ihn mit dem Kopf nach unten über den Wannenrand. Dann ließ er Wasser einlaufen. Als es Mund und Nase von John H. erreichte, begann dieser erneut zu keuchen, versuchte, sich aufzurichten, erbrach sich schließlich. Nilsen drückte ihn mit all seiner Kraft unter Wasser, und ließ ihn auch noch dort, nachdem schon längst keine Blasen mehr aufstiegen.

Da Nilsen in den Cranley Gardens weder über einen Garten noch über einen geeigneten Dielenboden verfügte, stellte sich das Problem der Leichenbeseitigung hier sehr viel akuter als in seiner alten Wohnung. Daher sah er sich gezwungen, sein Vorgehen zu ändern. Zunächst bewahrte er H. in seinem großen Wandschrank auf. Allerdings hatte sich für die nächsten Tage ein alter Freund zu Besuch angekündigt, so dass Nilsen schnell handeln musste. Er schleppte »John den Grenadier« in die Badewanne und begann, ihn zu zerstückeln. Zunächst schnitt er die entnommenen inneren Organe in etwa 5 cm kleine Stücke und spülte sie in der Toilette herunter. Größere Leichenteile wie Kopf, Hände, Füße und Rippen kochte er in einem Topf auf dem Herd ab, um das Fleisch leichter entfernen und herunterspülen zu können. Die übriggebliebenen Knochen zerkleinerte er und warf sie in den Hausmüll. Die Schulterblätter versteckte er auf einem ödem Stück Brachland in der Nachbarschaft, Schädel und Langknochen packte er in Plastiktüten und verstaute alles in einer Kiste in seinem Wohnzimmer. Dort blieben sie noch elf Monate, bis zu Nilsens Festnahme.

Opfer Nr. 14 hieß Graham A., ein Obdachloser, den Nilsen auf der Shaftesbury Avenue traf. Da A. Hunger hatte, nahm Nilsen ihn mit nach Hause und bereitete ihm ein Omelette zu. An die Tötung selbst kann Nilsen sich kaum erinnern, nur ein Bild sei ihm im Gedächtnis geblieben: Wie dem Toten ein Stück Omelette aus dem Mund gehangen habe. Mit der Leiche wurde ähnlich verfahren wie bei John H. Diesmal versteckte Nilsen einige Leichenteile auch in einem Verschlag seines winzigen Badezimmers. Einige Tüten voller Menschenfleisch trug er aus dem Haus und entsorgte sie beispielsweise auf unbebauten Grundstücken. Die Stücke, die er im Klo herunterspülte, verursachten übrigens die für Nilsen verhängnisvolle Rohrverstopfung.

Nilsens letztes Opfer war der drogenabhängige Punk Stephen S. (20), der wie einige andere Opfer Nilsens aus Schottland stammte. S. hatte bereits mehrfach wegen Einbruchs im Gefängnis gesessen, wohnte in besetzten Häusern und hatte sich mit Hepatitis B infiziert. Am 26. Januar 1983 sprach er beim Schnorren am Leicester Square Dennis Nilsen an. Kumpels von S. beobachteten, wie die beiden gemeinsam weggingen. Erst einmal lud Nilsen den hungrigen jungen Mann auf einen Hamburger bei McDonalds ein, dann kauften sie Schnaps und fuhren in die Cranley Gardens. Zuvor hatte Stephen S. Freunden im Obdachlosenasyl eine Nachricht hinterlassen. Nilsen und S. tranken, und der junge Mann schlief schließlich, nachdem er sich einen Schuss gesetzt hatte, ein.

Nilsen will S. aus Mitleid erdrosselt haben. Der Junge habe schlafend so friedlich ausgesehen, erlöst von Sucht und Krankheit. Diesen Zustand des Friedens, der Erlösung, wollte Nilsen ihm durch den Tod angeblich dauerhaft bescheren, weshalb er ihn mit einem an eine Krawatte geknoteten Strick erwürgte, was ihm anschließend das Gefühl verschaffte, sowohl S. als auch sich selbst befreit zu haben. *»Es schien, als würde er* [Stephen S.] *sich zum ersten Mal in seinem Leben besser fühlen [...] Ich legte mich nackt neben ihn [...] und ein großer Frieden kam über mich. [...] Kein Sex, nur ein Gefühl von Einigkeit.«*, so beschrieb Nilsen seine Empfindungen nach Stephen S.s Ermordung. Auch dieses Opfer zerstückelte er, nachdem er es einige Tage im Schrank versteckt hatte, war mit seinen furchtbaren Aufräumarbeiten jedoch noch nicht ganz fertig, als er am 9. Februar verhaftet wurde. So fanden die Beamten, die seine Wohnung durchsuchten, den erst teilweise abgekochten Kopf S.s in einem Topf auf dem Herd.

Während Nilsen in den Cranley Gradens wohnte, geschahen neben den vollendeten auch mehrere versuchte Tötungen. An seinem 38. Geburtstag, dem 23. November 1981, lernte Nilsen den schwulen Studenten Paul N. im »Golden Lion« kennen. Beide feierten in den Cranley Gardens weiter, und N. rief schließlich seine Mutter an, um ihr mitzuteilen, wo er übernachten würde. Dann gingen die Männer betrunken miteinander ins Bett. N. wachte mehrmals in der Nacht mit starken Kopfschmerzen auf. Schließlich schleppte er sich ins Bad und sah im Spiegel, dass sein Gesicht rötlich-blau verfärbt war; die Adern in seinen Augen waren geplatzt, um den Hals lief ein roter Striemen. Als Nilsen ebenfalls erwachte, empfahl er ihm, zum Arzt zu gehen. Dies tat der Student jedoch erst, als ihn am nächsten Tag auch ein Kommilitone auf seinen Zustand ansprach. Der Arzt diagnostizierte N.s Beschwerden als Folge extremer Drosselung. Der junge Mann zeigte Nilsen jedoch nicht an, er konnte nicht an eine absichtsvolle Tat glauben und schämte sich außerdem, bei einer Anzeige seine Homosexualität zugeben zu müssen.

Am Silvesterabend 1982 riss Nilsen den japanischstämmigen Toshimitsu O. auf. Nachbarn hörten jedoch, wie es gegen 1.30 Uhr laut in der Dachwohnung polterte und der Besuch schließlich die Treppe hinunterrannte und flüchtete. O. berichtete der Polizei, Nilsen habe sich ihm mehrfach mit einer Krawatte zwischen den Händen genähert. Zunächst habe er dies für einen Scherz gehalten, es dann aber doch mit der Angst zu tun bekommen und sei fortgelaufen. Die Beamten nahmen die Aussage jedoch nicht ernst, es erfolgten keine weiteren Ermittlungen.

Carl S. (21) landete im April 1982 bei Nilsen. Bevor sie miteinander ins Bett gingen, ermahnte Nilsen den jungen Mann noch, auf den Reißverschluss des Schlafsackes aufzupassen. Der sei kaputt, man könne sich leicht darin verheddern. Das Nächste, an das sich S. sicher erinnert, ist, dass er auf Nilsens Bett lag und ihm dessen Hund Bleep übers Gesicht leckte. Was dazwischen geschah, ist ihm nur nebulös in Erinnerung. Er glaubt, mehrfach aufgewacht zu sein und keine Luft mehr bekommen zu haben. Er hörte seinen Gastgeber sagen *»Halt still!«* Er merkte, wie er mit dem Kopf im Wasser hing. Nilsen berichtete später, er habe Carl S. wie »John den Grenadier« erst gewürgt und dann versucht, ihn zu ertränken. Nachdem er ihn für tot gehalten habe, legte er ihn aufs Bett, wo Bleep ihn jedoch aus seiner Ohnmacht weckte. Nun bemühte sich Nilsen intensiv, das Leben S.s zu retten. Er wickelte ihn in Decken und wärmte ihn, bewegte seine Arme und Beine, um die Blutzirkulation wieder in Gang zu bringen. Nilsen erzählte seinem verwirrten Gast, er habe sich im Reißverschluss stranguliert, er selbst habe ihn doch davor gewarnt. Nachdem S. die Wohnung verlassen hatte, ging er zum Arzt, wo er erfuhr, dass seine Schmerzen nur die Folgen heftiger Strangulation sein könnten. Er zeigte Nilsen jedoch nicht an, wohl auch, weil er sich als Drag Queen, also als Mann in Frauenkleidern, vor dem Spott der Polizisten fürchtete.

All dies berichtete Nilsen den ihn vernehmenden Beamten im Februar 1983. Worauf er damals jedoch einfach keine Antwort finden konnte, war, warum er so viele junge Männer umgebracht hatte. Wie hatte all dies geschehen können? Diese Frage beschäftigte nicht nur Polizei und Staatsanwaltschaft, auch der Täter selbst schien vor einem Rätsel zu stehen, um dessen Lösung er sich jedoch bemühen wollte. War der Schlüssel zu seinem Handeln vielleicht in seinem Vorleben zu suchen?

Dennis Nilsen stammte, wie viele seiner Opfer auch, aus Schottland, genauer gesagt aus Fraserburgh in Aberdeenshire, Nordostschottland. Der dort lebende Menschenschlag gilt als stur, widerspenstig und misstrauisch gegenüber jeglicher Form von Autorität, was sich auch daran zeigt, dass die Einwohner des Ortes Faithlie sich weigerten, die neue Namensgebung durch König James VI. 1592 zu akzeptieren – die sich auf die dort herrschende Familie Fraser bezog – und die Stadt nur »the Broch« nannten. Die dort gesprochene Mundart, das buchanische Dorisch, gilt als eigene Sprache. Generationen von Fischerfamilien heirateten in diesem abgelegenen Küstenstreifen immer wieder untereinander, so dass praktisch alle Menschen im Buchan-Distrikt miteinander verwandt sind – und psychische Probleme, Selbstmorde und Depressionen vielleicht auch deshalb überdurchschnittlich häufig vorkommen. Dies kann natürlich auch mit dem rauen Klima und der schweren Arbeit zusammenhängen, die Jahrhunderte lang das Leben der Einwohner geprägt haben.

Auch in der Verwandtschaft von Dennis Nilsen, der am 23. Dezember 1945 in Fraserburgh geboren wurde, gab es psychische Erkrankungen. Seine Mutter, Betty Whyte, hatte jedoch keinen Einheimischen geheiratet. Die Abgeschiedenheit des Broch wurde mit Ausbruch des Zweiten Weltkriegs dadurch abgemildert, dass dort, in Erwartung einer deutschen Invasion von Skandinavien aus, englische und auch norwegische Truppen – die gegen die Besetzung ihrer Heimat durch die Nazis Widerstand leisten wollten – stationiert wurden. Einer dieser Soldaten war Olav Nilsen. Die Ehe der Eltern wurde am 2. Mai 1942 geschlossen, allerdings lebte das Paar nie zusammen. Betty wohnte weiterhin bei ihren Eltern, obwohl sie drei Kinder von Nilsen bekam, der sich ansonsten kaum um seine Familie kümmerte, und schließlich nach Ende des Krieges in seine Heimat zurückkehrte. Die Ehe wurde 1948 geschieden.

Zunächst wohnte Dennis mit Mutter und Geschwistern in einem einzigen Zimmer im Haus der Großeltern. Nach dem Tod des Großvaters Andrew Whyte – der wichtigsten Bezugsperson im Leben des kleinen Dennis – bekam die Familie dann endlich eine eigene Wohnung zugewiesen, die sich in einem heruntergekommenen Wohnblock befand. Geld war immer knapp. Dafür hingen Mutter und Großmutter radikal-protestantischen Glaubensrichtungen an. Schließlich heiratete Betty Nilsen ihren zweiten Mann Adam S. und bekam in rascher Folge nochmals vier Kinder. Doch endlich zog etwas materieller Wohlstand ein, als die Familie in die landeinwärts gelegene Nachbarstadt Strichen umsiedelte. Besonders Betty war stolz auf ihr neues Zuhause. Ordnung und Sauberkeit wurden die ihr wichtigsten Prämissen.

Dennis hat sich in der Rückschau als einsames Kind und Einzelgänger beschrieben, der das Meer und die Natur liebte. An dieser Darstellung gibt es jedoch Zweifel, die besagen, Nilsen habe sich erst im Nachhinein zum Außenseiter stilisiert, da dies gut zur Vorgeschichte eines Serienmörders passe. So wird berichtet, dass er zwar mit seinem Bruder Olav nicht wirklich zurechtkam, dafür aber andere Jugendfreunde hatte, mit denen er spielte. Berüchtigt war allerdings seine Neigung zu langen Wanderungen, die ihm wohl von seinem Opa eingeimpft worden war. Der Fischer Andrew Whyte nahm seinen Enkel gern mit auf ausgedehnte Spaziergänge. Als Dennis sechs war, schickte ihn seine Mutter unvorbereitet in das Sterbezimmer, in dem der tote Großvater aufgebahrt lag. Diesen Schock, den geliebten Verwandten so zu sehen und nicht wirklich zu verstehen, was der Tod bedeutete und was passiert war, bezeichnete Nilsen später als das einschneidendste

Erlebnis überhaupt; er glaubte, als er sich im Gefängnis seinen Morden stellte und sich zwang, nach Erklärungen zu suchen, der Schock und die Faszination beim Anblick der Leiche von Andrew Whyte seien eine Wurzel seiner Nekrophilie.

Nilsens Kindheit war sicher oft hart und geprägt von Armut. Darin unterschied sie sich jedoch nicht wesentlich von den Erfahrungen, die zahllose Gleichaltrige machen mussten. Nach der Schulentlassung mit 15 sah Dennis in Schottland keine Perspektive für sich. Daher meldete er sich freiwillig zur Armee und kam in eine Kadettenschule nach London, wo er als Koch ausgebildet wurde. Mit 18 trat er in den regulären Militärdienst ein und kochte u. a. in Offiziersmessen, Kasernen und Stützpunkten in Osnabrück, Aden, Zypern, Berlin, Bodenmais (Bayern) und auf den Shetlandinseln. Im Sommer 1970 verpflegte er die Königliche Garde beim Sommerurlaub der englischen Königin in Balmoral.

Obwohl Nilsen als Koch nicht persönlich in Kampfhandlungen verwickelt wurde, bekam er besonders Ende der 1960 in Südarabien den dort den Briten entgegengebrachten Hass hautnah zu spüren. Zahlreiche seiner Kameraden fanden in terroristischen Hinterhalten den Tod. Doch statt die Einheimischen dafür zu verdammen, machte sich Nilsen darüber Gedanken, warum sie den Engländern so ablehnend gegenüberstanden, und suchte die Fehler durchaus auch beim britischen Militär. Schließlich war es aber die unnachgiebige Haltung der britischen Regierung im Nordirlandkonflikt, die ihn dazu brachte, 1972 seine Dienstzeit nicht zu verlängern, sondern nach fast zwölf Jahren seinen Abschied als Corporal zu nehmen. Außerdem war es ihm zunehmend schwerer gefallen, in dieser mehr oder weniger rein männlichen Umgebung seine Homosexualität zu verbergen. Dazu sah er sich einmal wegen des Korpsgeistes genötigt, der eine abfällige Haltung gegenüber »Schwuchteln« postulierte. Mehrere zaghafte Annährungsversuche zwischen Nilsen und Kameraden scheiterten an der Angst vor Entdeckung. Außerdem war Dennis Nilsen, wie viele andere seiner Generation, nicht aufgeklärt worden. Sexualität generell galt als schmutzig. Die Feststellung, sich nicht für Frauen, sondern für Männer zu interessieren, löste in Nilsen massive Schuldgefühle aus.

Er fühlte sich sogar als Krimineller, denn die Gesetzeslage der damaligen Zeit presste ihn in diese Rolle. So hatte England erst 1967 ein Gesetz verabschiedet, das private homosexuelle Kontakte zwischen zwei Männern über 21 straffrei ausgehen ließ. Bis dahin hatte die Möglichkeit bestanden, schwule Männer, die einen sogenannten »unanständigen Akt« begangen hatten, bis zu zwei Jahre zu inhaftieren. Diese sogenannte »Blackmailers Charter«, die auch jegliche im Privaten vorgenommen sexuelle Handlung zwischen Männern unter Strafe stellte, bestand seit Oscar Wildes Zeiten und hatte dem Dichter 1895 zwei Jahren Haft mit schwerer Zwangsarbeit im Zuchthaus von Reading eingebracht. In Schottland stehen homosexuelle Kontakte zwischen Männern über 21 sogar erst seit 1980 nicht mehr unter Strafe. England senkte das Schutzalter 1994 auf 18 Jahre und wurde schließlich durch ein Urteil des Europäischen Gerichtshofes für Menschenrechte dazu gezwungen, im Jahr 2000 das Schutzalter auch für homosexuelle Handlungen auf 16 abzusenken, wobei besonders das Oberhaus bis zum Schluss seine Zustimmung hartnäckig verweigert hatte.

Nach dem Austritt aus der Armee, in der er fast sein halbes Leben verbracht und deren Kameradschaft ihm trotz allem ein Gefühl von Stabilität und Zugehörigkeit vermittelt hatte, wusste Nilsen nichts rechtes mit sich anzufangen. Auf den Rat seines Arbeitsvermittlers hin bewarb er sich schließlich bei einer dem Militär verwandten Organisation, der Polizei, und trat Anfang 1973 in die Polizeiakademie ein. Da er mittlerweile politisch ausgesprochen links stand, und die Akzeptanz Homosexueller bei der Polizei nicht größer war als in der Armee, verwundert dieser Schritt. Nilsen hielt es auch nur ein Jahr im Revier von Willesden Green aus – übrigens nahmen Beamte von dort später die Beschwerden von Andrew H. und Douglas S. gegen ihren ehemaligen Kollegen auf – bevor er überraschend im Dezember 1973 den Dienst quittierte. Zu diesem Zeitpunkt hatte er angefangen, die Londoner Schwulenszene zu erkunden, und sah dieses Verhalten als unvereinbar mit seiner Arbeit.

Stattdessen ging er, nach einer kurzen Zeit als Arbeitsloser und anschließend einer Beschäftigung als Wachmann Anfang 1974, als Arbeitsvermittler einer staatlichen Stellenvermittlung in den öffentlichen Dienst. An seinem Arbeitsplatz in der Denmark Street war er für Arbeitskräfte aus dem Bereich der Gastronomie zuständig. Da gerade dort oft katastrophale Arbeitsbedingungen herrschten und die häufig ausländischen Bewerber massiv ausgebeutet wurden, engagierte sich Nilsen zunehmend innerhalb der Gewerkschaftsbewegung. Allerdings hatte er ob seines wenig diplomatischen Verhaltens bald der Ruf weg, ein radikaler Aufwiegler und Störenfried zu sein, weshalb er wiederholt bei Beförderungen übergangen wurde. Mit Beginn der Ära Thatcher befand er sich dann ab Mai 1979 noch stärker in der Opposition als schon unter der Labour-Regierung.

Trotz seiner gefürchteten politischen Tiraden galt Nilsen bei Kollegen als ausgesprochen fleißig, gerecht, genau und zuverlässig. Er vergrub sich geradezu in seine Tätigkeit und übernahm freiwillig Mehrarbeit. Dennoch entwickelten sich keine Freundschaften in seinem Arbeitsumfeld, fast niemand wusste genaueres über Nilsens Privatleben.

Seine Homosexualität versteckte er jedoch nicht mehr. Nach einigen unglücklichen Episoden und unbefriedigendem schnellen Sex mit Fremden, lebte Nilsen seit Ende 1975 mit David G. zusammen, mit dem gemeinsam er auch die Wohnung in der Melrose Avenue mietete. Sie renovierten die Zimmer, legten einen Garten an und schufen sich ein gemütliches Heim. G. begleitete Nilsen auch zur Weihnachtsfeier der Stellenvermittlung. Doch schnell wurde dem jungen Liebhaber die Zweisamkeit mit Nilsen zu eng. Er begann, fremdzugehen, und Ende 1977 verließ David G. seinen Freund endgültig.

Nilsen hat in seinen im Gefängnis entstandenen Aufzeichnungen ausführlich über seine sexuellen Phantasien Auskunft gegeben. So sah er sich lieber als bisexuell denn als schwul, und hatte, während er in der Melrose Avenue wohnte, sogar einmal Sex mit einer Frau. Mit David G. lebte er dagegen immer mehr in einer entsexualisierten Vater-Sohn-Beziehung, wobei Nilsen sich mehr und mehr als überlegener Part gerierte. Wirklich erregen konnten Nilsen nur noch seine Spiegelfantasien, die er in der langen Zeit der Verdrängung und Unterdrückung seiner Leidenschaften beim Militär immer weiter ausgestaltet hatte: Er lag nackt auf seinem

Bett und betrachtete seinen reglosen Körper im Spiegel, wobei sein Kopf nicht zu sehen war. Mit der Zeit stellte er sich vor, tot zu sein und einen Leichnam anzuschauen. Dazu puderte er sich mit Talkum weiß und verwendete künstliches Blut. Auch seine Partner mussten sich des Öfteren tot stellen.

Mit der Trennung von David G. schien die endlich und so mühsam errichtete heile Welt des Dennis Nilsen mit einem Schlag zusammengebrochen zu sein. Von nun an eskalierte die Gewalt, und die Spiegelfantasien wurden mit den sexuellen Handlungen an Toten in die Realität umgesetzt. Einsamkeit, Frustration über die Stagnation seiner beruflichen Karriere, Wut auf das politische System und seine gewerkschaftlich nicht aktiven Kollegen, mangelndes Selbstbewusstsein und sich steigernde Selbstverachtung wegen seiner sexuellen Orientierung kulminierten in den 15 Morden. Doch auch der Alkohol spielte dabei eine nicht zu vernachlässigende Rolle. Bei all seinen Morden war Nilsen meist stark betrunken. Mit dem Trinken hatte er bei der Armee angefangen, um die Langeweile in den abgelegenen Stützpunkten zu bekämpfen und einfach dazuzugehören. Jetzt trank er manchmal eine ganze Flasche Rum am Abend, um sein Elend erträglich zu machen.

Dies existierte zumindest zu einem Teil nur in seiner Einbildung. Zwar hatte er unter den Kollegen keine echten Freunde, als jedoch in seine Wohnung eingebrochen und alles verwüstet und zerstört worden war - die ermittelnden Polizisten untersuchten eine Wohnung, in der zu diesem Zeitpunkt mehrere Leichen versteckt waren - sammelten die Mitarbeiter der Stellenvermittlung einen nicht unerheblichen Betrag für Nilsen, um ihm zu helfen. Er war zwar nicht beliebt, aber doch geachtet. Auch in Gewerkschaftskreisen gab es, neben Kritikern, einige ihm wohlgesonnene Funktionäre. Zudem hatte er immer noch Kontakt zu einigen seiner Stiefbrüder und zu Jugendfreunden aus Schottland. Lediglich mit seiner Mutter bestand keine Verbindung mehr. Und obwohl Nilsen keine neue Beziehung mehr einging, mangelte es ihm nie an willigen Sexpartnern. Seine nekrophilen Vorlieben machten ihm engere Beziehungen zu anderen lebenden Menschen allerdings immer unmöglicher.

Ein hervorstechendes Merkmal von Nilsens Persönlichkeit war seine offensichtliche Gefühlsarmut. So wusste er zwar, dass seine Taten schrecklich und schockierend waren, konnte jedoch kein echtes Bedauern empfinden. Diese Kälte klang auch aus seinen Verhörprotokollen heraus und wurde ihm auch in seinem Prozess vorgehalten, der am 24. Oktober 1983 vor dem Old Bailey begann. Die zentrale Frage stellte die Zurechnungsfähigkeit des Angeklagten dar. Nilsen plädierte in Bezug auf die Mordvorwürfe auf nicht schuldig. Angeklagt waren übrigens »nur« die Tötungen der damals namentlich bekannten Opfer Kenneth O., Malcolm B., Martyn D., John H., Billy S. und Stephen S. (Graham A. war zu spät identifiziert worden, um in die Anklage aufgenommen werden zu können) sowie versuchter Mord an Douglas S. und Paul N.

Bereits während seiner Untersuchungshaft hatte Nilsen angefangen, ausführliche Tagebuchnotizen aufzuschreiben. Er hoffte, sich so besser über seine Beweggründe und Motive klar werden zu können. Aus diesen Aufzeichnungen ist bereits mehrfach zitiert worden. Ihre Glaubwürdigkeit muss dabei kritisch betrachtet werden. Welchen Eindruck wollte Nilsen erwecken? Wollte er als geisteskrank oder vermindert zurechnungsfähig erscheinen? Wie nah kam er der Wahrheit, wie ehrlich konnte er zu sich selbst sein? Sind die Motive in einem solchen Fall überhaupt durch die Reflexionen des Täters erkennbar, oder braucht es dazu nicht vielmehr Sachverständige, die in der Lage sind, die Äußerungen des Mörders zu interpretieren?

Dass Nilsen getötet hatte - also der actus reus - stand im Prozess nicht zur Debatte. Vielmehr sollte geklärt werden, ob er absichtsvoll gehandelt hatte, die Taten also als Mord zu werten waren, ob es sich lediglich um Totschlag handelte, oder ob der Angeklagte wegen Geistesstörungen gar schuldunfähig war. Im Zusammenhang mit diesen Fragestellungen befragten Anklage und Verteidigung zunächst die beiden Überlebenden Douglas S. und Paul N. Der Staatsanwalt suggerierte dabei, dass Nilsen, da er die Tötungshandlungen in diesen und anderen Fällen nicht zu Ende gebracht hatte, durchaus in der Lage gewesen sei, sein Verhalten zu steuern. Von einer Geistesstörung könne also keine Rede sein. Vielmehr habe der Angeklagte während der Morde rational handeln können. Bei Douglas S. habe er die Tötung abgebrochen, als ihm zu starke Gegenwehr entgegengebracht worden sei. Bei Paul N. habe er sich plötzlich daran erinnert, dass dieser seiner Mutter mitgeteilt hatte, wo er übernachten wollte. Wäre N. also zu Tode gekommen, hätte eine klare Verbindung zu Nilsen existiert. Daher habe er die Tötung nicht vollendet. Bei Carl S. schließlich habe Nilsen zunächst den Tod des Opfers angenommen und erst durch das Verhalten seiner Hündin bemerkt, dass der junge Mann noch lebte. Um dessen Argwohn nicht zu erregen, habe Nilsen dann Wiederbelebungsversuche unternommen.

Gerade der Fall Carl S. wurde von der Verteidigung jedoch herangezogen, um Nilsens Wahrnehmungsstörungen zu untermauern. So behauptete Nilsens Anwalt Ivan Lawrence, sein Mandant habe sich während der Erdrosselungen in einem vorübergehenden Zustand der Dissoziation befunden, also einer Art Bewusstseinsspaltung unterlegen. Daher habe er sein Verhalten nicht verstandesmäßig steuern können. Wenn jedoch diese Anspannung nachgelassen und er sozusagen wieder er selbst gewesen sei, habe Nilsen mitfühlend reagieren können. Deshalb habe er S. wiederbelebt; die Dissoziation sei vorüber und er wieder Herr seiner Sinne gewesen. Und der »normale« Nilsen sei eben kein kaltblütiger Killer, sondern ein Mensch, der unter den von ihm begangenen Tötungen gelitten und sich bemüht hätte, sie zu vermeiden.

Die Anklage griff diese Argumentation jedoch vehement an. Zum einen deutete sie Nilsens in kaltem Ton vorgetragene Geständnisse als deutlichen Beleg der Kaltblütigkeit des Angeklagten. Zum anderen wurde auch seine Opferauswahl so interpretiert: Dass er sich fast ausschließlich gesellschaftliche Außenseiter gesucht habe, die kaum vermisst wurden, legte man ihm als besondere Raffinesse aus. Und wer zu solch überlegtem Planen fähig sei, könne ja wohl kaum geistesgestört sein.

Darüber sollten auch die Sachverständigen urteilen, die sich mit Nilsen beschäftigt hatten. Für die Verteidigung gab zunächst Dr. MacKeith sein psychiatrisches Gutachten ab. Er behauptete, Nilsen habe die angeklagten Tötungen in einem Zustand der Persönlichkeitsstörung begangen, die seine Zurechnungsfähigkeit stark eingeschränkt habe. Diese Anpassungsstörung resultiere aus seiner frühesten Kindheit und habe sich bis ins Erwachsenenalter gehalten. So könne er außer Wut keine Gefühle zeigen und habe die Auseinandersetzungen mit seinen gescheiterten Beziehungen, besonders der zu David G., vermieden. Der Psychiater unterstellte Nilsen eine extrem narzisstische Persönlichkeit und spekulierte, Nilsen habe die Männer vielleicht deshalb getötet, weil sie ihm seiner Meinung nach nicht genug Aufmerksamkeit entgegengebracht hätten. Als Tote hätten sie ihm dagegen nicht mehr weglaufen können.

Der Staatsanwalt bemühte sich, diese psychiatrische Beweisführung auseinanderzunehmen und den Geschworenen als »Psychogewäsch« unglaubhaft zu machen. So ging er besonders auf die Tötung Malcolm B.s ein, vor der Nilsen überlegt haben wollte, ob er ihn erdrosseln solle oder nicht. Hier konnte man laut Staatsanwalt ja wohl kaum eine Persönlichkeitsstörung zum Tatzeitpunkt erkennen, es habe sich vielmehr um bewussten und eiskalten Mord gehandelt. Auch bei »John dem Grenadier« wollte der Angeklagte während der Tat überlegt haben, wie er weiter verfahren solle, als der Tod nicht eintrat. Der Staatsanwalt vermochte hier keine Dissoziation zu erkennen. Vielmehr unterstellte er, Nilsen habe getötet, um sich an den Leichen sexuell befriedigen zu können. Schließlich hatte der Ankläger den Gutachter so weit in die Enge getrieben, dass dieser sich am Ende des zweitägigen Kreuzverhörs nicht mehr uneingeschränkt für die Annahme der verminderten Zurechnungsfähigkeit einsetzen mochte.

Dem nächsten Gutachter, Dr. Gallwey, erging es nicht viel besser. Zwar trug er mit der Diagnose, Nilsen leide unter der »pseudonormalen narzisstischen Borderline-Schein-Ich-Persönlichkeitsstörung«, zunächst eine griffig klingende Einordnung der psychischen Probleme des Angeklagten vor, musste dann im Kreuzverhör jedoch eingestehen, dass er im Fall Nilsen keine konkreten Beweise für die Richtigkeit seines Untersuchungsergebnisses vorbringen konnte. Es gründete eher auf Annahmen als auf Beobachtung und Analyse des Angeklagten.

Als dritter Gutachter sagte Dr. Bowden aus. Er hatte intensive Gespräche mit Nilsen während dessen Untersuchungshaft geführt und war danach zu dem Schluss gekommen, dass der

Beschuldigte keine Anzeichen psychischer Abnormitäten zeige, wie sie das Gesetz zur Anwendung der verminderten Zurechnungsfähigkeit verlange. Als eine solche verstehe die Justiz eine erheblich Entwicklungshemmung oder -störung sowie ererbte oder erworbene Geisteskrankheiten. All dies liege bei Nilsen nicht vor. Zwar litte er unter Schuldgefühlen wegen seiner Homosexualität, diese würden seinen Identitätssinn jedoch nicht beeinträchtigen. Er sei weder paranoid noch zeige er ernsthafte Kontaktprobleme. Des Weiteren sei er sehr wohl in der Lage, Gefühle zu empfinden, er verberge dies nur sehr geschickt. Zwar könne man durchaus Anpassungsstörungen feststellen, die im Erwachsenenalter sogar noch zugenommen hätten, ein Persönlichkeitszerfall oder Angsterscheinungen lägen jedoch keineswegs vor.

In diesem Fall bemühte sich die Verteidigung, das psychiatrische Gutachten zu zerpflücken. Dazu versuchte Anwalt Lawrence, Bowden als gering qualifizierten Psychiater darzustellen. Die teilweise recht pauschalen Antworten des Arztes während des Kreuzverhörs schienen auch geeignet, den Eindruck zu erwecken, der Nervenarzt sei nicht ausreichend bemüht gewesen, die inneren Triebfedern des Angeklagten zu erforschen. Allerdings lag die endgültige Bewertung der Gutachten bei den Geschworenen.

Am Morgen des 3. November 1983 zog sich die Jury zur Beratung zurück. Bis 16.30 Uhr, dem Ende des Verhandlungstages hatten sie sich jedoch noch nicht einigen können. Auch am nächsten Tag schien ein einstimmiges Votum noch in weiter Ferne, weshalb der Richter erklärte, auch eine Mehrheitsentscheidung akzeptieren zu wollen. Am 4. November um 16.25 Uhr schließlich erschienen die Geschworenen und sprachen ihr Urteil: Nilsen wurde des Mordes in sechs Fällen schuldig gesprochen – allerdings mit zwei Gegenstimmen. Der Richter verurteilte ihn daher zu mindestens 25 Jahren Haft. Er kam zunächst in die Haftanstalt Wormwood Scrubs in London.

Nilsen gilt heute als einer der wenigen Serienmörder, die tiefen Einblick in ihre Seele gewährt haben. Er stellte seine zahlreichen Tagebücher aus der Haftzeit dem Journalisten Brian Masters zur Verfügung, der daraus ein preisgekröntes Buch machte (Leblose Liebhaber, 1985). Außerdem hat er versucht, im Gefängnis seine Autobiografie zu schreiben. Das Manuskript wurde ihm jedoch abgenommen, da kein Verurteilter von seinen Verbrechen profitieren soll. Der streitbare Nilsen, der bereits eingeklagt hatte, homosexuelle Pornografie in seiner Zelle anschauen zu dürfen, zog daraufhin vor Gericht, doch 2004 entschied schließlich der Court of Appeal, dass Nilsen sein Buch, in dem er die Tötungen aus seiner Sicht schildert, nicht veröffentlichen dürfe. Kurz nach seiner Verurteilung erschienen zudem zahlreiche reißerische und sensationslüsterne Werke über die *»entmenschte Bestie«*, die auf *»Sex mit Toten gestanden«* habe. Dies entsprach ganz der Presseberichterstattung nach seiner Verhaftung und während des Prozesses. So gab es einen Vertrag zwischen dem »Sunday Mirror« und Douglas S., der der Zeitung gegen Geld Informationen verkauft hatte. Dies, so unterstellte zumindest die Verteidigung, könnte ihn als Überlebenden dazu verführt haben, seine Aussage auszuschmücken, um durch einen spannenderen Bericht ein höheres Honorar herausschlagen zu können. Nilsen selbst persiflierte die Berichterstattung über sich, indem er in der Untersuchungshaft einen ironischen Artikel über sich selbst verfasste, in dem er mit den gängigen Presseklischees spielte. Die Überschrift lautete *»Rote Bestie verführt junge Männer zu tödlichen Liebesspielen in homosexuellem Gruselkabinett«*. Auch wenn dieser Anflug von Humor etwas deplatziert wirkt, mag er doch erklären, weshalb Polizisten und Gefängnisdirektoren, die mit Nilsen persönlich zu tun hatten, den Serienmörder als recht angenehmen Zeitgenossen schildern.

Dennis Nilsen könnte übrigens bereits im Jahr 2008 wieder in Freiheit gelangen. Zwar verhängte der Innenminister zunächst den Whole Life Tariff über ihn, was Haft bis zum Lebensende bedeutet hätte, doch ist inzwischen das Recht des Innenministers, die Strafdauer zu bestimmen, abgeschafft worden. Dies steht nun nur noch einem Richter zu. Da der ursprüngliche Schuldspruch 1983 auf 25 Jahre gelautet hat, besteht nach Ablauf dieser Zeit die Möglichkeit, Nilsen zur Bewährung auf freien Fuß zu setzen. Momentan sitzt er allerdings noch im Full Sutton Prison, einem Hochsicherheitsgefängnis in der Nähe von York, in dem einige der gefährlichsten Straftäter des Landes verwahrt werden.

## Der Patient gesundet: Hoffnung und Aufschwung 1984 bis 1996

Die zweite Amtszeit Margaret Thatchers begann mit einer erbitterten Auseinandersetzung zwischen der Regierung und den englischen Bergarbeitern. Die konservative Premierministerin war bereits im Vorfeld bemüht gewesen, die Macht der Gewerkschaften zu beschneiden, und ließ sich nun auch nicht von der einflussreichen Bergarbeitergewerkschaft NUM unter Druck setzen. Dank seiner zur Vorbereitung angelegten Kohlenvorräte und Minen in Mittelengland, die sich nicht am Streik beteiligten, musste Großbritannien keinerlei Schwierigkeiten bei der Energieversorgung in Kauf nehmen. Während des Arbeitskampfes kam es zu teilweise äußerst brutalen Gefechten zwischen Arbeitern und Polizei. Obwohl der Streik ein Jahr dauerte und für die beteiligten Kumpel mit großen Belastungen verbunden war, beendete die NUM ihn schließlich 1985, ohne einen neuen Tarifvertrag abgeschlossen zu haben. Die Regierung Thatcher ließ daraufhin mit Ausnahme von 15 Bergwerken alle weiteren englischen Minen schließen. Dies konnte man sich leisten, weil inzwischen das Nordseeöl sprudelte. Die restlichen Kohle-Bergwerke privatisierte die Regierung Major 1994. Somit war eine der heiligen Kühe der Verstaatlichungswelle nach dem Zweiten Weltkrieg zu Grabe getragen worden. Der verlorene Machtkampf mit der Regierung verstärkte den Rückgang organisierter Gewerkschaftsmitglieder. Waren 1980 noch rund 13 Mio. Arbeiter in einer Gewerkschaft gewesen, waren es 1987 nur noch neun Mio.

Hatte Thatcher während ihrer ersten Amtszeit mit Privatisierungen von Staatsbetrieben lediglich experimentiert, griff sie nun beherzt nach diesem Mittel, um dem Staat lästige, ineffiziente und teure Wirtschaftszweige vom Hals zu schaffen. Als erstes kam die britische Telefongesellschaft für fast £ 4 Mrd. unter den Hammer, dann folgten u. a. 1987 British Airways für £ 900 Mio., 1988 British Steel für £ 2,5 Mrd. und 1989 die regionalen

Wasserversorger für etwas mehr als £ 5 Mrd. Dabei gingen diese Betriebe jedoch nicht zwangsläufig an einen einzigen Großinvestor, vielmehr erwarben große Teile der Bevölkerung Anteile an den privatisierten Betrieben.

Daneben bemühte sich die Premierministerin weiterhin um einen schlanke Verwaltung und schraubte Leistungen des Wohlfahrtsstaates zurück. Die Konservativen setzten verstärkt auf Eigeninitiative zur Absicherung gegen soziale Härten. Zum Erfolg dieser Politik trug bei, dass ab Mitte der 1980er die Wirtschaft endlich wieder in Schwung kam. Die Wachstumsrate lag bei 4 Prozent, die Arbeitslosigkeit ging zurück, und die Wirtschaftszentren im Süden der Insel erholten sich relativ gut. Dies lag auch daran, dass sie nicht durch die immer noch daniederliegende Schwerindustrie belastet waren, und sich so leichter den Gegebenheiten einer modernen Dienstleistungsgesellschaft anpassen konnten. Denn der Aufschwung ging nicht von traditionellen britischen Industriezweigen wie Stahl oder Schiffbau aus, sondern stützte sich auf die Kreditwirtschaft, den Bankensektor und die Konsumgüterindustrie. Seine Verkörperung fand diese Entwicklung im hedonistischen Yuppie.

Der wirtschaftliche Aufschwung ermöglichte es vielen Menschen, ein Eigenheim zu erwerben. Selbst Angehörige der Arbeiterschicht konnten relativ günstige Finanzierungsmodelle erhalten. So lag die Eigentumsquote 1987 bei ca. 65 Prozent. Das eigene Haus war integraler Bestandteil der britischen Lebensart, selbst in Großstädten wie London.

Aufgrund dieser guten Ergebnisse und Erfolge ihrer Politik konnte Thatcher 1987 erneut die Unterhauswahlen gewinnen. Doch so unumstritten, wie es zunächst schien, war sie weder im Land noch in ihrer Partei. Zwar rieb sich Labour immer noch in internen Streitereien und Richtungskämpfen auf, doch auch die Konservativen eröffneten nun die Grabenkämpfe um die Nachfolge der Premierministerin. Als sie dann noch die Einführung einer Kopfsteuer beabsichtigte, erhob sich eine breite Protestbewegung in England. Bereits 1381 hatten »freeborn Englishmen« unter Wat Tyler erfolgreich gegen die Poll Tax revoltiert, und die »Poll

Tax Riots« in britischen Großstädten Ende der 1980er Jahre standen diesen Kämpfen in nichts nach. Schließlich trat die immer unpopulärere Margaret Thatcher 1990 als Premierministerin zurück. Es gelang ihr jedoch, den ihr treu ergebenen John Major als Nachfolger zu inthronisieren.

Major galt, im Gegensatz zu seiner Vorgängerin, als milde und freundlich. Kurz nach der Übernahme der Regierungsgeschäfte sah er sich in den ersten Golfkrieg verwickelt. Überraschend für fast alle Wahlbeobachter gelang es dem als wenig charismatisch geltenden Major dann, 1992 die Wahlen zu gewinnen. Fast alle hatten mit einem Sieg der unter Neil Kinock wiedererstarkten Labour Party gerechnet, doch deren Kampagne war von ihren traditionellen Wählern als zu glatt und weltfremd empfunden worden. Major dagegen hatte, wie zu Beginn seiner Karriere, den Kontakt mit den Menschen auf der Straße gesucht und war dafür belohnt worden.

Seine zweite Amtszeit entwickelte sich jedoch alles andere als gut. Die Frage, ob Großbritannien der Europäischen Währungsunion beitreten und sich überhaupt stärker in der EU engagieren solle, brachte den Premierminister an den Rand eines psychischen Zusammenbruchs und legte tiefe Gräben innerhalb der konservativen Partei offen. Doch nicht nur diese Uneinigkeit ließ die Tories zunehmend überfordert und ideenlos erscheinen, der Niedergang der Partei wurde auch durch moralische Entgleisungen herbeigeführt. Major hatte 1993, eigentlich nur um die Partei wieder zur Arbeit an den wesentlichen konservativen Politikzielen zurückzubewegen, eine »Back to Basic«-Kampagne ausgerufen. Dies wurde als eine Anlehnung an die Beschwörung der »Victorian Values« durch seine Vorgängerin missverstanden und als Aufforderung zur moralischen Erneuerung durch Rückbesinnung interpretiert. Die gnadenlose englische Boulevardpresse nahm daraufhin die Tory-Abgeordneten und Regierungsmitglieder ganz genau unter die Lupe und grub so manche Leiche im Keller aus. Da ging es um so hochpolitische Dinge wie Ehebruch, homosexuelle Sexspiele oder die Vorliebe eines männlichen Abgeordneten für das Tragen von Damenunterwäsche. All diese Skandale beeinträchtigten natürlich nicht die Fähigkeit der Regierung, das

Land zu führen, ließen die Konservativen aber als unzuverlässige Philister erscheinen. Schwerer wog da schon die Affäre um den Elektronikspezialisten Matrix C. Die Firma war von Teilen der Regierung angestiftet worden, militärische Güter in den Irak zu exportieren und dabei den Geheimdienst über ihr Vorgehen zu informieren. Als diese illegalen Machenschaften herauszukommen drohten, bemühte das Kabinett Major alle nur erdenklichen juristischen Tricks, um Minister vor Aussagen zu bewahren. All dies machte einen ausgesprochen schlechten Eindruck in der Öffentlichkeit.

Aufgrund dieser anrüchigen Verstrickungen mussten zwischen 1992 und 1997 insgesamt 15 konservative Abgeordnete zurücktreten. Allein zu Beginn des Jahres 1994 kamen etwa ein halbes Dutzend private Skandale und Affären von Tory-Abgeordneten ans Licht. Ins Bild dieses gefühlten allgemeinen moralischen Verfalls passte da nur allzu gut einer der schlimmsten Kriminalfälle der britischen Geschichte. In ihrem Mittelpunkt stand das Ehepaar West aus der englischen Stadt Gloucester. Was die Ermittlungen in ihrem Haus und in ihrer Familie nach und nach aufdeckten, schockierte nicht nur die britische Öffentlichkeit über alle Maßen und warf die Frage auf, wie etwas so Menschenverachtendes wie die Verbrechen der Wests so lange hatte unentdeckt bleiben können.

## »House of Horrors«: Fred und Rosemary West

Fred und Rosemary West sind nach Ian Brady und Myra Hindley das zweite berüchtigte Mörderpaar der britischen Kriminalgeschichte. Die Bilder von Polizisten und Gerichtsmedizinern, die in der englischen Stadt Gloucester – vormals hauptsächlich bekannt für ihre wunderschöne Kathedrale aus dem 11. Jahrhundert – ein Grundstück umgraben, gingen 1994 wochenlang um die Welt. Die unglaublichen Zustände im Haus der Familie West in 25 Cromwell Street schockierten ganz England und führten zu einem bis dahin ungeahnten Medienecho.

Die Entlarvung der Sexualmörder Fred und Rosemary West war nur zufällig geschehen und ist der Hartnäckigkeit einer Ermittlerin, Detective Constable Hazel S., zu verdanken. 1992 hatten Äußerungen einer der jüngeren Töchter der Familie West gegenüber einer Schulkameradin zu Ermittlungen wegen Kindesmissbrauchs gegen ihren Vater Fred geführt. Das Mädchen und drei weitere minderjährige Geschwister kamen daraufhin sofort zu Pflegefamilien. Später zogen die Kinder die Anzeige gegen den Vater jedoch zurück, so dass die Untersuchung eingestellt werden musste und kein Gerichtsverfahren zustande kam. Im Zuge der bis dahin angestellten Befragungen war jedoch aufgefallen, dass eine weitere Tochter der Wests, Heather (damals 16), seit 1987 nicht mehr gesehen worden war. Kein Familienmitglied hatte Kontakt zu ihr gehabt, lediglich Fred behauptete, öfters mit ihr telefoniert und sie auch getroffen zu haben. Nachforschungen ergaben jedoch, dass Heather West weder ein Bankkonto noch einen Telefonanschluss hatte, keinen Führerschein besaß und seit 1987 nicht mehr beim Arzt oder im Krankenhaus gewesen war – in England existiert kein Melderegister, was die Suche nach vermissten Personen erschwert und die Ermittlung des Aufenthalts nur über Umwege zulässt.

Es gelang Hazel S., die die Kinder der Familie West befragte, deren Vertrauen gewinnen. So erfuhr sie von dem innerfamiliär oft wiederholtem Ausspruch, dass man, wenn man nicht gehorche, wie Heather *»unter dem Anbau«* enden würde. Angeblich hatte DC Hazel S. bereits in den 1960er Jahre mit Fred West zu tun gehabt und von seiner damaligen Frau Rena Geschichten über das gewalttätige Verhalten ihres Ehemannes gehört. Nun setzte sie diese Details zusammen und kam zu dem Schluss, dass Heather etwas zugestoßen sein musste.

Schließlich hatte sie im Februar 1994 ihre Vorgesetzten davon überzeugt, erneut gegen Fred West zu ermitteln. Am 24. Februar rückte die Polizei in 25 Cromwell Street an, um den Garten umzugraben. Den Hausherren schien dies nicht zu beunruhigen, er gab an, er wisse nicht, wo sich seine Tochter Heather aufhalte, fände dies jedoch keinen Grund zur Sorge, da ja laufend junge Mädchen verschwänden.

Am nächsten Tag gestand Fred dann allerdings die Tötung seiner Tochter 1987, nur um das Geständnis fast sofort zu widerrufen. Inzwischen hatten die Beamten auf seinem Grundstück jedoch drei menschliche Oberschenkelknochen gefunden. Damit konfrontiert, gab Fred nun erneut zu, seine Tochter 1987 ermordet, zerstückelt und nachts im Garten vergraben zu haben. Später habe er über dem Loch, in dem Heather verscharrt lag, einen Anbau errichtet. Fred bezeichnete der Polizei genau die Stelle, an der er Heather begraben hatte, wo die Beamten später dann auch fündig werden sollten. Die bisher ausgegrabenen Überreste waren jedoch an einer anderen Stelle des Gartens entdeckt worden, stammten also wahrscheinlich nicht von Heather West. Langsam dämmerte den Ermittlern, dass sie einer grauenvollen Geschichte auf der Spur sein könnten, denn die drei Beinknochen deuteten auf mindestens noch zwei weitere Opfer hin.

Deshalb setze man die Suche fort. Weitere Nachforschungen zu Fred West ergaben, dass seine Stieftochter Charmaine (damals 8) bereits seit Sommer 1971 verschwunden war. Von deren Mutter Rena war seit ca. 1970 nichts mehr bekannt. Auch eine frühere Untermieterin in 25 Cromwell Street und angebliche Geliebte von Fred West, Shirley R., war seit 1978 nicht mehr gesehen worden. Damit jedoch nicht genug: Die Ausgrabungen auf dem Grundstück führten zur Entdeckung von insgesamt neun zerstückelten Skeletten. Fünf davon waren im Keller versteckt und einbetoniert worden, bevor die Räume als Schlafzimmer für die Kinder der Wests umgebaut worden waren.

Eines der größten Probleme bei den Ermittlungen stellte der Beschuldigte selbst dar, und dies nicht etwa, weil er sich unkooperativ gegeben hätte. Im Gegenteil, Fred West erzählte pausenlos und fabulierte die fantastischsten Geschichten zusammen. Dabei leugnete er die Taten nicht etwa, sondern beschrieb den Tod seiner Opfer auf bizarrste Weise. Allerdings bestand er darauf, dass die jungen Frauen alle seine Geliebten, mit den Sexspielen einverstanden und ihr Tod jeweils nur Folge eines Unfalls gewesen wäre. Seine Einlassungen klangen dabei meist so unglaubhaft, dass es eine der Hauptaufgaben der Ermittler wurde, in diesem Wust von Ungereimtheiten, Übertreibungen und Lügen das Körnchen

Wahrheit zu erkennen. Zudem kannte der Beschuldigte die Namen seiner Opfer meist nicht, so dass sie erst mühsam identifiziert werden mussten. Die Obduktionen und Nachforschungen ergaben, dass die Leichen in den 1970er Jahren verscharrt worden sein mussten. Nun rollte die Polizei alle Vermisstenfälle im Zusammenhang mit jungen Mädchen dieser Zeit wieder auf, was nach einigen Monaten intensiver Recherche bis Mitte 1994 folgende Liste von Frauen lieferte, die – neben Heather West – auf dem Grundstück 25 Cromwell Street vergraben worden waren:

1.) Linda G., 21 (Näherin aus Gloucester), verschwunden 1973

2.) Lucy P., 21 (Studentin aus Gotherington bei Cheltenham), verschwunden 1973

3.) Carol C.,15 (Schülerin aus Worcester), verschwunden 1974

4.) Juanita M., 19 (aus Newent, Glostershire), verschwunden 1975

5.) Shirley H., 15 (Schülerin aus Worcester), verschwunden 1975

6.) Therese S., 21 (Schweizer Touristin), verschwunden 1977

7.) Alison C., 17 (aus Swansea), verschwunden 1977

8.) Shirley R., 18 (Untermieterin in 25 Cromwell Road, im achten Monat schwanger), verschwunden 1978. Der Fötus war ihr aus dem Leib geschnitten worden, man fand seine Knochen außerhalb ihres Skeletts.

Ein kleiner Lichtblick bei dieser grausigen Arbeit war für die Polizisten, dass im Zuge ihrer Nachforschungen über 100 bis dato ungeklärte Vermisstenfälle glücklich gelöst werden konnten, indem die betreffenden Frauen wohlauf gefunden wurden.

Grabungen an einer älteren Adresse des Ehepaares West, 25 Midland Road, ebenfalls in Gloucester, förderte zudem ein Kinderskelett zu Tage – Charmaine. Nachdem Fred auch die Tötung seiner ersten Frau Rena eingeräumt hatte, konnte ihre Leiche mit seiner Hilfe im sogenannten »Fingerpost Field« in der Nähe seines Geburtsortes Much Marcle ausgegraben werden. Schließlich bekannte er sich auch zur Tötung einer früheren Geliebten, Ann McF. aus Schottland, die er 1967 zerstückelt und im »Letterbox Field« bei Much Marcle verscharrt hatte. Sie war ebenfalls hochschwanger gewesen – Fred war der Vater – und auch dieses Baby schien ihr aus dem Leib geschnitten worden zu sein.

Alle Skelette wiesen noch weitere Übereinstimmungen auf: Ihnen fehlten jeweils eine unterschiedliche Anzahl von Finger- und Zehenknochen, die nicht während der Lagerung im Boden verloren gegangen sein konnten. Wahrscheinlich waren Finger und Zehen teilweise abgetrennt worden – ob vor oder nach dem Tod ist nicht geklärt worden. Außerdem fehlten bei allen Leichen entweder beide oder zumindest eine Kniescheibe. Manchmal schienen auch größere Knochen entfernt worden zu sein, z. B. ein Schulterblatt oder ein Becken. Die Leichen waren immer in drei Teile zersägt worden: Kopf, Rumpf, Beine. Charakteristisch war weiterhin, dass sich bei fast allen Reste von Fesselungen fanden – Ausnahme war hier Charmaine. Bei sieben der toten Frauen aus 25 Cromwell Street konnten noch Spuren einer Umwicklung des Kopfes mit Paketband erkannt werden (Ausnahmen hier Heather und Shirley). Die Toten wurden schließlich von den Ermittlern in zwei Gruppen eingeteilt: Zunächst die oben angeführten Mädchen 1-7 aus 25 Cromwell Street, deren Namen Fred oft nicht einmal kannte und die wahrscheinlich bei sadomasochistischen Sexspielen zu Tode gefoltert worden waren einerseits, andererseits die Opfer Ann McF., Rena West, Charmaine West, Shirley R. und Heather West, zu denen Fred in einer engen Beziehung gestanden hatte, die jedoch ähnlich wie seine »Sexsklavinnen« entsorgt worden waren.

Nach und nach entspannen sich im Laufe der Ermittlungen 1994 vor den Beamten die Einzelheiten einer weit zurückreichenden Mordserie. Fred West, zunächst der Hauptbeschuldigte, entzog sich dann jedoch am Neujahrstag 1995 seiner Verantwortung, indem er sich in seiner Zelle erhängte. Das machte die Nachforschungen nicht gerade leichter, denn der Mörder hatte die Polizei mit seinen Fantasiegeschichten allein gelassen. Zeugen konnten sich oft nicht mehr an Vorgänge und Ereignisse erinnern, die mehr als 20 Jahre zurücklagen. Es mussten alleine etwa 150 Untermieter, die im Laufe der Zeit in 25 Cromwell Street gewohnt hatten, ausfindig gemacht und befragt werden, dazu Nachbarn der Wests dort und in der Midland Road.

Auch Rosemary West, Freds Frau, galt 1994 zunächst als Zeugin und nicht als Beschuldigte. Man hatte sie in einer geheimen

Wohnung untergebracht, um sie nicht zu gefährden, denn schon damals hatte die öffentliche Meinung beschlossen, dass die Ehefrau des Massenmörders doch einfach »etwas gewusst haben musste«. Ihre zwei noch lebenden ältesten Kinder Stephen, Mae und Stieftochter Anne-Marie wurden intensiv befragt. Besonders ihre Aussagen entsetzten Ermittler und Öffentlichkeit. Erst am 18. April 1994 wurde dann auch gegen ihre Mutter Anklage erhoben, zunächst jedoch nur wegen eines Sexualdelikts.

Frederick Walter Stephen West war am 29. September 1941 in Much Marcle, Herfordshire, geboren worden. Sein Vater verdingte sich als Landarbeiter, die Familie lebte in Armut. Mit 18 überlebte Fred einen schweren Motorradunfall, bei dem er eine Schädelverletzung erlitt, nur knapp. Danach bemerkten seine Geschwister eine Veränderung seiner Persönlichkeit, er wirkte reizbarer und launischer. Ob Fred in seiner Kindheit selbst auch sexuelle Übergriffe hat erdulden müssen, bleibt unklar. Gewalt und Prügel waren zu Hause jedenfalls an der Tagesordnung. Sein Vater soll darüber hinaus seine eigenen Töchter missbraucht haben. Fred, der Liebling seiner Mutter, orientierte sich wohl an diesem Beispiel und schwängerte schließlich seine 13-jährige Schwester. Seine Familie verstieß ihn daraufhin Ende 1961. Fred, der mit 15 nach wenig bestechenden Leistungen die Schule verlassen hatte und von Gelegenheitsjobs lebte, schlug sich nach Schottland durch, wo er im November 1962 die Prostituierte Catherine »Rena« C. heiratete. Im März 1963 brachte Rena ihre Tochter Charmaine zur Welt, deren Vater jedoch nicht West, sondern ein pakistanischstämmiger Busfahrer war. Dieses Kuckuckskind schien West jedoch nicht zu stören. Am 4. Juli 1964 wurde dann die gemeinsame Tochter Anna Marie geboren, die sich später allerdings Anne-Marie nannte.

Die Beziehung zwischen Rena und Fred war durch Gewalt geprägt, Fred prügelte seine Frau. Sie verließ ihn daraufhin mehrmals, um doch immer wieder zurückzukehren. Schließlich machten Freunde aus der Glasgower Unterwelt Fred unmissverständlich klar, dass er Schottland und Rena verlassen müsse. Also zog er Ende 1965 mit seinen zwei Töchtern zurück nach Herfordshire. Doch auch hier tauchte Rena in Abständen immer wieder auf, bis sie sich 1967 für längere Zeit trennte und nach Schottland zurückkehrte.

Fred hatte derweil eine Beziehung mit einer ehemaligen Freundin Renas, Ann McF., begonnen. Sie kümmerte sich auch ein bisschen um Charmaine und Anne-Marie, die der besondere Liebling ihres Vaters war. Wenn gerade keine Freundin zur Hand war, brachte ihr Vater beide Mädchen in der Abwesenheit von Rena häufig in Pflegefamilien unter, so dass ihr Leben ausgesprochen unstet war und wenig Stabilität kannte.

Die neue Freundin erwartete 1967 ebenfalls ein Kind von West. In seinen Vernehmungen gab er später an, Ann McF. habe mit Fortschreiten der Schwangerschaft immer öfter von Heirat, Ehe, Liebe und einem gemeinsamen Heim gesprochen. All dies scheint Fred zunehmend nervös gemacht zu haben. Schließlich erdrosselte er seine Geliebte im Sommer 1967 kurz vor der Geburt des Kindes, schnitt ihr das Baby aus dem Leib, zerstückelte die Tote und vergrub die Leichenteile in einem Feld, wo sie fast 30 Jahre unentdeckt blieben.

Nachdem Rena im Oktober 1967 kurzzeitig zurückgekehrt war, lebte Fred mit seinen Töchtern in einem Wohnwagenpark bei Bishop's Cleeve in der Nähe von Cheltenham. Ende 1968 sprach er dort die damals erst 15-jährige Rosemary L. an einer Bushaltestelle an. Rose, wie sie auch genannt wurde, war am 29. November 1953 als Tochter von Bill und Daisy L. in Devon geboren worden. Das Paar hatte noch sechs weitere Kinder, drei Jungen und drei Mädchen. Ihr Vater litt unter Schizophrenie, prügelte Frau und Kinder und führte zu Hause ein harsches Regiment. Für die kleinsten Verstöße gegen seine eigenwillige Ordnung verhängte er drakonische Strafen. Waren die Kinder zu spät im Bett, übergoss er sie mit eiskaltem Wasser. Hielt er sie für faul, ließ er sie den gesamten Garten umgraben, und wenn er mit dem Resultat nicht zufrieden war, musste die Schwerstarbeit wiederholt werden. Außerdem soll er seine Tochter Rose sexuell missbraucht haben. Die Mutter litt, wenig verwunderlich, unter Depressionen, und verbrachte immer wieder Zeit in Heilanstalten. Vor ihrem Treffen mit Fred West war Rose außerdem bereits zweimal vergewaltigt worden.

Das junge Mädchen mit den schwarzen Haaren und großen braunen Augen, das als etwas langsam galt und sich oft noch sehr kindlich verhielt, entsprach genau Freds Typ. Da Rose als sehr kinderlieb galt - oft und gern hatte sie ihre jüngeren Brüder beaufsichtigt - interessierte sie sich besonders für die beiden kleinen Mädchen Charmaine und Anne-Marie. Als Fred fallen ließ, er suche eine Mutter für seine Töchter, zeigte sich Rosemary freudig bereit, einzuspringen. Ihre Eltern waren jedoch weniger begeistert, sie hielten den 27-jährigen vorbestraften Fred für unpassend und brachten Rose, als sie nicht von ihrem neuen Freund lassen wollte, in einem Heim unter. Doch all dies nützte nichts: Kurz nach ihrem 16. Geburtstag zog Rose L. in Freds Wohnwagen. Rena, die zwischenzeitlich erneut zurückgekehrt war, verschwand.

Neben ihrem Interesse an Kindern scheint es eine weitere Triebfeder Rosemarys gewesen zu sein, ihrem gewalttätigen Elternhaus und besonders dem tyrannischen Vater zu entkommen. Fred bot Rose darüber hinaus etwas, dass ihr gänzlich neu war: Er vermittelte seiner kindlichen Geliebten, sie sei ihm wichtig und ein ganz besonderer Mensch. In einem Brief schrieb er 1971: *»Du bist ein Stern, der vom Himmel in meine Arme gefallen ist.«* Rose war ob solch ungewohnter Aufmerksamkeit ganz verzückt.

Im Juli 1970 zog das Paar aus dem Wohnwagen in eine richtige Wohnung in 25 Midland Road, Gloucester. Dort wurde im Oktober ihr erstes gemeinsames Kind Heather geboren. Die Enge in der kleinen Wohnung sorgte oftmals für angespannte Situationen, in denen besonders Rose - noch 16 Jahre alt, aber bereits für drei Kinder verantwortlich - die Nerven verlor und die älteren Mädchen, besonders Charmaine, schlug. Auch Fred behandelte dieses Kind mit weniger Nachsicht als seine eigene Tochter Anne-Marie. Schließlich äußerte Charmaine immer häufiger den Wunsch, bei ihrer leiblichen Mutter Rena in Schottland leben zu wollen.

Im November 1970 musste Fred wegen mehrerer kleiner Vergehen eine Haftstrafe antreten. Wann genau er wieder frei kam, ist unklar. Sein vorgesehenes Entlassungsdatum war der 24. Juni 1971, es ist aber durchaus möglich, dass seine Freilassung früher erfolgte. Im Frühjahr 1971 enthalten die Briefe des Paares immer wieder Anspielungen Charmaine betreffend, die im Prozess 1995 von der Anklage dahingehend gedeutet wurden, dass Fred und Rose die Ermordung des Kindes planten. Rosemary behauptete dagegen, es habe sich ganz harmlos um die Erörterung der Frage gehandelt, ob Charmaine zu Rena ziehen sollte. Sie selbst hätte Charmaine zwar gern bei sich behalten, akzeptierte aber, dass das Mädchen zu seiner Mutter wollte.

Wann genau Charmaine getötet wurde, ließ sich nicht rekonstruieren. Am 7. Mai 1971 besuchte sie ihren Stiefvater im Gefängnis, Anfang Juni ist sie auf einem Klassenfoto zu sehen. Am 15. Juni war sie erneut im Gefängnis angemeldet, ob sie Rosemary aber zu dem Treffen begleitete, ist unklar. Untersuchungen des Pathologen David Whittaker am Schädel von Charmaine 1994 konnten den Todeszeitraum zunächst auf zwischen Ende Juni und Ende Juli 1971 eingrenzen. Eine zweite Expertise kam aufgrund des Zahnstandes zu dem Schluss, der Tod könne auch erst im Oktober 1971 eingetreten sein. Diese Angaben waren insofern entscheidend, als sie klären sollten, ob Fred oder Rose das Mädchen getötet hatten. Wenn Charmaine bereits im Juni gestorben war, kam als Täterin wohl nur Rosemary in Frage, da Fred wahrscheinlich noch im Gefängnis saß. Bei einem späteren Todeszeitpunkt hätte auch Fred seine Stieftochter ermorden können. Die Polizei ging bei ihren Ermittlungen 1994 zunächst von letzterer Variante aus, erst nach Freds Selbstmord beschuldigte sie Rose des Mordes an Charmaine.

Entscheidend war in diesem Zusammenhang auch die Aussage einer ehemaligen Nachbarin, Shirley G., der Mutter der besten Freundin von Charmaine. Die Familie war im Frühjahr 1971 fortgezogen, die beiden Freundinnen wollten jedoch noch einmal Abschied nehmen, bevor Charmaine Gloucester verlassen würde. Als dieser Besuch dann jedoch stattfand, sei Charmaine bereits »abgereist« gewesen. Doch an welchem Tag war Mrs. G. nach Gloucester gefahren? Zunächst sollte es im September gewesen sein. Doch angeblich hatte Fred noch im Gefängnis gesessen. Also vielleicht März? Da hatte Charmaine aber nachweislich noch gelebt. Shirley G. lieh sich bei dem Treffen außerdem Heathers Babykleidung von Rose, und zwar für die im August geborene

Tochter Claire. Charmaines Freundin erinnerte sich zudem, bei dem Besuch habe ihre Mutter einen Kinderwagen geschoben. Waren sie also im August 1971 zu Fred und Rose gefahren? Fast 25 Jahre später ließ sich dies nicht mehr klären. Dennoch wurde der Mord an Charmaine Rosemary zur Last gelegt. Sie sei mit dem Kind überfordert gewesen und habe es im Zuge eines Wutanfalls erschlagen. Nach seiner Haftentlassung habe Fred dann die Leiche zersägt und später bei Renovierungsarbeiten im Keller von 25 Midland Road eingemauert. Rose selbst sagte jedoch aus, sie habe an dem verabredeten Datum die Wohnung verlassen, um nicht mit Rena zusammenzutreffen. Als sie zurückgekehrt sei, wäre Charmaine verschwunden gewesen, und sie habe angenommen, das Mädchen sei mit seiner Mutter fortgegangen. Es scheint Rose nicht gewundert zu haben, dass sie nie wieder etwas von Rena und Charmaine gehört hat.

Fred hatte in den polizeilichen Vernehmungen 1994 eine grausige Geschichte erzählt und behauptet, die Übergabe des Kindes an Rena organisiert zu haben. Als seine Nochehefrau dann im Sommer 1971 nach Gloucester gekommen sei, habe er zunächst sie erdrosselt, zerstückelt und in einem Feld vergraben, und anschließend auch Charmaine ermordet. Da auch dieses Geständnis, wie seine Aussagen insgesamt, zahlreiche Ungereimtheiten aufwies, hielten die Ermittler es für nur bedingt glaubwürdig und nahmen nach Freds Suizid an, er habe seine Ehefrau Rosemary schützen wollen, indem er alle Schuld auf sich genommen hätte – ein Anflug von Altruismus, den Menschen, die West kannten, für extrem unwahrscheinlich halten. Wann Rena wirklich starb, ließ sich nicht exakt bestimmen. Die Anklage ging später davon aus, dass West seine Ehefrau vielleicht bereits 1969 oder 1970 umgebracht hat, um für Rose frei zu sein.

Am 29. Januar 1972 heirateten Fred West und Rosemary L. auf dem Standesamt in Gloucester. Im Juni des gleichen Jahres kam ihre zweite Tochter Mae zur Welt. Da die Zwei-Zimmer-Wohnung nun endgültig zu klein geworden war, bot der Vermieter der jungen Familie eine andere seiner Immobilien an: ein Haus mit sechs Zimmern und einem kleinen baumbestandenen Garten in der Cromwell Street.

Zunächst mietete die Familie das Haus, entschloss sich jedoch bald, es zu kaufen. Zur Finanzierung der Hypothek schlug Fred vor, einige Zimmer zu vermieten. So wurde 25 Cromwell Street schnell bekannt als Ort, wo junge Leute billig ein Zimmer haben konnten, ohne lästige Fragen beantworten zu müssen. Ausreißer, ehemalige Heimkinder und junge Menschen, die sich einfach treiben ließen, kamen und gingen oftmals so schnell, dass es schwierig war, die genauen Wohnverhältnisse zu einem bestimmten Zeitpunkt festzustellen. Die Atmosphäre in dem Haus galt als offen und liberal, die Untermieter durften Freunde und Freundinnen mitbringen. Der Hausherr förderte sogar ganz offen sexuelle Promiskuität: Fred schickte seine Frau zu den männlichen Mietern ins Bett und erregte sich daran, die Liebesspiele durch Löcher in Wänden und Türen zu beobachten oder sich von Rose im Anschluss genauestens schildern zu lassen. Später verwanzte und verkabelte er das ganze Haus, um so noch bequemer seinem Voyeurismus nachgehen zu können.

Ende des Jahres 1972 lebte auch eine junge Frau namens Caroline R. bei den Wests, die u. a. bei der Beaufsichtigung der Kinder helfen sollte. Sie blieb jedoch nicht lange. Kurz nach ihrem Auszug nahmen die Wests Caroline dann am 6. Dezember zufällig als Anhalterin mit. Über das, was dann genau geschah, existieren verschiedene Versionen. Fred und Rose West gaben an, Caroline, die damals 17 war, mit zu sich nach Hause genommen zu haben. Es sei zu sexuellen Handlungen zwischen den dreien gekommen, wobei auch Fesselspiele und leichte Schläge die Erregung hatten steigern sollen. Caroline sei von einigen dieser Spiele nicht so angetan gewesen wie das ältere Paar, habe aber mehr oder weniger freiwillig mitgemacht. Sie sei auch noch am nächsten Tag geblieben, habe beim Saubermachen geholfen und sei schließlich erst nachmittags aufgebrochen. Dies wird von einem Zeugen, einem Untermieter, bestätigt, der Caroline am 7. Dezember beim Staubsaugen sah. Sie wirkte unverletzt und normal. Ein anderer Freund traf sie am gleichen Tag in einem Waschsalon. Auch ihm fiel nichts an dem Mädchen auf.

Dennoch berichtete Caroline am nächsten Tag ihrer Mutter von dem sexuellen Übergriff. Dann erstattete sie Anzeige gegen die Wests. Bedauerlicherweise ist das Protokoll von damals verloren gegangen. Das Ehepaar wurde am 12. Januar 1973 vom Cloucester City Magistrates Court zu £ 100 Strafe verurteilt.

In Vernehmungen nach Freds Verhaftung 1994 und schließlich in ihrer Aussage im Prozess gegen Rosemary 1995 gab Caroline R., die inzwischen O. hieß, eine extremere Version zum Besten. So sei sie mit Paketband geknebelt, brutal mit einem Gürtel geschlagen und von Fred vergewaltigt worden. Es existiert jedoch kein ärztliches Gutachten, das diese Verletzungen dokumentiert hat. Im Laufe des Jahres 1994 schloss Caroline O. einen lukrativen Vertrag mit einer Boulevardzeitung, die ihre Angaben unter der Überschrift *»Ich war Freds Sexsklavin«* vermarktete. Es ist spekuliert worden, dass die Zeitung an möglichst spektakulären Exklusiv-Enthüllungen interessiert gewesen ist, weshalb O. ihre Aussage ausgeschmückt hätte. Da die Original-Anzeige verloren ist, lässt sich dies nicht nachprüfen, da jedoch keinem Zeugen schlimme Verletzungen an der damals 17-jährigen aufgefallen waren, scheint zumindest schwere sexuelle Folter ausgeschlossen.

Die Aussagen von Caroline O. bildeten dennoch die Basis für die Verurteilung von Rose West für sieben Morde an Anhalterinnen. Die Anklage unterstellte, Fred habe die Mädchen nur deshalb so leicht in sein Auto locken können, weil seine Frau dabei gewesen sei, was den Opfern Vertrauen eingeflößt habe. Da Rose also bei der Entführung der Mädchen dabei gewesen wäre – was nicht bewiesen, sondern lediglich aus dem Fall Caroline R. geschlossen wurde – muss sie, so die Staatsanwaltschaft, auch an der Folter und Ermordung der jungen Frauen teilgenommen haben. Schließlich war sie auch an den sexuellen Übergriffen an Caroline beteiligt gewesen. Zudem hatte Fred West die 17-Jährige mit Paketklebeband geknebelt – Reste von solchem Klebeband fanden sich auch an den Schädeln der sieben Anhalterinnen. Caroline war 1972 gefesselt worden – die Skelette in der Cromwell Street waren zum Teil immer noch mit Stricken umwickelt. So präsentierte die Anklage während des Prozesses gegen Rose 1995 den Fall Caroline O. quasi als Vorlage für die später folgenden Morde.

Solche »Similar Fact«-Beweise sind nach englischem Recht jedoch nur sehr eingeschränkt zugelassen. So müssen sie, um eingebracht werden zu dürfen, ziemlich genau den Umständen entsprechen, die mit ihnen bewiesen werden sollen. Wäre Rose West also 1973 wegen der Ermordung von Caroline R. verurteilt worden, hätte man dies in ihrem Prozess 1995 als »Similar Fact«-Beweis dafür zulassen können, dass Rose auch an der Ermordung der anderen sieben Anhalterinnen beteiligt gewesen ist.

Doch Caroline O. überlebte. Sie ist zwar 1972 bedroht worden, jedoch nicht mit dem Tod. Ihr Fall hätte korrekter Weise eigentlich nur dazu herangezogen werden können, vor Gericht zu beweisen, dass Rosemary West gemeinsam mit ihrem Gatten an sexuellen Übergriffen auf Mädchen beteiligt gewesen ist. Doch nicht sexuelle Belästigung, Nötigung oder Vergewaltigung war in ihrem Fall 1995 angeklagt, sondern Mord. Ermordet worden war Caroline aber nicht. Daher argumentierte die Verteidigung, die Aussage von Mrs. O. – die mutmaßlich aufgrund des Pressedeals ausgeschmückt worden war – dürfe nicht als »Similar Fact«-Beweis vorgetragen werden. Dies hatte jedoch keinen Erfolg – u. a. wohl deshalb, weil die Beweislage gegen die Angeklagte so dünn war, dass auf keine Belastungszeugin verzichtet werden konnte, auch wenn die jeweiligen Aussagen nichts zum Beweis der Morde beitragen konnten.

Noch schwerer als der einmalige sexuelle Übergriff auf Caroline R. wog in den Augen von Presse und Öffentlichkeit der jahrzehntelange sexuelle Missbrauch der West-Töchter. Hauptakteur war hier Fred gewesen. Bereits im Zusammenhang mit Charmaine kamen 1994 Verdachtsmomente ans Licht. So hatten Zeugen Fred zusammen mit seiner nackten Stieftochter gesehen, als diese etwa fünf Jahre alt war. Sein nächstes Opfer wurde Anne-Marie, die er das erste Mal missbrauchte, als sie acht Jahre alt war. Bei dieser ersten Vergewaltigung war Rosemary anwesend und legte selbst Hand an ihre Stieftochter, u. a. führte sie dem kleinen Mädchen einen Vibrator in die Vagina ein. Bei den folgenden sexuellen Übergriffen durch ihren Vater war die Tochter jedoch stets allein mit ihm – bis auf eine weitere Vergewaltigung mit 13 Jahren im Rückraum des väterlichen Lieferwagens, bei der Rose auf dem Beifahrersitz saß. Fred verbot seiner Tochter sogar, Rosemary von seinem Treiben zu berichten. Der Inzest mit ihrem Vater setzte sich fort, bis Anne-Marie 15 Jahre alt war. Bereits mit zwölf Jahren hatte sie, ebenso wie ihre Stiefmutter, Freunden ihres Vater sexuell zu Willen sein müssen. Fred beobachtete diese Sexspiele in bewährter Manier.

Dem Befehl ihres Gatten, zunächst mit den Untermietern zu schlafen, war schnell Freds Wunsch gefolgt, Rose möge als Prostituierte arbeiten. Einmal besserte sie so das Familieneinkommen auf, andererseits konnte Fred auf diesem Weg seine voyeuristischen Neigungen befriedigen. Rose empfing ihre Klienten entweder in ihrem speziell hergerichteten Zimmer in der Cromwell Street, oder sie besuchte ihre Kunden daheim. Die Kinder erzählten später, dass es durchaus nicht ungewöhnlich gewesen sei, wenn mitten beim Essen die Türglocke klingelte und Rose schnell verschwand, um einen Freier zu bedienen. Zwei ihrer acht Kinder hatten Freunde ihres Mannes gezeugt – was für jeden ersichtlich war, da es afrokaribische Mischlingskinder mit dunkler Haut und krausem Haar waren. Anne-Marie musste, seit sie zwölf war, nun ebenfalls der Prostitution nachgehen, wobei es auch immer wieder zu sexuellen Handlungen mit ihrer Stiefmutter Rose kam. Ihr ganzes Martyrium hat Anne-Marie, die später heiratete, selbst mehrere Kinder bekam, jedoch weder Vater noch Stiefmutter anzeigte, in ihrem Buch *»Out of the Shadow«* lukrativ verarbeitet.

Als seine älteste lebende Tochter dann etwa 15 Jahre alt war, wandte sich das Interesse ihres Vaters den jüngeren Töchtern Mae und Heather zu. Für beide Mädchen gehörte es bald zur Tagesordnung, von Fred unter der Dusche begrabscht zu werden. Um den Voyeurismus des Vaters wissend, zogen sich die Schwestern nur unter der Bettdecke aus. Auch sonst versuchten sie, sich gegenseitig zu beschützen. Fred stand jedoch auf dem Standpunkt, als Vater wäre es sein Recht, seine Töchter zu entjungfern. Es ist vermutet worden, dass Fred und Rosemary ihre Tochter Heather gemeinsam töteten, um zu verhindern, dass sie den Inzest öffentlich machte. Die Schilderung Freds von der Ermordung und Zerstückelung der eigenen Tochter, die im Prozess gegen Rose von der Verteidigung abgespielt wurde, erschreckte die Zuhörer besonders wegen der darin zum Ausdruck kommenden Gefühllosigkeit. Hier sprach kein Vater über sein Kind, sondern ein Mörder über ein gefühlloses Objekt. Fred behauptete in dieser Aussage,

Heather getötet zu haben, weil sie ihr Elternhaus hatte verlassen wollen. Rose will, wie im Fall Charmaine, geglaubt haben, dass ihre Tochter wirklich ausgezogen sei.

Was genau Mae, Heather und ihren jüngeren Schwestern vom eigenen Vater angetan wurde, ist nicht so ausführlich dokumentiert wie im Fall Anne-Marie. 1992 vor der Polizei gemachte Aussagen wurden zurückgezogen. Die darin geschilderten Vorkommnisse müssen jedoch so erheblich gewesen sein, dass die Behörden die Kinder nicht zu ihren Eltern zurückkehren ließen, auch wenn diese nicht rechtskräftig verurteilt wurden. Beispielsweise zeigen die medizinischen Unterlagen der West-Kinder, dass sie alle noch minderjährig wegen Geschlechtskrankheiten in Behandlung mussten.

Sex war eine Konstante in 25 Cromwell Street. Fred vergewaltigte seine Töchter, befummelte seine Frau offen und ungeniert auch vor den eigenen Kindern, ließ Rose dort der Prostitution nachgehen, Untermieter und Nachbarinnen verführen. Eine dieser Gespielinnen von Rose, Kathrin H., sagte im Prozess gegen sie aus und beschrieb sadomasochistische Sexpraktiken, Peitschen, Masken, Latexkostüme, Dildos und andere Fetischartikel. Obwohl sie davon entsetzt gewesen sein will, kehrte sie doch immer wieder zu Rose zurück. Auch H. hatte übrigens Geld von einer Zeitung bekommen. Von ermordeten Anhalterinnen wusste sie jedoch ebenso wenig zu berichten wie von inzestuösen Übergriffen in 25 Cromwell Street.

Auch die Kinder hatten in dem engen, von zahlreichen Menschen bewohnten Haus, niemals Schreie oder ähnliches vernommen, was auf Mord oder Folter hätte schließen lassen. Dafür konnten sie öfters das Stöhnen ihrer Mutter durch die dünnen Wände dringen hören, wenn diese ihre Freier bediente. Untermieter wollen zwar vereinzelt Schreie gehört haben - ob von den West-Kindern oder Fremden, konnte nicht geklärt werden - kümmerten sich aber nicht weiter darum. Daher behauptete die Verteidigung im Verfahren gegen Rose, Fred habe die jungen Mädchen - mit der Ausnahme von Shirley und Heather - nicht in 25 Cromwell Street gefangen gehalten, gefoltert, getötet und zerstückelt, sondern lediglich dort vergraben. Er soll die Leichen nachts, wenn Rose bei einem ihrer Kunden war, verscharrt haben. Diese Erdbewegungen seien niemandem aufgefallen, weil Fred immer mit irgendeiner Baumaßnahme in seinem Haus beschäftigt gewesen war. So errichtete er mehrere Anbauten, um Platz für Kinder und Mieter zu schaffen, und baute den Keller und andere Räume aus. Wenn Fred aber die Mädchen nicht in seinem Haus, sondern an einem unbekannten Ort getötet hatte, war Rose auch nicht zwingend in die Taten verwickelt. Sie hätte dann nicht automatisch etwas bemerken müssen – Blut, Schreie etc. – sondern wirklich so ahnungslos gewesen sein können, wie sie vor Gericht behauptete.

Dafür sprechen noch weitere Fakten: Als Rose während einer Vernehmung von der Ermordung ihrer ältesten Tochter Heather durch Fred erfuhr, zeigte sie sich ehrlich geschockt. Danach verweigerte sie jeden Kontakt mit ihrem Mann und sah ihn bei gemeinsamen Gerichtsterminen nicht einmal mehr an. Fred selbst hat vor der Polizei behauptet, Rose wisse nichts von den Tötungen und sei an ihnen nicht beteiligt gewesen. Aussagen überlebender Opfer der Wests – neben Caroline O. trat eine lediglich als Miss A. bezeichnete Frau vor Gericht auf, der Ähnliches widerfahren war – berichteten zwar davon, dass Rose gemeinsam mit Fred durchaus auch gewalttätige sexuelle Handlungen an ihnen vorgenommen hatte, es jedoch Fred gewesen war, der auf Fesselspiele gestanden und ihre Köpfe mit Paketband umwickelt habe. Rose hatte bei Caroline diesen Knebel sogar entfernt. An den Skeletten der sieben jungen Mädchen ließen sich keine Spuren nachweisen, die auf eine Mitwirkung von Rose an ihrer Ermordung hindeuteten. Es konnten nicht einmal die Todesursachen ermittelt werden. Lediglich zwei der Mädchen, Linda G., die mit einem Untermieter der Wests befreundet und vielleicht selbst kurzzeitig Mieterin in der Cromwell Street gewesen war, und Allison C., die ebenfalls dort gewohnt hatte, kannte Rosemary flüchtig. Bei den anderen fünf Opfern ließ sich keine Verbindung zwischen der angeblichen Mörderin und ihren Opfern herstellen. Die Anklage beruhte lediglich auf Mutmaßungen, Annahmen und Rückschlüssen, harte Beweise gegen Rosemary West gab es nicht.

Doch die vorliegenden Aussagen und bekannten Fakten ließen die Angeklagte nicht eben in vorteilhaftem Licht erscheinen. So wusste sie von den inzestuösen Übergriffen ihres Mannes auf seine Töchter: Schließlich war sie bei zwei Vergewaltigungen Anne-Maries selbst dabei gewesen. Des Weiteren vergriff sich Fred nicht im Verborgenen an den Mädchen; die Kinder untereinander wussten, was vorging, und versuchten zu helfen und sich zu schützen, ohne jedoch - wohl aufgrund von Schuldgefühlen und der Angst davor, die Familie auseinanderzureißen - die Polizei einzuschalten. Ihre Mutter jedoch griff nicht ein, beschützte die Töchter nicht vor dem Vater. Vielleicht hielt sie - ebenso wie Fred - aufgrund der eigenen Erlebnisse Inzest für relativ normal. Vielleicht war sie selber durch die jahrelange sexuelle Erniedrigung durch den Ehemann - Sadomaso-Sex, Prostitution, Sex mit der Stieftochter - zu traumatisiert, um für ihre Kinder einzustehen. Es gibt jedoch nicht wenige Stimmen, die berichten, Rosemary sei selbst fast schon nymphoman und quasi unersättlich gewesen und habe viel Spaß an all den Dingen gehabt, die sie mit und für ihren Mann anstellte. Auch wenn Rose nachweislich von ihrem Mann mehrmals zu Freiern fortgeschickt worden war, wenn Fred sich an einer seiner Töchter vergehen wollte, war sie während anderer Übergriffe daheim gewesen. Aufgrund ihrer Erfahrungen hätte sie sich außerdem denken können, was ihr Mann mit den Kindern vorhatte, wenn sie das Haus verlassen sollte. Sie unterband den Inzest jedoch nicht.

Nicht nur Heather, sondern auch bereits Charmaine waren spurlos verschwunden, ohne dass die Familie je wieder von ihnen gehört hatte. Dies machte Rose jedoch nicht stutzig, sie stellte keinerlei Nachforschungen an, nicht einmal über den Verbleib ihrer leiblichen Tochter. Wenn sie nichts vom Tod der Mädchen ahnte, zeigte sich hier doch zumindest eine extreme Gleichgültigkeit.

Shirley R. hatte mehrere Monaten im Haus der Wests gewohnt. Zeugen sahen sie wiederholt in kompromittierenden Situationen mit dem Hausherrn. Er brüstete sich offen damit, der Vater des von Shirley erwarteten Kindes zu sein. Daher warf die Anklage Rose vor, die 18-Jährige aus Eifersucht ermordet zu haben. Rose behauptete dagegen, nichts vom Verhältnis von Fred und Shirley gewusst und die eingestandene Vaterschaft für einen Scherz gehalten zu haben. Dies wirkte auf die Prozessbeobachter ausgesprochen unglaubwürdig.

Die Mutter von Linda G. wollte in Rose die Frau wiedererkannt haben, die ihr, als sie auf der Suche nach ihrer Tochter zu 25 Cromwell Street kam, erklärt habe, das Mädchen sei weitergezogen, ohne eine Adresse zu hinterlassen. Dabei habe Rose die Schuhe ihrer Tochter getragen, sagte Mrs. G. An der Wäscheleine hätte Kleidung von Linda gehangen. Es schien so, als habe sich Rose kaltblütig an der Habe ihrer verschwundenen Mieterin bereichert. Dies legte die Anklage dahingehend aus, dass Rosemary so etwas nur getan haben könne, wenn sie vom Tod Lindas gewusst habe. Ansonsten hätte sie sich zumindest wundern müssen, warum das Mädchen fort, ihr gesamter Besitz aber noch in ihrem Zimmer war. Allerdings beschrieb Mrs. G. die junge Frau, mit der sie damals gesprochen haben wollte, sehr ungenau. Außerdem war es von der Straße aus nicht möglich, die Wäscheleine hinten im Garten der Wests zu sehen.

Zahlreiche Vorwürfe gegen Rosemary West basierten auf Mittelschichtnormen und konservativ-bürgerlichen Vorstellungen von Familienleben. Diese Werte scheinen in ihrer Welt jedoch keinen Platz gehabt zu haben. In diesem halbkriminellen, subproletarischen Milieu redete man nicht mit der Polizei, die der Feind war – selbst dann nicht, wenn die eigene Tochter verschwand. Inzest kam eben vor, Prostitution galt als anerkannter Erwerbszweig, Fragen stellte man nicht, Gleichgültigkeit und Nichteinmischung galten als sicherer im Umgang mit den durchaus gewaltbereiten und unberechenbaren Bekannten. All dies, zusammen mit einer defensiven Verteidigungstaktik, erzeugte vor Gericht jedoch den Eindruck, Rosemary West verberge etwas. Mit ihrer Aussage im Prozess tat sie sich zudem keinen Gefallen. Sie wirkte eigensüchtig, kalt, log mehrmals und verwies auf wenig glaubwürdige Erinnerungslücken. All dies wirkte extrem unsympathisch. Hinzu kam die Vorverurteilung durch die Presse, die Rosemary West zu einer rücksichtslosen Sex-Domina stilisiert hatte. Doch was bewiesen all diese Aussagen über ihren Charakter im Zusammenhang mit den ihr zur Last gelegten zehn Mordfällen (lediglich in den

Fällen Rena West und Ann McF. soll sie nicht beteiligt gewesen sein)? Nichts! Allenfalls konnte spekuliert werden, dass Rose West Gewalttaten zuzutrauen waren. Wirkliche Beweise oder Indizien, die sie belasteten, gab es nicht.

Am Ende des Prozesses rief die Anklage daher Janet L. in den Zeugenstand. Miss L. hatte als unabhängige Beobachterin den ersten Befragungen von Fred West durch die Polizei von Gloucester beigewohnt, um sicherzustellen, dass der Verdächtigte korrekt behandelt wurde. Später, als sie von dieser Funktion entbunden worden war, da sie angeblich wiederholt Kritik an Freds Anwalt geäußert hatte, besuchte sie den Untersuchungshäftling als Privatperson im Gefängnis. West verehrte sie und freute sich immer auf seine Treffen mit Janet L. Sie sagte nun vor Gericht aus, Fred habe ihr in diesen vertraulichen Gesprächen gestanden, dass eigentlich Rosemary West alle Morde begangen habe. Sie habe die Mädchen zum Vergnügen zu Tode gefoltert. Fred habe seine Frau durch seine verworrenen Geständnisse lediglich schützen wollen.

Die Verteidigung bemühte sich nun, die Glaubwürdigkeit dieser überraschenden Belastungszeugin zu erschüttern. Zunächst bestünde ihre Aussage lediglich aus Hörensagen. Dann sei es doch verwunderlich, dass sie ihre Informationen, die doch ihrem Freund und Schützling aus der Patsche geholfen hätten, nicht schon während der Ermittlungen gegen ihn der Polizei mitgeteilt habe. Janet L. berief sich in diesem Zusammenhang auf ihre Schweigepflicht. Nun spielte der Anwalt seinen eigentlichen Trumpf aus: Dieses Hochhalten der Schweigepflicht hatte Miss L. nämlich nicht daran gehindert, ihre Geschichte bereits Mitte 1994 für ca. £ 100 000 an eine Boulevardzeitung zu verkaufen. Deshalb habe sie auch den Kontakt zu Fred gehalten, um ihm weitere einträgliche Informationen und Bekenntnisse zu entlocken. Ihre Aussagen seien aufgrund des Todes von Fred West nicht mehr verifizierbar und daher zweifelhaft.

Wenn es der Verteidigung von Rose West hier einmal gelungen war, die Glaubwürdigkeit der Zeugin Janet L. zu erschüttern, deren Aussage tatsächlich einen Zusammenhang zu den angeklagten zehn Morden herstellte, schien dies bei Anne-Marie D., ehemals West, schon sehr viel schwerer. Zu entsetzlich waren die von ihr geschilderten sexuellen Übergriffe, an denen auch Rose beteiligt gewesen war. Selbst den hartgesottenen englischen Boulevard-Journalisten stockte bei den Erzählungen der zurückhaltenden jungen Frau der Atem. Ungewöhnlich für dieses Genre, stuften zahlreiche Reporter die Details ihrer Aussage als so erschütternd ein, dass sie nicht abgedruckt werden konnten. Es müssen dazu jedoch drei Dinge angemerkt werden:

1.) Anne-Marie hatte einen Exklusiv-Vertrag mit dem Boulevard-Magazin »Daily Star« über geschätzte £ 100 000. Dies könnte zu Übertreibungen in ihrer Aussage geführt haben, da sie für diese hohe Summe auch etwas liefern musste, was nicht alltäglich war.

2.) Anne-Marie hatte ihre Stiefmutter nie gemocht, sondern als Eindringling in ihre Zweisamkeit mit dem geliebten Vater empfunden. Anne-Marie vergötterte Fred geradezu, trotz der Gewalt, die er ihr antat. Sie interpretierte den Inzest aus Selbstschutz lange Zeit als eine besondere Form der Zuneigung zwischen Vater und Tochter, ohne die Vergewaltigungen als die Ausnutzung eines unschuldigen Kindes durch einen gewissenlosen Erwachsenen zu sehen. Die Antipathie gegen Rose West könnte ihre Stieftochter dazu veranlasst haben, die Angeklagte in einem besonders schlechten Licht erscheinen zu lassen.

3.) Wäre Rose West der Begünstigung von Inzest oder der Kindesmisshandlung angeklagt gewesen, wäre Anne-Maries Aussagen entscheidende Bedeutung zugekommen. Über Morde konnte sie jedoch nichts berichten, in diesem Zusammenhang war sie genauso ahnungslos gewesen, wie es ihre Stiefmutter vorgab zu sein. Sie hatte an ihrem Vater nie Blut bemerkt, keine Schreie gehört oder Leichen gesehen. Somit brachte die Aussage Anne-Maries zwar die entsetzlichen Zustände im Hause West im Zusammenhang mit dem jahrelangen Inzest ans Licht und belastete Rosemary in dieser Beziehung, die Mordanklage konnten die Ausführungen jedoch nicht untermauern.

Sollten die Morde, die Fred West ohne Zweifel begangen hatte, also ungesühnt bleiben, nachdem sich der Täter durch Selbstmord der juristischen Aburteilung seiner Taten entzogen hatte?

Die Jury beriet nach Ende des mehrwöchigen Prozesses gegen Rosemary West am 20. November 1995 länger als viele vermutet hatten. Zunächst einigten sich die Geschworenen bis zum Abend des 21. November auf drei Schuldsprüche, nämlich in den Fällen der Ermordung von Charmaine, Shirley R. und Heather West. Schwieriger fiel die Entscheidung in den Fällen der ermordeten Anhalterinnen. Am 22. November sprach die Jury Rosemary West dann auch in diesen verbliebenen Anklagepunkten schuldig. Der vorsitzende Richter verurteilte die Angeklagte daraufhin zu zehn Mal lebenslänglich und setze das Strafmaß auf mindestens 25 Jahre fest. Anschließend fügte er eine persönliche Bemerkung hinzu, die er direkt an Rose West richtete: *»Wenn berücksichtigt wird, was ich denke, werden Sie niemals mehr in Freiheit gelangen.«*

Nach Ende des Prozesses schossen wilde Spekulationen ins Kraut. War Rose West wirklich an den Morden beteiligt gewesen? Hatte Fred allein gehandelt? Was war zwischen 1978, dem Mord an Shirley R., und 1987, dem Mord an Heather West, geschehen? Hatte das Mörderpaar, als das die Wests nun galten, in dieser Zeit nicht getötet? Dies wäre ungewöhnlich für Serienmörder, die zwar sogenannte »Cooling Off«-Perioden in ihren Tatzyklen kennen, - Zeiten, in denen sie keine Morde begehen - die jedoch, zumindest wenn eine Serie einmal begonnen hat, niemals mehrere Jahre dauern. Hatte Fred in dieser Zeit genug Befriedigung im Missbrauch seiner Töchter gefunden? Oder gab es noch weitere Opfer, die bisher nicht entdeckt worden waren? Letzteres schien wahrscheinlich. Die Polizei rechnete intern mit 20 bis 30 weiteren ermordeten jungen Frauen. Fred selbst hatte in seinen chronisch unzuverlässigen Aussagen behauptet, er habe noch 20 weitere Tote versteckt. Wo diese vergraben waren, blieb jedoch ungelöst. Wahrscheinlich war der »Stauraum« in der Cromwell Street einfach belegt gewesen, so dass andere Orte für die Leichenlagerung gefunden werden mussten, die bis heute nicht entdeckt wurden. Nach Prozess-Ende erging ein Aufruf an etwa 15 vermisste Frauen, die bisher nicht hatten lokalisiert werden können, sich bei der Polizei oder Verwandten zu melden, wenn sie noch am Leben seien.

Eine Tat, der weder Fred noch Rose offiziell beschuldigt wurden, gilt heute als sicher von Fred West verübt: Die Ermordung der 15-jährigen Mary B. 1968. Diese Tat hatte Fred angeblich Janet L.

gestanden. Von den Tatumständen passt das Verschwinden des Mädchens, deren Leiche bis heute nicht gefunden werden konnte, exakt in Freds Verhaltensmuster.

Rose West leugnet bis heute die Beteiligung an den Taten und schiebt alle Schuld auf ihren verstorbenen Ehemann, der sich nicht mehr wehren kann. Ihr Verteidiger strengte bereits vier Monate nach ihrer Verurteilung im März 1996 eine Revision des Urteils beim Lord Chief Justice an. Die Beweise gegen seine Mandantin seien unzureichend gewesen, allenfalls könne man ihr Beihilfe anlasten. Zudem habe die Presse eine negative Stimmung gegen die Angeklagte geschürt, so dass sie keinen fairen Prozess mit unvoreingenommenen Geschworenen hatte bekommen können. Die angerufenen Richter lehnten die Beschwerden jedoch ab. Rosemary West trug sich daraufhin mit Überlegungen, bis vor den Europäischen Gerichtshof für Menschenrechte zu ziehen. 2001 gab sie diese Pläne jedoch auf und sagte, sie sei nun bereit, den Rest ihres Lebens im Gefängnis zu verbringen. Sie habe große Schuld auf sich geladen - hier meinte sie nicht die Morde, sondern die Kindesmisshandlung und den sexuellen Missbrauch - und würde, selbst wenn sie aus der Haft entlassen würde, niemals mehr wirklich frei sein können. Da jedoch ihr Strafmaß 1995 auf lediglich 25 Jahre festgesetzt wurde - die Bekanntgabe eines Mindeststrafmaßes ist in England seit den 1990er Jahren nach Urteilen von EU-Gerichten zwingend vorgeschrieben - könnte sie somit 2019 auf freien Fuß gelangen, wenn von ihr dann keine Gefahr mehr ausginge. Dann wäre sie 66 Jahre alt.

Das Urteil gegen Rosemary West bildete das Ende der juristischen Aufarbeitung der Morde in der Cromwell Street. Für die Beteiligten war die Auseinandersetzung mit den schrecklichen Geschehnissen jedoch nicht so leicht abzuschließen. Fred Wests Bruder John erhängte sich während eines Prozesses, der klären sollte, ob er der Vergewaltigung seiner damals minderjährigen Nichte Anne-Marie schuldig sei. Anne-Marie selbst hatte bereits während des Prozesses gegen ihre Stiefmutter einen Suizidversuch unternommen und stürzte sich 1998 erneut in selbstmörderischer Absicht von einer Brücke, konnte jedoch gerettet werden. Stephen West versuchte 2002, sich das Leben zu nehmen, nachdem er von seiner damaligen Freundin verlassen worden war. 2004 musste er sich wegen der Verführung einer 14-Jährigen vor Gericht verantworten. Obwohl das Mädchen selbst von einer Liebesbeziehung zwischen ihr und dem 31-Jährigen sprach und der Richter Stephens traumatische Kindheitserlebnisse berücksichtigte, verurteilte das Gericht in Worcester Stephen West zu neun Monaten Haft.

Das »Horror-Haus« 25 Cromwell Road wurde übrigens bereits 1996 abgerissen, nachdem die Stadt es erworben hatte. Um makabren Souvenirjägern keine Chance auf Erfolg zu bieten, brachte man den Abraum an einen geheimen Ort und entsorgte ihn dort. Heute befindet sich an der Stelle, an der zehn Leichen verscharrt gelegen hatten, ein unauffälliger, grüngesäumter Fußgängerweg. Ob diese Bemühung, die Erinnerung an die Morde in Gloucester auszulöschen, erfolgreich sein wird, ist allerdings fraglich. Ein Anwohner berichtete noch zehn Jahre nach dem Prozess gegen Rose 2005, dass die Kinder der Wests ja immer noch in der Kleinstadt leben würden. Solange sie und ihr trauriges Schicksal präsent seien, könne kein Gras über die Geschehnisse wachsen.

Übrigens hatte Rose mit einer einzigen Beschwerde über das Verhalten der Presse Erfolg. Selbst die High Court Judges sahen es als Verleumdung der verurteilten zehnfachen Sexualmörderin an, dass die »Daily Mail« ihr im Vorfeld des Prozesses eine Freundschaft mit der im selben Gefängnis einsitzenden Myra Hindley angedichtet hatte. Dieser Umstand war der einzige, den Gerichte im Zusammenhang mit der Berichterstattung über den Fall West rügten. So bleibt Hindley weiterhin die unangefochtene Ikone des Bösen in England, trotz der schrecklichen Verbrechen, deren Rose West sicher schuldig ist, und der mutmaßlich von ihr mitbegangenen Morde. Ob Rose West wirklich eine Mörderin ist, muss jeder für sich selbst entscheiden. Der Prozess gegen sie konnte dies nicht überzeugend beweisen. Doch sie einfach frei zu lassen, war keine Alternative. Was bleibt, ist das unbestimmte Gefühl, dass sie gewusst haben muss.

## Wind of Change: England Mitte der 1990er Jahre

Zum Ende der zweiten Amtszeit der Regierung Major war klar, dass die Konservativen bei den nächsten Unterhauswahlen die Macht verlieren würden. Zu sehr hatten sich die Tories über der Europafrage zerfleischt, zu viele ihrer Abgeordneten hatten sich im Sumpf von Affären verheddert. Dagegen war es Tony Blair, dem smarten Parteichef der Labour Party, seit 1994 gelungen, seine Partei auch für andere Wählerschichten als die Arbeiterschaft attraktiv und wählbar zu machen. Dazu hatte er traditionelle, aber nun als allzu links empfundene Forderungen aus dem Parteiprogramm streichen lassen und versuchte, die alten Gräben zwischen den Parteiflügeln zuzuschütten. Labour liebte ihn dafür zwar nicht, hatte jedoch nach 18 Jahren in der Opposition den dringenden Wunsch, endlich wieder zu regieren. Einig war man sich darin, dass zum Erreichen dieses Zieles der charismatische junge Blair, der so anders war als die dogmatischen linken Ideologen, die Labour während der 1980er geführt hatten, am besten geeignet war. Ihm wurde zugetraut, auch die südenglischen Mittelschichten für »New Labour« zu gewinnen.

Der Schotte Blair sollte später als Premierminister seiner Heimat, ebenso wie Wales, größere Autonomie einräumen. Geboren in Edinburgh, wo er später auch einen Teil seiner Schulzeit verbrachte, machte ihn die Tragödie, die sich 1996 in der schottischen Kleinstadt Dunblane ereignete, glaubhaft betroffen. England, das sich gerade von den Enthüllungen um das Ehepaar West zu erholen versuchte, sah sich nun mit einem noch ungeheuerlicheren und sinnloseren Gewaltakt konfrontiert. Gewalt gegen Kinder war spätestens nach der erschütternden und brutalen Ermordung des erst zweijährigen James B. 1993 in Liverpool ein beherrschendes Thema, zumal an diesem Fall besonders schockiert hatte, dass die Täter selbst noch Kinder gewesen waren. Als nun das Massaker an wehrlosen Grundschülern bekannt wurde, stellte die britische Öffentlichkeit dieses Verbrechen schnell in eine Reihe mit den anderen grausamen Taten und fragte sich, was in ihrem Land falsch gelaufen sei, dass in kurzer Zeit so viele entsetzliche Gewalttaten an den Schwächsten und Wehrlosesten der Gesellschaft hatten verübt werden können. Das Misstrauen, das inzwischen der konservativen Regierung entgegen gebracht wurde, erstreckte sich dann auch auf die Aufarbeitung der schrecklichen Geschehnisse in Dunblane durch eine Regierungskommission im Herbst 1996.

## Thomas Hamilton: Das Massaker von Dunblane

Dunblane, Schottland, eine Kleinstadt mit ca. 7 300 Einwohnern, gelegen auf halbem Weg zwischen den Metropolen Glasgow und Edinburgh, etwa 10 Kilometer nördlich der Kreisstadt Stirling. Es ist der 13. März 1996, ein Mittwoch. Um 9.00 Uhr hat der Schultag an der Grundschule Dunblane Primary School begonnen, einer der größten Einrichtungen der Umgebung, die von mehr als 600 Kindern im Alter zwischen fünf und zwölf Jahren besucht wird. Zur Begrüßung treffen sich die Schülerinnen und Schüler der unteren Klassenstufen 1 bis 3 zuerst in der Aula zur 20-minütigen Morgenandacht. Danach beginnt um 9.30 Uhr der eigentliche Unterricht. Für die Klasse 1/13 mit 29 Fünf- und Sechsjährigen steht Sport auf dem Stundenplan. Zusammen mit ihrer Klassenlehrerin, der 47-jährigen Gwen M., begeben sich die Kleinen in die Sporthalle. Dort warten bereits die Sportlehrerin Eileen H. sowie eine weitere Lehrkraft, Mary B., die Mrs. M. ablösen soll, die zu einer Konferenz muss.

Als gerade mit dem Turnen begonnen werden soll, hören Lehrerinnen und Kinder plötzlich, wie es außerhalb der Turnhalle zweimal laut knallt. Dann öffnet sich gegen 9.35 Uhr die Hallentür. Bewaffnet mit mehreren Pistolen, u. a. einer halbautomatischen 9 mm Browning und zwei Smith and Wesson Revolvern Kaliber .357 stürmt ein schwarz gekleideter Mann herein und eröffnet sofort das Feuer. 29 Kugeln treffen Schülerinnen, Schüler und Lehrerinnen. Mehrere Kinder sinken zu Boden. Die Klassenlehrerin Mrs. M. bricht tödlich getroffen zusammen. Die beiden anderen Lehrkräfte - obwohl ebenfalls mehrfach angeschossen - bemühen sich geistesgegenwärtig, so viele Kinder wie möglich in den Geräteraum zu treiben, um dort Schutz zu suchen. Auch diese Schülerinnen und Schüler sind zum Teil schwer verletzt und bluten stark. Der später angefertigte Cullen-Bericht beschrieb die schrecklichen Zustände in der Sporthalle nach der ersten Salve folgendermaßen: *»Die Kinder kauerten am Boden, lagen hilflos in Pfützen von Blut, während sie die Schreie und das Wimmern ihrer Klassenkameraden hören mussten, und warteten auf Hilfe oder das Ende.«*

Der Schütze bewegt sich nun an der Ostseite der Turnhalle entlang und gibt weitere sechs Schüsse ab. Dann feuert er achtmal auf die gegenüberliegende Seite. Danach geht er in die Hallenmitte und umkreist eine Gruppe von Kinder, die es nicht mehr in Deckung geschafft haben. Auf diese Kleinen schießt er insgesamt 16-mal, wobei er sich über jedes einzelne Kind beugt und aus kurzer Entfernung abdrückt.

Währenddessen hört ein Schüler der Klasse 7, der für seinen Lehrer Scheren aus einem Lagerraum holen soll, als er an der Turnhalle vorbeikommt Schreie und Schüsse. Er öffnet die Tür und sieht einen bewaffneten Mann, der sofort auch auf ihn anlegt. Glücklicherweise wird der Junge nicht getroffen, sondern kann entkommen. Seinem Klassenlehrer berichtet er wenige Minuten später verwirrt und verständnislos von den Vorfall; das Kind kann nicht begreifen, was in der Turnhalle vor sich geht.

Aufgeschreckt durch diese Störung feuert der Eindringling nun wild in alle Richtungen, wobei Fenster zersplittern, was auch in anderen Teilen der Schule bemerkt wird. Schließlich öffnet der Schütze eine Notausgangstür. Durch diese verlässt er kurzzeitig die Turnhalle, Geschosse schlagen im Vorraum der Schulbibliothek und in einem danebenliegenden Klassenraum der Stufe 7 ein. Dort werfen sich alle Schülerinnen und Schüler schnell zu Boden, so dass niemand verletzt wird.

Für die verängstigten Erstklässler in der Sporthalle ist der Horror jedoch nicht zu Ende, denn der Schütze kehrt nun dorthin zurück und eröffnet erneut das Feuer. Dann zieht er unvermittelt einen Revolver, steckt ihn sich in den Mund und drückt ab. Es ist 9.40 Uhr.

Das Massaker hatte etwa drei bis vier Minuten gedauert. Neben der Klassenlehrerin Gwen M. lagen 15 tote Kinder auf dem Boden der Sporthalle, ein weiteres Mädchen starb auf dem Weg ins Krankenhaus an ihren schweren Schussverletzungen. Von den 29 Schülerinnen und Schülern der Klasse 1/13 war nur ein einziges Kind unverletzt geblieben.

Gleichzeitig mit dem Siebtklässler hatte eine weitere Lehrkraft, Agnes A., die Schüsse und Kinderschreie gehört. Sie rannte so schnell sie konnte ins Büro des Schulleiters, der gerade telefonierte. Auch er hatte die Geräusche vernommen, sie jedoch für Handwerkerlärm gehalten. Aufgeschreckt durch die Nachricht der Lehrerin, etwas Schreckliches gehe in der Turnhalle vor sich, unterbrach der Direktor Ronald T. sofort sein Gespräch und rief die Polizei, die seinen Anruf um 9.41 Uhr entgegennahm. Dann lief er selbst zur Turnhalle. Inzwischen waren auch andere Lehrer der Schule durch die Schüsse aufgeschreckt worden, einige hatten den Schützen sogar gesehen. Sie wiesen ihre Schülerinnen und Schüler an, die Klassenräume nicht zu verlassen.

Als Schulleiter T. die Tür zur Turnhalle öffnete, bot sich ihm ein Bild des Grauens. Er selbst beschrieb was er sah als *»Szene eines unvorstellbaren Gemetzels, jedermanns schlimmsten Albtraum«*. Auf der rechten Seite der Sporthalle entdeckte er eine Gruppe von Kindern, die offenbar weniger schwer verletzt waren. Er wies einen jungen Referendar an, diese Kinder hinauszubringen und zu versuchen, sie zu beruhigen. Dann kehrte er schnell in sein Büro zurück und ließ seine Assistentin Krankenwagen alarmieren.

Um 9.43 registrierte der erste Notarzt einen Notruf aus Dunblane. Schnell war klar, dass aufgrund der zahlreichen Opfer alle Krankenhäuser der Umgebung mit in die Operation einbezogen werden müssten. Um 9.57 traf die erste Ambulanz am Ort des Geschehens ein. Bis dahin hatten die Lehrkräfte und das Küchenpersonal sich bemüht, die verletzten Kinder zu versorgen und den Sterbenden beizustehen. Besonders diese Erfahrungen, das

Miterleben des Todes von Fünf- und Sechsjährigen, traumatisierte die Lehrerinnen und Lehrer schwer.

Ab 10.15 Uhr rollte ein Krankenwagen nach dem anderen vom Schulhof, um die Verletzen abzutransportieren und auf die Kliniken der Umgebung zu verteilen. Um möglichst schnell helfen zu können, verzichtete man zunächst auf eine Identifizierung der Kinder. Dies führte schnell zu Konfusion. Da die unmittelbar mit den Schülerinnen und Schülern bekannten Lehrerinnen verletzt oder tot waren und die überlebenden Klassenkameraden unter Schock standen, war nicht eindeutig zuzuordnen, welche Kinder nicht überlebt hatten. Zwei Schüler waren beispielsweise wegen Krankheit nicht zum Unterricht erschienen. Ein totes Kind trug Sportkleidung mit dem Namen eines anderen. Daraus ergab sich in einem Fall, dass ein Kind gleichzeitig als tot in der Turnhalle liegend und lebendig im Krankenhaus geführt wurde.

Die Nachricht vom Massaker in der Grundschule verbreitete sich in der Kleinstadt wie ein Lauffeuer. Eltern eilten herbei, um sich Gewissheit über das Schicksal ihrer Kinder zu verschaffen. Auch die Medien rückten an. Schulmassaker kannte man bisher nur aus den USA, die Ereignisse in Dunblane stellten somit in ihrer grausigen Einzigartigkeit eine Sensation dar. Die Polizei zog zwar sofort nach ihrer Ankunft um 9.50 Uhr zwei Absperrringe um die Schule, dennoch behinderte der Ansturm an Menschen – Angehörige, Schaulustige und Journalisten – den Abtransport der Verletzten.

Besonders die Medienpräsenz stellte ein Problem dar. Die Grundschule verfügte lediglich über einen einzigen Telefonanschluss, den im Zimmer des Schulleiters. Mobiltelefone waren zu dieser Zeit noch nicht allgegenwärtig. Da nach dem Bekanntwerden der Schießerei besorgte Eltern permanent versuchten, die Schule anzurufen, war der einzige Anschluss praktisch dauerbesetzt. Die Ermittler konnten daher nicht nach außerhalb telefonieren, scheuten aber andererseits davor zurück, über Funk zu kommunizieren, da die Polizeifrequenzen von Journalisten abgehört wurden. Die Beamten fürchteten, dass Reporter beispielsweise den über Funk durchgegebenen Namen eines toten Kindes mithören und dadurch den Eltern die traurige Nachricht eher als die Polizei überbringen könnten, um dann die verzweifelte Reaktion der Angehörigen hautnah einzufangen. Erst am frühen Nachmittag war die Telefongesellschaft in der Lage, weitere Leitungen in die Schule freizuschalten. Diese Kommunikationsschwierigkeiten erschwerten die Ermittlungen zusehends - besonders die Identifizierung der Opfer - da kaum Kontakt zu den einzelnen Krankenhäusern hergestellt werden konnte.

Die Eltern der Kinder aus der Klasse 1/13 waren zunächst aus der Menge der vor den Schultoren Wartenden herausgebeten und im Lehrerzimmer untergebracht worden. Den Eltern von Schülerinnen und Schülern aus anderen Klassen wurden ihre unverletzten Kinder nach und nach in kleinen Gruppen übergeben. Für die Betreuung der Angehörigen getöteter Schülerinnen und Schüler stellte die Polizei speziell geschulte Psychologenteams zusammen, die jeweils auf ihre Aufgabe vorbereitet werden mussten. So konsumierte diese eigentlich gut gemeinte Maßnahme wertvolle Zeit, die besser für die Identifizierung der Leichen und die Information der Angehörigen genutzt worden wäre. Währenddessen saßen die Eltern im engen Lehrerzimmer und wussten nicht, ob ihre Kinder lebten oder getötet worden waren. Auch über die Schwierigkeiten bei der Identifizierung und die Gründe für die zeitliche Verzögerung informierte man sie nicht. So breiteten sich in dem Zimmer Angst, Verzweiflung und Wut aus. Erst ab 13.15 Uhr, nachdem alle in Krankenhäusern liegende Kinder eindeutig identifiziert worden waren, wurden deren Eltern herausgebeten und in die jeweiligen Kliniken gebracht. Den Eltern der toten Kinder überbrachte man die schreckliche Nachricht sogar erst ab 13.45 Uhr in Einzelgesprächen. Erst gegen 15.30 Uhr wussten dann alle Eltern über das Schicksal ihrer Kinder Bescheid. Diese lange Zeit der Ungewissheit erlebten die Angehörigen als besonders belastend. Der Cullen-Report äußerte daher, bei allem Verständnis für die Schwierigkeiten und Gründe, die zu dieser Verzögerung geführt hatten, Kritik am Vorgehen der Polizei. In vergleichbaren Fällen muss nun eine Identifizierung der Opfer, auch der abzutransportierenden Verletzten, vor Ort stattfinden, um ähnliche Verwirrung wie in Dunblane zu vermeiden. Auch hätten die wartenden und besorgten

Angehörigen besser über die ablaufenden Vorgänge informiert werden müssen.

Getötet wurden elf Mädchen, fünf Jungen und eine Lehrkraft – überlebt haben vier Mädchen, elf Jungen und zwei Lehrerinnen. Bis auf drei Sechsjährige und die Lehrerin Gwen M. waren alle Opfer erst fünf Jahre alt gewesen.

Als nun die drängendste Aufgabe, nämlich zu klären, welche Kinder lebten und welche tot waren, erledigt war, wandte sich die Aufmerksamkeit dem Schützen zu. Wer konnte bewaffnet in eine Schule eindringen und wehrlose kleine Kinder im Sportunterricht gezielt und mit voller Absicht aus nächster Nähe erschießen? Was für ein Mensch war zu solch einer abgrundtief hinterhältigen Tat – oder, wie es der damalige konservative Premierminister John Major ausdrückte, zu diesem *»kranken und bösen Akt«* – fähig? Welches Motiv konnte die kaltblütige Ermordung von Erstklässlern haben?

Schnell konnte der Schütze als ein gewisser Thomas Hamilton (43) aus Stirling identifiziert werden. Dieser war nicht nur in der Schule, sondern in ganz Dunblane und in den Nachbarstädten allgemein bekannt. Seit Anfang der 1980er hatte er diverse Jugend clubs für Jungen geleitet, galt außerdem als begeisterter Sportschütze. Die Waffen, mit denen er die Kinder erschossen hatte, besaß er ganz legal. Handelte es sich bei dem Mörder also um eine Stütze der Gemeinde, einen sozial engagierten Philanthropen, der plötzlich und ohne Vorwarnung einfach durchgedreht war? Kaum. Thomas Hamilton war den meisten Leuten, die mit ihm zu tun hatten, als ausgesprochen seltsam, ja unheimlich erschienen. Er fühlte sich verfolgt, galt als Querulant und »Perverser«. Das ganze Ausmaß seines zunehmend labilen Geisteszustandes förderte jedoch erst die ausgedehnte Untersuchung seiner Lebensumstände nach der Tat zu Tage.

Thomas Hamilton war am 10. Mai 1952 in Glasgow als Thomas Watt geboren worden. Seine Eltern, Agnes Hamilton und Thomas Watt, waren zu diesem Zeitpunkt zwar noch verheiratet, lebten aber bereits getrennt und ließen sich schließlich 1955 scheiden. Kontakt zum leiblichen Vater bestand nie. Seine Mutter zog nach der Geburt ihres Sohnes wieder zu ihren Eltern, die den Jungen schließlich 1956 adoptierten und ihm den Nachnamen Hamilton gaben. Seine leibliche Mutter wurde ihm von nun an als seine Schwester vorgeführt. Erst Mitte der 1970er Jahre erfuhr der Sohn die Wahrheit. Darüber, inwieweit dies Thomas Hamiltons Gefühl von Identität erschüttert hat, kann nur spekuliert werden. Als er zwölf Jahre alt war, zog die Familie nach Stirling. Dort lebte er von 1987 bis zum 13. März 1996 in der Kent Road 7, zunächst gemeinsam mit seinen Adoptiveltern, und nach deren Tod bzw. Umzug ins Altenheim allein. Eine Freundin hatte er nie, auch keinen Freund. Nach einer Ausbildung zum technischen Zeichner eröffnete er 1972 einen Laden für Heimwerker, in dem er alles für den neuen Trend »Do It Yourself« anbot. 1983 konnte sich dies Geschäft jedoch nicht mehr gegen die entstandenen großen Baumarktketten behaupten, Hamilton musste es schließen. Ab diesem Zeitpunkt lebte er hauptsächlich von Arbeitslosenunterstützung, versuchte aber, nebenher einen Handel mit gebrauchten Fotoapparaten aufzubauen, jedoch mit eher mäßigem Erfolg. Am 13. März 1996 hatte er fast £ 6 000 Schulden und war mit seinen Steuerzahlungen im Rückstand.

In seiner Jugend hatte er eigentlich nur ein großes Hobby: die Pfadfinder oder Boy Scouts. Im Herbst 1973 beförderte man ihn in dieser Organisation zum Truppleiter. Obwohl dem eine Probezeit vorausgegangen war, in der Hamilton in keiner Weise negativ aufgefallen war, begannen sich im Winter 1973/74 Beschwerden über ihn anzusammeln. Mindestens zweimal soll er mit mehreren Jungen zu Ausflügen ins Gelände aufgebrochen sein. Ein angeblicher Motorschaden verhinderte jedes Mal, dass das angesteuerte Quartier erreicht werden konnte. Die Jungen mussten zusammen mit Hamilton auf der kleinen Ladefläche des ungeheizten Transporters übernachten. Einige trugen dabei im schottischen Winter leichte Erfrierungen davon. Als Eltern sich beschwerten, wurde Hamilton zunächst ermahnt, seine Exkursionen besser vorzubereiten. Dann kam jedoch heraus, das zumindest in einem Fall überhaupt keine Unterkunft gebucht worden war. Hatte Hamilton also von Anfang an die Absicht gehabt, mit mehreren Jungen zusammen in dem engen Auto zu übernachten? Dieses Verhalten erschien sowohl den Eltern als auch den verantwortlichen Boy-Scout-Leitern verdächtig. Sie unterstellten Hamilton unterschwellig sexuelle Motive. Ein möglicherweise pädophiler Homosexueller sollte jedoch bei den Pfadfindern keinen Platz haben. Daher bat der zuständige Distriktleiter Hamilton im Mai 1974, sein Mitgliedsbuch zurückzugeben. Als Grund wurde seine mangelnde Führungseignung genannt. Hamilton weigerte sich zunächst jedoch, diesem Befehl nachzukommen. Im Anschluss an einen umfangreichen Schriftwechsel schickte er schließlich einen auf April 1974 rückdatierten Brief, in dem er sein Ausscheiden aus den Boy Scouts verkündete. Dadurch wollte Hamilton den Eindruck erwecken, er habe die Organisation aus eigenem Antrieb verlassen und sei nicht hinausgeworfen worden. Letzteres entsprach jedoch der Wahrheit. Bis 1977 bemühte sich Hamilton dann wiederholt um eine Wiederaufnahme bei der Organisation. Dazu bewarb er sich auch in anderen Bezirken, in der Hoffnung, dort nicht bekannt zu sein. Doch die Jugendorganisation führte eine sogenannte schwarze Liste, auf der Personen vermerkt waren, die nie wieder für sie arbeiten dürften. Auf dieser Liste stand auch Hamiltons Name. Da alle Bezirke verpflichtet waren, vor der Aufnahme eines neuen Leiters dieses Verzeichnis zu konsultieren, hatte Hamilton bei den Pfadfindern keine Zukunft mehr. Dies scheint ihn zunehmend verbittert zu haben.

Im Februar 1977, als er sich damit abgefunden hatte, nie mehr bei den Boy Scouts aufgenommen zu werden, erwarb er seinen ersten Waffenschein. Darin wurde ihm der Besitz einer Pistole Kaliber .22 erlaubt. Nur mit diesem Berechtigungsschein durfte man in Großbritannien Schusswaffen legal erwerben. Außerdem wurde festgehalten, wie viel Munition man kaufte. Über die Jahre änderten sich die Einträge in Hamiltons Waffenbesitzkarte, je nachdem, welche Schusswaffen er gerade sein Eigen nannte. In regelmäßigen Abständen musste die Karte zudem erneuert werden. Ausgestellt wurden die Erlaubnisscheine von der Polizei. Diese sollte überprüfen, ob der Antragssteller gute Gründe für den Besitz einer Schusswaffe vorbringen konnte. Als guter Grund galt beispielsweise die Mitgliedschaft in einem Schützenverein. Personen, die psychisch gestört wirkten oder deren Benehmen Anlass zu Beschwerden gab, konnte die Ausstellung eines Waffenscheins verweigert werden.

Dass Thomas Hamilton bis zu seiner Tat 1996 immer wieder Verlängerungen und Umschreibungen seines Waffenscheins vornehmen lassen konnte, erschien nach dem von ihm begangenen Massenmord besonders deshalb als skandalös, weil in seinem Fall zunehmend gute Gründe vorgelegen hatten, ihm einen Waffenschein *nicht* auszustellen.

Nachdem er nämlich Ende der 1970er Jahre eingesehen hatte, auf absehbare Zeit nicht mehr bei den Boy Scouts mitarbeiten zu können, begann er, eigene Jugendclubs für Jungen zu gründen. Durch die aus diesen Vereinen abgeschöpften Mitgliedsbeiträge finanzierte er zunächst seinen Lebensunterhalt, bis seine Clubs sich allesamt als Verlustgeschäft herausstellten. Zunächst erfreuten sich seine Jugendclubs, von denen er zwischen 1981 und 1996 auch einen in der Turnhalle der Dunblane High School anbot, immer großer Beliebtheit. Manchmal kamen bis zu 70 Jungen, um gemeinsam Sport zu treiben. Diese Zahl reduzierte sich jedoch recht schnell auf ca. ein Dutzend, was mit den recht eigenwilligen Unterrichtsmethoden Hamiltons zusammenhing. Er animierte die Jungen zu altmodischer Gymnastik – fachkundige Beobachter einiger seiner Stunden beschrieben sie als unmodern, eher wie in den 1950er Jahren – die sie mit nacktem Oberkörper und lediglich mit einer schwarzen Badehose bekleidet auszuführen hatten. Dabei filmte und fotografierte er die Teilnehmer, unter denen er ganz klare Favoriten hatte. Der Umgangston war harsch, fast militärisch, mit viel Gebrüll. Auf den in Hamiltons Besitz gefundenen Filmen wirkten die sechs- bis elfjährigen Jungen verängstigt, die von ihnen verlangten Übungen waren meist viel zu anstrengend. Lange Filmsequenzen konzentrierten sich auf den Unterleib der Kinder.

Fast immer veranstaltete Hamilton die Sportkurse alleine, ohne eine weitere Lehrkraft, und dies, obwohl er über keine ausreichende Qualifikation als Sportlehrer verfügte. Manchmal halfen zu Beginn andere Eltern mit, gaben dieses Engagement jedoch bald auf, da Hamilton keine Meinung neben seiner eigenen duldete. Kontrollierende Elternbeiräte existierten in diesen Jugendclubs ebenfalls nicht, auch wenn Hamilton, darauf angesprochen, wiederholt angab, solche einrichten zu wollen, es aber nie tat. Auf

Kritik an seinen Unterrichtsmethoden und -inhalten reagierte Hamilton unwirsch und gereizt. Allerdings präsentierte er für seine Handlungen immer mehr oder weniger plausible Begründungen. Die ohne Einwilligung der Eltern gemachten Fotos beispielsweise seien für Werbezwecke. Die schwarzen Badehosen seien lediglich eine einheitliche Sportkleidung. Der nackte Oberkörper ermögliche es ihm, den korrekten Bewegungsablauf bei den Übungen zu kontrollieren. Dennoch kam das Training vielen Eltern und Jungen merkwürdig vor, so dass sie nicht mehr daran teilnehmen wollten. Bei Austritten schrieb Hamilton dann jeweils lange Briefe an Eltern und Kinder, in denen er zum Teil recht ausfallend wurde.

Hamilton veranstaltete seine zahlreichen Jugendclubs in öffentlichen Räumen, oft in Schulgebäuden. Um diese günstig mieten zu können, musste er bei den dafür zuständigen Komitees Anträge stellen. Beschwerden von Eltern führten dazu, dass die Nutzungserlaubnisse während der 1980er Jahre mehrmals überprüft wurden. Als es in einem Fall jedoch einmal so aussah, als sollte Hamilton der Mietvertrag gekündigt werden, beschwerte er sich massiv bei allen zuständigen Stellen und rief schließlich einen Schlichter an. Da dieser keine offenkundigen Verfehlungen erkennen konnte, durfte Hamilton die betreffende Sportstätte weiter nutzen. Diese Erfahrung der Niederlage führte dazu, dass sich Schulkomitees zunehmend vorsahen, kritisch gegen Hamilton vorzugehen. Andererseits galt er spätestens ab den 1990er Jahren als unerwünschter Mieter, dem keine neuen Nutzungserlaubnisse mehr erteilt wurden.

Verdachtsmomente ohne harte Faktenbasis kennzeichnen den gesamten Fall Hamilton. Viele, die mit dem Mann zu tun hatten, beschlich in seiner Gegenwart ein eigenartiges Gefühl. Der Verdacht, er sei pädophil, drängte sich zwar auf, konnte jedoch nicht durch eindeutige Beweise belegt werden. Da Hamilton rigoros gegen Kritiker vorging und alle ihm zur Verfügung stehenden Mittel ausschöpfte, bekam er so in Streitfällen immer Recht. Er sah sich dennoch zunehmend verfolgt. Da offiziell gegen ihn nicht vorgegangen werden konnte, verbreiteten sich negative Gerüchte über ihn. In Hamiltons Vorstellungswelt versuchte beispielsweise die Boy Scout Association, seine Jugendclubs, die sie als Konkurrenz empfunden hätte, kaputt zu machen. Dies ist angesichts der realen Mitgliederzahlen beider Organisationen geradezu lächerlich. In zahlreichen Schreiben an Eltern, Offizielle, die zuständigen Parlamentsabgeordneten, Verwaltungsstellen, ja sogar die englische Königin behauptete Hamilton zudem, Lehrer würden ihre Schüler vor ihm warnen und ihn als »Perversen« diffamieren. In diesen Briefen stellte er diese angeblichen Behauptungen als Lügen hin und bat um Hilfe. Sein Verhalten war zunehmend geprägt von einem sich steigernden Verfolgungswahn, in dem er sich als verleumdetes Opfer sah.

Neben dem Gerede über Hamilton stellte die Polizei mindestens zweimal auch offizielle Ermittlungen gegen ihn an. Zwei seiner Jugendcamps, die er in den Sommermonaten regelmäßig veranstaltete, hatten Argwohn erregt. Im Juli 1988 besuchten zwei alarmierte Polizeibeamte ein Zeltlager auf Ichmoan Island im Loch Lomond. Ihr Bericht hielt später fest, dass das Lager ausgesprochen dreckig und unordentlich gewesen sei. Die Tische waren übersät mit schmutzigen Tellern, die Schlafsäcke nass, dass Essen ungesund und ohne frische Zutaten. Die 13 Jungen wirkten verfroren und waren halbnackt, trugen meist nur Badehosen und hatten Kratzer an den Beinen, da Hamilton ihnen zur Abhärtung das Tragen langer Hosen verboten hatte. Einige der Kinder hielten sich zum Zeitpunkt der Visite unbeaufsichtigt auf der Insel auf. Die meisten litten unter Heimweh, besonders, da ihnen Hamilton jeglichen Kontakt mit den Eltern untersagt hatte. Außerdem erfuhren die Polizisten, dass der Gruppenleiter mindestens zwei Jungen geohrfeigt hatte. Dennoch wollte keiner von ihnen das Camp verlassen. Die Beamten konnten zwar keine akute Gefährdung der Kinder erkennen, hielten das Zeltlager aber für sehr schlecht organisiert und betreut und benachrichtigten die Eltern, von denen die meisten ihre Kinder am nächsten Tag abholten. Die Umstände des Zeltlagers zogen zwar eine offizielle Ermittlung nach sich, jedoch wurde an deren Ende entschieden, keine Klage einzureichen. Hamilton echauffierte sich jedoch extrem über die Intervention der Polizei, sah sich schikaniert und reichte mehrere Dienstaufsichtsbeschwerden gegen einen der Polizisten ein, die ebenfalls interne Untersuchungen nach sich zogen. Der betroffene Beamte erwog sogar, seinerseits wegen Beleidigung gegen Hamilton vorzugehen, nahm davon jedoch Abstand, um den Querulanten nicht noch weiter in Rage zu versetzen. Im Juli 1991 führte ein weiteres Sommercamp zu ähnlichen Ermittlungen. Auch hier konnte Hamilton kein kriminelles Verhalten nachgewiesen werden.

Trotz der über ihn zirkulierenden Gerüchte und mehrfach gegen ihn angestrengter polizeilicher Ermittlungen sahen die Behörden niemals einen Grund, Hamilton den Waffenschein abzuerkennen. Auch die immer wirrer werdenden Anschuldigungen, die er gegen seine angeblichen Verfolger erhob – darunter zunehmend auch die Polizei –, führten nicht dazu, dass die Beamten an seiner geistigen Gesundheit zweifelten. Wenn man Hamilton jedoch den Besitz von Waffen verboten hätte, wäre er gezwungen gewesen, seine Pistolen und Revolver abzugeben. Ob er dies auch sofort getan hätte, ist bei seiner widerspenstigen Geisteshaltung zwar unwahrscheinlich; dennoch hätte dieser Schritt das von ihm angerichtete Massaker vielleicht verhindern können. Dies war einer der Hauptvorwürfe, der nach Hamiltons Tat gegen die Polizei erhoben wurde. Doch wahrscheinlich stand dahinter eher Gleichgültigkeit und schlechter Informationsfluss als eine Komplott offizieller Stellen zum Schutze Thomas Hamiltons. Manche Beobachter – meist trauernde Angehörige und traumatisierte Betroffene – gingen und gehen jedoch von Verschwörungstheorien aus, die neben Hamilton und Unterstützern bei der Polizei auch die IRA, die Freimaurer, den britischen Geheimdienst und Parlamentsabgeordnete einschließen, allerdings so abstrus sind, dass sich ihre Wiedergabe hier nicht lohnt. Diese Theorien erhielten gewiss weitere Nahrung, als die zur Anfertigung des Cullen-Reports herangezogenen Unterlagen und Aussagen mit einer Sperrfrist von 100 Jahren belegt wurden. Vor Ablauf dieser Zeit sollten die Dokumente für niemanden einsehbar sein. Besonders die Eltern der getöteten und verwundeten Kinder reagierten wütend und verständnislos auf diese ungewöhnlich lange Sperrfrist und vermuteten, dass dadurch Versäumnisse der Polizei im Vorfeld des Massakers vertuscht werden sollten. Es erschien vielen nicht einsichtig, zu ihren Lebzeiten keine Hintergrundinformationen über den Mörder ihrer Kinder erhalten zu dürfen. Von offizieller Seite hieß es dazu lediglich, durch die Sperrfrist sollten Zeugen geschützt werden. Erst 2005 sind dann endlich nach langer Diskussion die meisten Dokumente im Zusammenhang mit Dunblane freigegeben worden.

Es ist sicher verständlich, dass nach Hamiltons schockierenden Morden Schuldige und Verantwortliche gesucht wurden, die über den eigentlichen Schützen hinausweisen, der sich durch seinen Selbstmord einem Urteil entzogen hatte. Zu banal erscheint der geistig verwirrte Pfadfinder-Fanatiker, um als Urheber der Auslöschung so vieler kleiner Kinder auszureichen. Das Verhalten der Polizei zeugte dabei von einer geradezu fatalen Leichtsinnigkeit bei der Ausstellung von Waffenscheinen. Eine genauere Überprüfung von Hamiltons Angaben hätte nämlich ergeben, dass er oftmals gar nicht Mitglied in den von ihm angegebenen Schützenvereinen war und von ihm angeführte Referenzpersonen ihn gar nicht kannten. Intensiver und ernsthafter gegen ihn angestrengte Ermittlungen hätten vielleicht Beweise für sexuellen Missbrauch von Kindern oder Kindeswohlgefährdung ergeben. Dass diese beiden gegen Hamilton wiederholt geäußerten Verdächtigungen nicht unternommen wurden, ist zumindest in einigen Fällen unverständlich, gerade wenn man bedenkt, was auf dem Spiel stand – das körperliche und seelische Wohlergehen kleiner Jungen. Auch, dass Schulen von Verwaltungsstellen mehr oder weniger gezwungen wurden, Räume für Hamiltons Jugendclubs auch gegen ihren Willen zur Verfügung zu stellen, mutet im Nachhinein kritikwürdig an.

Der nach dem Massaker in Auftrag gegebene Cullen-Report mahnte zahlreiche dieser Fehler, Leichtfertigkeiten und Irrtümer an. Andererseits verwies er aber auch darauf, dass viele Eltern mit Hamiltons Arbeit sehr zufrieden gewesen waren, ihn öffentlich gelobt hatten und ihre Kinder weiterhin zu ihm schickten, selbst als die polizeilichen Ermittlungen bekannt geworden waren. Allerdings hatte 1996 die Zahl der Teilnehmer an seinen Clubs so rapide abgenommen, dass zu den Treffen in Dunblane beispielsweise Kinder per Bus aus weiter entfernten Ortschaften herangeschafft werden mussten. Andere Jugendclubs hatte Hamilton im Laufe der Zeit wegen zu geringer Teilnehmerzahlen einstellen müssen. Neugründungen gelangen ihm nicht mehr.

Einige Bekannte schilderten ihn im Nachhinein als zu Beginn des Jahres 1996 immer stiller und verzweifelter. Seine Mutter jedoch, die noch am Abend des 12. März mit ihrem Sohn telefoniert hatte, bemerkte keinerlei Veränderung an ihm. Dabei ist klar, dass er seine Tat lange im Voraus geplant haben muss. Über fast zwei Jahre befragte er regelmäßig einen Jungen, der an einem seiner Clubs teilnahm und die Dunblane Primary School besuchte, genauestens nach der Schulroutine, der Zahl der Ein- und Ausgänge und der Lage der einzelnen Schulgebäude. Aus diesen Gesprächen ist später rekonstruiert worden, dass Hamilton u. U. vorgehabt hatte, bereits während der Schulversammlung um 9.00 Uhr zuzuschlagen. Er wusste jedenfalls, dass zum Tatzeitpunkt gerade die Erstklässler in der Sporthalle sein würden. Außerdem häufte er in der Zeit vor seinem Massenmord eine auffallend große Menge Munition an. Bei dem von ihm angerichteten Massaker verschoss er dann glücklicherweise nur einen Bruchteil der mitgebrachten Patronen, jedoch wahrscheinlich nicht etwa aus Mitleid, sondern weil er durch die frühe Entdeckung damit rechnen musste, von der Polizei lebend verhaftet und am geplanten Selbstmord gehindert zu werden. In seinem Haus fand die Polizei bei einer späteren Durchsuchung noch weitere Berge an Geschossen.

Die genaue Planung seiner Tat belegt auch die verwendete Ausrüstung. Die Waffen waren sauber und gepflegt. Die Munition war so gekennzeichnet, dass sie sich möglichst leicht einlegen ließ, um keine Unterbrechung des Feuers zu erzwingen. Die Beutel, in denen er die Magazine bei sich trug, wurden durch Kartoneinlagen und Bänder offengehalten, damit Hamilton schnell und mühelos nachladen konnte. Er war also nicht rasend vor Wut spontan Amok gelaufen, sondern hatte die Ermordung möglichst vieler kleiner Kinder wahrscheinlich mehrere Jahre lang unbemerkt genauestens vorbereitet.

Im Rahmen der Anfertigung des Cullen-Reports sollten auch Psychiater über die geistige Verfassung von Thomes Hamilton Auskunft geben. Man erhoffte sich dadurch größere Klarheit über die Motivation des Täters. Dabei stellte es sich natürlich als nachteilig heraus, dass die zwei Gutachter ihn nicht mehr befragen konnten, sondern auf die Auskünfte Dritter angewiesen waren. Professor Cooke und Dr. Baird aus Carstairs schlossen zunächst beide das Vorhandensein einer psychiatrischen Erkrankung bei Hamilton aus, nahmen jedoch eine schwere Persönlichkeitsstörung des Mörders an. Des Weiteren waren sich beide Kapazitäten darin einig, dass eine im Vorfeld der geplanten Taten durchgeführte psychiatrische Untersuchung sehr wahrscheinlich keine Hinweise auf seine akute Gefährlichkeit ergeben hätte. Zwar ließen sich im Nachhinein Äußerungen und Verhaltensweisen Hamiltons zusammentragen, die in der Zusammenschau Hinweise auf eine geplante Gewalttat lieferten, einzeln für sich und ohne das schreckliche Vorwissen über das Massaker wiesen diese Signale jedoch in keine eindeutige Richtung. So hätte das verübte Massaker nicht verhindert werden können. Beide Psychiater waren sich übrigens auch darin einig, dass Hamiltons Benehmen im Rahmen seiner Jugendclubs eindeutig auf Pädophilie schließen ließ.

Professor Cooke interpretierte die ihm vorgelegten Fakten und Verhaltensmuster als Belege für eine sadistische Persönlichkeitsstörung – dafür spräche Hamiltons rauer und dominanter Umgangston mit den Jungen in seinen Clubs, seine Faszination für Handfeuerwaffen (statt Bildern hingen in seinem Schlafzimmer Zielscheiben an den Wänden), seine Vorliebe für gewalttätige Filme. Lord Cullen mochte an diesen Ansatz jedoch nicht so recht glauben, denn ihm fehlten die Beweise für tatsächliche sadistische Gewaltausbrüche Hamiltons, war dieser doch ganz gegenteilig im allgemeinen Umgang immer als besonders friedlich und ausgesprochen höflich aufgefallen.

Dr. Baird kam in seiner Expertise zu dem Schluss, dass Hamilton Ansätze einer paranoiden Persönlichkeitsstörung mit Zeichen einer psychopathischen Persönlichkeit gezeigt habe. Obwohl Lord Cullen hier einräumte, dass Hamiltons Verhalten – besonders seine immer wirrer werdenden Briefe an offizielle Stellen – Verfolgungswahn belegten, tat er sich schwer damit, die Einschätzung des Mörders als Psychopathen mitzutragen, denn auch hier fehlten aus Hamiltons Vorleben Beweise, wie etwa eine

Neigung zu Gewalt. Obwohl sich die Gutachter also nicht auf eine einheitliche Diagnose einigen konnten, und obwohl der Vorsitzende der Untersuchungskommission ihnen nicht in allen Details zustimmte, akzeptierte Lord Cullen doch, dass im Fall Thomas Hamilton zumindest eine psychische Störung vorgelegen haben musste. Dies entsprach sicher auch der weit verbreiteten Annahme, dass ein geistig gesunder Mensch einen solch brutalen Anschlag auf kleine Kinder nicht fertig bringen könne. Da der Täter jedoch nicht mehr zu seinen Fantasien und Motiven befragt werden konnte, blieb seine Vorstellungswelt größtenteils im Dunklen, und über seinen inneren Antrieb ließ sich bestenfalls spekulieren. Dies Geheimnis nahm der Schütze mit ins Grab.

Nach Bekanntwerden des Massakers von Dunblane verbreiteten sich die Schockwellen über die ganze britische Insel. Das Parlament unterbrach seine laufende Sitzung und bekundete seine tief empfundene Anteilnahme. Die Queen reiste wenige Tage nach den Todesschüssen in die schottische Ortschaft und sprach den Angehörigen ihr Beileid aus. Der junge Oppositionsführer Tony Blair fiel den meisten seiner Landsleute damals durch seine sehr persönlich gehaltene Verurteilung der Tat zum ersten Mal positiv auf. Labour versprach, als Lehre aus Dunblane nach dem Gewinn der nächsten Unterhauswahlen 1997 die Waffengesetze zu verschärfen. Die regierenden Konservativen schränkten nach dem Massaker zwar zunächst den Besitz großkalibriger Handfeuerwaffen ein, doch dies genügte großen Teilen der Bevölkerung nicht. Die von Eltern aus Dunblane ins Leben gerufene Snowdrop Campaign brachte in kürzester Zeit mehr als 700 000 Unterschriften zusammen, die sich für ein generelles Schusswaffenverbot aussprachen. Doch erst die neue Regierung unter Blair setzte dies 1997 in Großbritannien durch. Die britischen Waffengesetze, die lediglich besonders ausgewählten und überprüften Personen unter strengen Auflagen gestatten, privat Waffen zu besitzen, haben dazu geführt, dass der Schießsport auf der britischen Insel fast vollständig eingestellt werden musste. Schützenvereine und Waffenhändler haben sich zwar wiederholt zusammen mit der konservativen Partei bemüht, die strengen Gesetze zu lockern, allerdings ohne Erfolg. Die Briten sind momentan noch bereit, für mehr Sicherheit die Behinderung der Ausübung des Schießsports in Kauf zu nehmen. Allerdings ist genau dieser Schutzeffekt in letzter Zeit zunehmend angezweifelt worden. Mit Schusswaffen verübte Verbrechen sind seit 1997 um ca. 40 Prozent angestiegen. Dabei wurden meist illegale Waffen benutzt. Da jedoch fast jede illegale Pistole einmal legal verkauft wurde, sollen die eisernen Waffengesetze, die zu den strengsten der Welt gehören, weiterhin in Kraft bleiben. Allerdings ist bis heute das 1997 ebenfalls geplante zentrale Waffenregister noch nicht vollständig funktionsfähig.

Dunblane selbst erholte sich nur langsam von der Tragödie. Jeder Einwohner war entweder selbst betroffen oder kannte jemanden, der ein Kind verloren hatte. Die überlebenden Schüler der Klasse 1/13 hatten lange mit Schuldgefühlen und Traumata zu kämpfen. Ihre Schulkameraden, die nicht direkt betroffen gewesen waren, litten ebenfalls unter Angstzuständen. Bis heute ist, wenig verwunderlich, in Dunblane keine Normalität eingezogen. Den zehnten Jahrestag des Massakers 2006 begingen die Eltern jedoch in aller Stille. Der Name des Ortes steht immer noch für Trauer und Entsetzen. Dies wird auch daran deutlich, wie sehr versucht wird, dieses Image loszuwerden. So stammt beispielsweise die neue englische Tennishoffnung, Andy Murray, der 2006 im Tennisturnier von Wimbledon vierter wurde, aus Dunblane. Der heute 18-Jährige besuchte 1996 als Neunjähriger die Dunblane Primary School, kann und will sich jedoch an den Tattag nicht erinnern. Da er angibt, sich durch seine Siege darum zu bemühen, seinem Heimatort wieder zu einem positiven Bild in der Welt zu verhelfen, weigert er sich, über den 13. März 1996 zu sprechen.

Als Maßnahme, die schreckliche Erinnerung an die Bluttat einzudämmen, ließ die Gemeinde die Turnhalle, in der 17 Menschen erschossen worden waren, abreißen. Zur Erinnerung an die Opfer legte man 1999 auf dem Friedhof der Stadt einen Garten der Erinnerung an. 2004 konnten durch Spenden ein Jugendzentrum und eine Sporthalle eröffnet werden, die ebenfalls an die Opfer erinnern und Kindern und Jugendlichen gleichzeitig einen Ort für Spaß und Zeitvertreib schaffen sollen. Allerdings scheint die Zeit langsam zu einem Verblassen der Mahnung durch Dunblane zu führen. Der Stadtrat der schottischen Gemeinde Blackhall plant, einen an der städtischen Grundschule von Schülern in Erinnerung an die Dunblane-Opfer angelegten Garten mit Tennisplätzen eines benachbarten Clubs überbauen zu lassen.

## Cool Britannia?

Labour konnte 1997 einen überwältigenden Wahlsieg erringen. Angetreten mit dem Slogan »Es kann nur besser werden«, weckte ihre große Mehrheit im Parlament Hoffnungen auf einschneidende Veränderungen, obwohl die Partei im Wahlkampf wohlweislich nur sehr moderate Versprechungen gemacht hatte. Trotzdem zog mit der Familie Blair ein neuer, frischer Geist in 10 Downing Street ein. Dies zeigte sich an Kleinigkeiten, die den Premierminister von seinen Vorgängern unterschieden. Anders als üblich, behielt seine Ehefrau ihren Beruf als Anwältin bei und konzentrierte sich nicht völlig auf Repräsentationspflichten. Tony Blair war außerdem der erste Premierminister seit 150 Jahren, der während seiner Amtszeit Vater wurde. Zur Geburt seines jüngsten Sohnes nahm er sich im Jahr 2000 sogar eine kurze Babypause. All dies zeigt eine moderne und menschliche Seite der Blairs.

Glücklicherweise hatte Labour kaum mit wirtschaftlichen Problemen zu kämpfen. Die Konjunktur verlief zufriedenstellend, die Zahl der Arbeitslosen lag zwar bei ca. zwei Mio., sollte aber in den nächsten Jahren auf ca. 1,5 Mio. zurückgehen. Ein weiterer Vorteil während Blairs erster Amtszeit bestand darin, dass die konservative Opposition immer noch über Europafragen zerstritten war und mit William Hague einen schwachen Parteiführer gewählt hatte, der in Auftreten und Eloquenz keine Konkurrenz für den Premierminister darstellte.

Den ersten Schock musste die neue Regierung bereits im August 1997 verkraften. Die ein Jahr zuvor vom Thronfolger geschiedene Diana, Prinzessin von Wales, starb bei einem Autounfall in Paris. Das ganze Land stand unter Schock, und die Königsfamilie, zunächst nicht gewillt, ihren Urlaub zu unterbrechen, konnte mit der großen Trauer ihrer Untertanen nicht recht umgehen. Erst dem Premierminister gelang es, der Königin den Ernst der Situation vor Augen zu führen und sie zur Rückkehr nach

London zu bewegen. Die späte Reaktion kostete die britische Monarchie jedoch zahlreiche Sympathien.

Die erste vorsichtige Reform, die Labour anging, war zunächst die Gewährung größerer Selbständigkeit für Wales und Schottland. Nach dem Motto »Teile und herrsche« durften dortige Regionalparlamente über interne Angelegenheiten zukünftig selbst entscheiden, was Westminster entlastete und die Gefahr einer Verstrickung Londons in regionale Streitigkeiten minimierte. Daneben erhielt die Hauptstadt wieder eine zentralisierte Verwaltung und einen Bürgermeister – beides war von Margaret Thatcher abgeschafft worden, da ihr aus dem Londoner Stadtrat zu viel Kritik entgegengeschlagen war. Außerdem bemühte sich der Premierminister um eine Lösung des Nordirland-Konflikts und strebte eine Entmachtung des House of Lords an. Eine behutsame Annährung an die EU erfolgte, auch wenn Labour sich immer die starken Ressentiments gegenüber Europa auf der Insel bewusst machen musste. Daneben war Labour hauptsächlich mit Versprechungen angetreten, das Sozialsystem effizienter zu gestalten und das defizitäre Gesundheitswesen zu reformieren, und besonders die langen Wartelisten für Operationen durch die Erhöhung der Bettenzahl in Krankenhäusern zu beseitigen – seit 1990 war die Bettenzahl fast halbiert worden, und eine Grippewelle im Winter 1999/2000 brachte das System an den Rand eines Kollapses. Schnelle Erfolge gelangen hier jedoch kaum. Auch der angestrebte Umbau des Bildungswesens stockte. So kam es, dass Labour vom großen Hoffnungsträger 1997 zum kleineren Übel bei der Wahl 2001 zurechtgestutzt worden war und fast drei Mio. Stimmen weniger erhielt – was beim britischen Mehrheitswahlrecht jedoch nicht so gravierende Auswirkungen zeitigt. Die neuen Herausforderungen, denen sich Großbritannien in Zeiten globalen Terrors nach dem 11. September 2001 und der Teilnahme am Irak-Krieg gegenübersieht, führten zu einer weiteren Abnahme der Zustimmung zur Regierung Blair.

Labours Politik unterschied sich eigentlich nicht stark von der der konservativen Vorgängerregierung – beide standen vor den gleichen Problemen und strebten ähnliche Lösungen an. Es war vielmehr die Art und Weise, mit der von Labour regiert wurde, die den Unterschied ausmachte. Statt grauer Langeweile schienen mit einer neuen Generation Spaß und Freundlichkeit in die Politik Einzug gehalten zu haben – so bemerkten die europäischen Kollegen bei EU-Treffen, dass der Umgang mit Blair wesentlich entspannter war als mit seinen Vorgängern. Ein neuer Ton wurde angeschlagen, als eine jüngere Generation, die nicht mehr auf Kriegs- bzw. Nachkriegserfahrungen zurückblicken konnte, sondern in den wilden und freien 1960er Jahren sozialisiert worden war, ans Ruder kam. Allerdings fehlte es auch nicht an Verweisen darauf, dass all dies Getue um »Cool Britannia« lediglich aufgesetzt und von demagogischen »Spin Doctors« – PR-Beratern – ausgeheckt worden sei, um den berechnenden Machtmenschen Blair zu verschleiern.

Immer stärker trat außerdem ein innerbritischer Konflikt zu Tage, der ebenfalls nicht ins Bild des schönen neuen England passen wollte: Der große Unterschied zwischen Stadt und Land. Die Metropolen, allen voran London, blühten auf. In den Kleinstädten und auf dem Land änderte sich jedoch wenig. Die dortige Lebensart stieß zudem bei der urbanen Elite zunehmend auf Unverständnis. Hatte es schon beim Waffenverbot aus ländlichen Gemeinden Proteste gegeben, war dies nichts gegen den Aufschrei, den die geplante Ächtung der Fuchsjagd – wegen Tierquälerei – hervorrief. Der Ausbruch der Maul- und Klauenseuche 2001 drohte zudem, die britischen Landwirtschaft, die sich gerade einigermaßen vom BSE-Schock erholt hatte, erneut schwer zu schädigen. Die Landwirte fühlten sich von der Labour-Regierung und ihren Epidemiebekämpfungsprogrammen unverstanden. Dass auf dem Land immer noch althergebrachte Autoritäten den Lauf der Dinge bestimmen, wird auch im letzten hier zu behandelnden Fall deutlich werden. Die Modernisierung Großbritanniens erstreckte sich allenfalls auf die Großstädte.

## »Dr. Death«: Harold Shipman

Dr. Harold Frederick Shipman gilt als der wahrscheinlich ungeheuerlichste Serienmörder Englands, wenn nicht gar der Welt. Doch bei diesem Massenmörder handelt es sich nicht etwa um einen blutrünstigen Schlitzer, der wie Jack the Ripper im Schutze der nächtlichen Metropole in die Jahre gekommene Straßenhuren ausweidete. Nein, diese Mordserie lief viel weniger spektakulär ab, und konnte wahrscheinlich deshalb umso länger fortgesetzt werden. Nicht nur der Täter, auch seine Opfer, die in nordenglischen Kleinstädten wohnten, galten als unbescholten und wohlanständig, so dass zunächst kein Verdacht aufkam, an den betreffenden Todesfällen könnte irgendetwas faul sein. Am meisten trug zur Nichtentdeckung der Morde jedoch bei, dass es sich bei den Opfern um alte Damen handelte, eine Gruppe also, bei der mit dem Ableben ohnehin gerechnet werden musste. Dass es allerdings mehrere Jahrzehnte dauerte, bis man dem Massenmörder auf die Schliche kam, wirft ein bedenkliches Licht auf den Umgang mit alten Menschen in Großbritannien, zudem die Untersuchung, die schließlich zu Shipmans Festnahme führte, nicht von der Polizei, sondern von Privatleuten initiiert wurde. Der 1946 in Nottingham geborene Allgemeinmediziner konnte so bis 1998 mindestens 250 seiner meist älteren Patientinnen ermorden, wahrscheinlich starben sogar 610 alte Menschen durch seine Injektionen.

Shipmans Mutter war kurz vor Ende der Schulzeit ihres Sohnes an Lungenkrebs verstorben. Dass dies den 17-Jährigen zur Aufnahme eines Medizinstudiums motivierte, ist wahrscheinlich. Er immatrikulierte sich dazu 1965 an der University of Leeds. Ein Jahr später heiratete er die erst 17-jährige Primrose May O., mit der er insgesamt vier Kinder hatte. Im August 1970 trat er seine erste Stelle als junger Arzt im Praktikum (Pre-Registration House Officer, wie es in England heißt) im Krankenhaus der Stadt Pontefact, West Yorkshire, an, einer Kleinstadt mit etwa 30 000 Einwohnern. Bereits dort beging er seine ersten Morde.

Shipman musste, um als Hausarzt oder General Practitioner (GP) zugelassen werden zu können, zwölf Monate in einem

Krankenhaus arbeiten. Während dieser Zeit war er hauptsächlich in der chirurgischen Abteilung tätig. Er blieb auch danach noch als Assistenzarzt in Pontrefact angestellt, wahrscheinlich, um mehr Erfahrungen zu sammeln. Man versetzte ihn zunächst auf die Kinderstation. Die Kollegen hielten ihn dort für einen fähigen Arzt, der sich gut um seine Patienten kümmerte, beurteilten seine Persönlichkeit jedoch als arrogant und distanziert.

Es scheint so, als habe er sich bereits als junger Mediziner sehr stark in seine Arbeit eingebracht. So wird berichtet, dass er fast rund um die Uhr auf seiner Station anzutreffen war, und dazu noch Dienste in anderen Abteilungen übernahm. Dass diese starke Arbeitsbelastung zu einer Überanstrengung führte, ist wahrscheinlich. Oftmals ist im Fall von Patiententötungen die Ermordung Schutzbefohlener ein Ventil, um Stress abzubauen. Manchmal wollen sich die meist männlichen Täter auch anstrengender Patienten entledigen, um so ihre Arbeit reibungsloser bewältigen zu können. Schließlich neigen besonders Personen mit einem sogenannten Helferkomplex zu Krankenmorden – diese Menschen behaupten, sich dem Leid nicht entziehen und nicht Nein sagen zu können, wenn sie um Sterbehilfe gebeten würden, und scheinen besonders häufig in medizinischen Berufen zu arbeiten.

Was genau in Harold Shipmans Psyche ablief, als er zu töten begann, ist jedoch unklar. Er selbst hat sich nie zu den Tötungen geäußert, weshalb seine Motivation weitestgehend im Dunkeln blieb. Shipman scheint jedoch nicht unfreiwillig mit Arbeit überhäuft worden zu sein, vielmehr lud er sich die Mehrarbeit und Überstunden selbst auf. Kollegen beschrieben ihn als sehr selbstbewusst, er hatte eine ausgesprochen hohe Meinung von sich selbst. Wahrscheinlich glaubte er, nur er allein wäre in der Lage, Patienten optimal zu behandeln. Allerdings brachte ihm sein großes Engagement das Vertrauen und den Respekt von Ärzten und Schwestern ein. Dies führte, zusammen mit seiner schon damals ausgeprägten Fähigkeit, sich bei Vorgesetzten und Oberschwestern einzuschmeicheln, dazu, dass Shipman bei ungewöhnlichen Vorfällen nicht verdächtigt wurde.

Die 2001 begonnene öffentliche Untersuchung des Falles Shipman unter Vorsitz der High Court Richterin Dame Janet

Smith, die 2002 ihren ersten und 2005 ihren letzten Bericht veröffentlichte, nahm auch seine Zeit in Pontrefact genau unter die Lupe. Todesfälle von Patienten, die nachweislich im Krankenhaus von Shipman behandelt worden waren, wurden aufgelistet und erneut bewertet. Allerdings war nach 30 Jahren anhand der noch auffindbaren Unterlagen oftmals nur schwer festzustellen, ob es sich um einen natürlichen Tod gehandelt hatte, oder ob Verdachtsmomente für ein Tötungsdelikt vorlagen.

1970 – als Shipman im August im Krankenhaus seine Tätigkeit aufgenommen hatte – kam es bis Ende des Jahres zu elf Todesfällen bei Shipmans Patienten. Hier waren in mehreren Fällen im Nachhinein keine Aussagen über Fremdeinwirkungen mehr möglich. 1971 starben 29 von Shipman behandelte Kranke, wobei in drei Fällen 2001 ein mehr oder weniger starker Verdacht des Vorliegens einer Patiententötung aufkam. Die erste Tötung ließ sich dem Arzt für den 12. April 1972 nachweisen; in diesem Jahr tötete er in schneller Folge – am 28. April und 22. Mai – noch zwei weitere Menschen. In insgesamt 18 Fällen ist er zudem verdächtig, beim Tod seiner Patienten nachgeholfen zu haben. Bei zahlreichen weiteren Verstorbenen ließ sich lediglich nichts mehr nachweisen. In den Jahren 1973 und 1974 reduzierte sich die Zahl der von Shipman behandelten Verstorbenen auf lediglich sechs bzw. zwei, allerdings arbeitete der Arzt zu dieser Zeit auf der Kinderstation bzw. als Gynäkologe, wobei in beiden Bereichen die natürlichen Todesraten relativ niedrig liegen, so dass ein Anstieg leicht aufgefallen wäre und Shipman gefährdet hätte. Daher gelten alle aufgetretenen Todesfälle aus dieser Zeit als natürlich.

Im August 1972 wurde Shipman schließlich, nachdem er von Januar bis Juli erneut auf der Chirurgie gearbeitet hatte, Facharzt auf der Kinderstation in Pontrefact. Einen ersten Dämpfer musste seine Karriere erst 1973 verkraften, als er ab September in der Gynäkologie und Geburtshilfe eingesetzt wurde, um auch auf diesen Gebieten Erfahrungen zu sammeln. Übereinstimmend beschreiben ihn Patienten und Kollegen als schlechten, ja geradezu fürchterlichen Frauenarzt. Er sei unbeholfen und nachlässig gewesen und habe seine Tätigkeit mit recht wenig Enthusiasmus verrichtet.

Am 12. April 1972 hatte Shipman sein erstes Tötungsdelikt an einem Patienten begangen. Thomas C., ein 54-jähriger ehemaliger Busfahrer, litt seit Langem an einer chronischen Bronchitis und einem Emphysem, konnte deshalb seit mehreren Jahren auch nicht mehr arbeiten. Im Frühjahr 1972 wurde er mehrmals ins Krankenhaus eingeliefert, wo er als schwieriger Patient galt. Einerseits misstraute er Ärzten und ließ sich nur widerwillig behandeln, andererseits berichtete er ausführlich über seine gesundheitlichen Probleme. Trotz seiner Atemwegserkrankungen rauchte er. Shipman äußerte sich wiederholt verständnislos und fast wütend über Mr. C., der Anfang April 1972 zudem zweimal auf eigenen Wunsch aus dem Krankenhaus entlassen wurde, nur um bereits am nächsten Tag erneut und jedes Mal in einem schlechteren Zustand wieder eingeliefert zu werden. Die letzte Einlieferung erfolgte am 8. April. Wegen chronischer Bronchitis und einem Emphysem, verbunden mit starken Atembeschwerden und einem rechtsseitigen Herzfehler mit Herzrhythmusstörungen, nahm man Thomas C. erneut stationär auf. In den nächsten Tagen verbesserte sich sein Zustand nicht, im Gegenteil, unter Shipmans Behandlung baute der Patient immer mehr ab. In der Nacht vom 11. auf den 12. April wachte die Familie des Kranken an seinem Bett, da sein Ableben unmittelbar bevorzustehen schien. Thomas C. überstand die Nacht jedoch und machte am nächsten Tag einen weitaus besseren Eindruck. Um 23.40 Uhr verstarb er dann jedoch.

Zu dieser Zeit war Shipman mit dem Kranken allein. Er holte keine Krankenschwester hinzu, wie es in Sterbefällen üblich war, und benachrichtigte auch die Familie nicht, damit sie den Sterbenden noch ein letztes Mal sehen könnte. Vielmehr scheint der Arzt den Angehörigen vermittelt zu haben, da sich Mr. C. auf dem Wege der Besserung befände, wäre ihre Anwesenheit momentan nicht notwendig.

Im Zuge der ab 2001 durchgeführten Untersuchung bewertete ein Sachverständiger die von Shipman dokumentierte Medikation des Kranken. Er kam zu dem Schluss, dass die aufgeführten Medikamente dem angeblichen Zustand des Patienten nicht entsprachen. Zudem waren wahrscheinlich von Shipman Streichungen in der Dokumentation vorgenommen worden – zumindest tat er dies in späteren Tötungsfällen. So scheint die Verordnung von 10 mg Morphium ausgestrichen, darüber vermerkte der behandelnde Arzt die Gabe von Aminophyllin, doch dieses Medikament wurde an diesem Tag dem Patienten gar nicht verschrieben. Zudem hätte bereits die von Shipman notierte wiederholte Injektion dieses Präparats den Tod des Herzkranken verursachen können, denn bei dessen Herzrhythmusstörungen hätte es gar nicht verabreicht werden dürfen. Darüber hinaus ließ sich feststellen, dass der von Shipman festgehaltene Verlauf des Sterbens nicht zu den von ihm angeblich verordneten Medikamenten passte. All dies erscheint heute so verdächtig, dass davon ausgegangen wird, dass Shipman beim Tod von Thomas C., der eine sehr schlechte Prognose hatte, nachgeholfen hat. Die Angehörigen waren nicht so sehr erstaunt über den Tod an sich, wunderten sich aber doch über die Plötzlichkeit, mit der er eingetreten war. Dennoch wurde keine Autopsie durchgeführt, die Verwandten verließen sich auf die Auskünfte und Erklärungen des Arztes.

Im selben Monat ermordete Shipman den 84-jährigen John B. Der eigentlich noch recht gesunde ältere Herr war am 29.April 1972 nachmittags mit Verdacht auf einen Herzinfarkt ins Krankenhaus von Pontrefact eingeliefert worden. Seine Familie blieb noch bis gegen 18.00 Uhr bei ihm. Er machte einen relativ guten Eindruck auf sie. Gegen 20.00 Uhr erhielten die Angehörigen jedoch die telefonische Nachricht, dass Mr. B. verstorben war. Die Tochter traf dies so überraschend, dass ihr der Telefonhörer aus der Hand fiel.

Verdächtig erscheint an diesem Fall die ausgesprochen knappe Dokumentation durch Shipman. Er vermerkte keinerlei Behandlung oder Medikation, sondern lediglich den Tod des Patienten um 20.55 Uhr, also fast eine Stunde nach dem Anruf bei der Familie, die sich jedoch nach so langer Zeit u. U. in der Uhrzeit irren könnte. Daneben schrieb Shipman lediglich, dass der Leichenbeschauer nicht zu benachrichtigen sei, obwohl dies bei Todesfällen in Krankenhäusern am Einlieferungstag Standardprozedur ist. Dies und die angeblich rapide gesundheitliche Verschlechterung lassen Fremdeinwirkung außerordentlich wahrscheinlich erscheinen. Da John B. jedoch eingeäschert wurde – wie die meisten Opfer Shipmans – lässt sich keine Autopsie mehr durchführen.

Der Tod von James R. (71) am 22. Mai 1972 wirkt ähnlich verdächtig. Mit einer Herzthrombose eingeliefert, erschien er seinen Angehörigen noch recht munter, als sie ihn im Krankenhaus verließen. Lediglich drei Stunden später war der Patient dann tot. Auch diesmal ist die Dokumentation auffallend zurückhaltend - und dennoch in einigen Punkten widersprüchlich. Auch in diesem Fall sollte der Leichenbeschauer nicht benachrichtigt werden. Auch hier war Shipman kurz vor dem Tod des Kranken mit diesem allein. Dass Shipman bei diesen drei Tötungen - wie es ihm später zur Gewohnheit werden sollte - Morphium bzw. Diamorphin (medizinisches Heroin) gespritzt haben soll, ist - vielleicht mit Ausnahme des Falles Thomas C. - aufgrund der nicht durchgeführten Leichenschauen reine Spekulation.

Da Shipman auch mehrfach auf der Kinderstation in Pontrefact eingesetzt worden war, ermittelte die Untersuchungskommission auch in diese Richtung und begutachtete nachträglich die dort aufgetretenen Todesfälle, bei denen Shipman als behandelnder Arzt in Erscheinung getreten war. Doch trotz der immer wieder aufkommenden Gerüchte, der Arzt habe auch Kinder auf dem Gewissen, ließen sich alle unter seiner Ägide vorgekommenen Sterbefälle auf der pädiatrischen Station auf natürliche Ursachen zurückführen.

1974 verließ Dr. Shipman nach seiner Assistenzzeit schließlich das Krankenhaus in Pontrefact und ließ sich als Assistant General Practitioner im Rahmen einer Gemeinschaftspraxis in Todmorden - der Ort heißt wirklich so! - bei Halifax nieder (Shipman war so zur selben Zeit in Halifax, als dort auch Peter Sutcliffe mordete). Noch im gleichen Jahr erhielt er seine Zulassung als GP. Doch bereits ein Jahr später fiel auf, dass Shipman ungewöhnlich häufig hohe Dosen Pethidin verschrieb, ein synthetisches Morphin, das bei starken Schmerzen verordnet werden kann. Es stellte sich heraus, dass der Arzt von diesem Opiat abhängig war, weshalb er von Oktober bis Dezember 1975 einen Drogenentzug hinter sich brachte. 1976 verurteilte ihn der Halifax Magistrates Court wegen Rezeptfälschung und Drogenbesitzes zu einer Geldstrafe. Die Praxisgemeinschaft hatte der Arzt verlassen müssen, er arbeitete in dieser Zeit als Clinical Medical Officer in Durham, Nordengland.

In dieser Tätigkeit hatte er hauptsächlich mit verhaltensgestörten Kindern zu tun, die er als Arzt zwar beurteilte, nicht jedoch behandelte.

Nach seiner Zeit im Krankenhaus in Pontrefact hatte er auch als niedergelassener Arzt weitergetötet bzw. dies zumindest versucht. So soll er am 21. August 1974 bei einem Hausbesuch beabsichtigt haben, die junge Medizinerin Frances Elaine O. mit einem gespritzten Opiat zu töten. Mrs. O. schöpfte damals zwar keinen Verdacht, nach Bekanntwerden der Mordserie wandte sich die inzwischen in die USA ausgewanderte und zur Professorin ernannte Medizinerin jedoch an die Polizei von Manchester, um zu berichten, wie sie nach einem Krankenbesuch ihres neuen Hausarztes Dr. Shipman kollabiert war und ins Krankenhaus hatte eingeliefert werden müssen. Damals hatte Shipman behauptet, sie habe bei der Blutentnahme für einen Test das Bewusstsein verloren. Da eine solche Blutabnahme zu Hause ausgesprochen ungewöhnlich ist, und Mrs. O. mehrere Tage im Krankenhaus bleiben musste, hielt es die Untersuchungskommission - trotz des Verlustes der medizinischen Unterlagen zu dem Fall - für möglich, dass Shipman einen Mordanschlag auf die damals 25-Jährige unternommen hatte. Dass diese 25 Jahre später ihre Geschichte unter der Überschrift *»War ich das erste Opfer des jungen Dr. Shipman?«* an die »Sunday Times« verkaufte, machte sie jedoch nicht glaubwürdiger.

Der einzige andere Todesfall aus der kurzen Zeit in Todmorden, den die Untersuchungskommission später als widerrechtliche Tötung einstufte, betraf Eva L. (70). Die Patientin litt unter Speiseröhrenkrebs, befand sich im Endstadium der Krankheit, hatte bereits sehr stark an Gewicht verloren und große Schmerzen. Schließlich rief ihr Mann am Abend des 17. März 1975 Dr. Shipman, der die Kranke regelmäßig zu Hause aufsuchte, und bat ihn um eine schmerzlindernde Spritze für seine sich quälende Frau. Was dann passierte, lässt sich unterschiedlich bewerten: Entweder gab der Arzt seiner Patientin ohne Tötungsabsicht eine hohe Dosis Schmerzmittel, an der die Kranke dennoch verstarb - dies wäre nicht strafbar. Injizierte er jedoch absichtlich, z. B. zur Sterbehilfe, eine tödliche Dosis, musste dies als gesetzeswidrige

Tötung eingestuft werden. Es ist spekuliert worden, dass Mr. L. den Arzt um eine Beendigung der Leiden seiner Frau gebeten hat. Auch dies wäre gegen das Gesetz gewesen. Die Untersuchungskommission ging jedenfalls davon aus, dass Shipman die Frau entweder mit Pethidin, Morphium oder Diamorphin absichtlich getötet hatte, wobei durch sein Eingreifen ihre Lebensspanne in Anbetracht ihrer schweren Erkrankung nicht wesentlich verkürzt worden sei. Sechs weitere Todesfälle während Shipmans Zeit in Todmorden erscheinen zwar verdächtig, Tötungsdelikte ließen sich jedoch nicht nachweisen.

Im Herbst 1977 ließ Shipman sich in Hyde nieder - dort hatten auch die Moor-Mörder Myra Hindley und Ian Brady gelebt - und schloss sich einer dortigen Praxisgemeinschaft als GP an. 1992 bezog er schließlich seine eigene Praxis. Ab 1978 häufen sich nun die verdächtigen Todesfälle und die im Nachhinein als Tötungsdelikte eingeschätzten Taten. Es wäre redundant, jeden dieser Fälle hier aufzurollen. Daher vollführen wir einen Zeitsprung von mehr als 20 Jahren und begeben uns ins Jahr 1998, als »Dr. Death« endlich das Handwerk gelegt werden konnte.

Im März dieses Jahres begab sich die ortsansässige Ärztin Dr. Linda R. zum Leichenbeschauer für die Region Süd-Manchester, um einen ungeheuerlichen Verdacht zu äußern. Sie hatte ermittelt, dass die Patienten von Dr. Harold Shipman überdurchschnittlich häufig starben. Dass sie von der außergewöhnlich hohen Todesrate wusste, lag an einem Sicherungsmechanismus des englischen Gesundheitssystems, nach dem das Formular, das einen Toten zur Einäscherung freigab, nicht nur vom Hausarzt unterschrieben, sondern von mindestens einem weiteren Arzt gegengezeichnet werden musste. Dr. Linda R., die oftmals wegen ihrer nahegelegenen Praxis von Shipman zum Unterschreiben der Kremationserlaubnis herangezogen wurde, war schließlich so besorgt, dass sie sich an die zuständige Aufsichtsperson wandte. Sie wollte sich jedoch dem Leichenbeschauer gegenüber kein Urteil darüber anmaßen, ob ihr Kollege Shipman seine Patientinnen wirklich absichtlich ermordete, oder ob er einfach nur ein unfähiger Mediziner sei, dessen Patienten Opfer unzureichender Behandlung wurden.

Auch andere hatte inzwischen ein ungutes Gefühl beschlichen. Da war die Bestattungsunternehmerin Deborah M., die sich über die vielen Leichen wunderte, deren Totenschein von Dr. Shipman ausgestellt worden war. Sie sprach schließlich 1997 Dr. Linda R. an und lenkte so deren Augenmerk auf den Kollegen. Auch der Taxifahrer John S., der häufig Krankenfahrten unternahm, musste feststellen, dass zahlreiche seiner kranken Kundinnen, die sich von Dr. Shipman behandeln ließen, plötzlich verstarben. Er hatte angeblich eine Liste mit 26 verdächtigen Todesfällen zusammengestellt, doch um zur Polizei zu gehen, reichte sein Mut nicht aus. Schließlich war der Arzt beliebt, galt als fähig und ausgesprochen engagiert.

Erst der Leichenbeschauer für Süd-Manchester wandte sich nach Prüfung der Anschuldigungen an die Polizei. Die begann jedoch nur recht halbherzig zu ermitteln und setzte dafür auch noch junge und unerfahrene Beamte ein. Da diese nach einer lediglich oberflächlichen Untersuchung keine Beweise für ein Fehlverhalten des Arztes entdecken konnten, stellte man das Verfahren gegen Dr. Shipman am 17. April 1998 ein. Am 11. Mai starb Winifred M. (73), am 12. Juni Joan May M. (73), am 24. Juni Kathleen G. (81). In allen drei Fällen wurde Shipman später des Mordes überführt.

Zum Verhängnis gereichte ihm der Fall Kathleen G. Trotz ihres hohen Alters war die Seniorin bei ausgesprochen guter Gesundheit, engagierte sich in mehreren gemeinnützigen Einrichtungen und hatte einen großen Freundeskreis. Noch den Abend vor ihrem Tod verbrachte sie mit einer guten Bekannten, der keinerlei Gesundheitsprobleme auffielen. Am 9. Juni hatte ihr Hausarzt Dr. Shipman sie überredet, an einer angeblichen Geriatrie-Studie der Universität Manchester teilzunehmen. Dazu ließ er sie ein Formular unterschreiben, wodurch er ihre Originalunterschrift erlangte. Anschließend beglaubigten zwei ebenfalls anwesende Patienten die Unterschrift. Außerdem behauptete er, er müsse Mrs. G. für die Tests auf nüchternen Magen eine Blutprobe entnehmen und bot ihr an, zu ihrer Bequemlichkeit früh morgens bei ihr zu Hause vorbeizukommen, um das Blut abzunehmen. Der Termin wurde auf den 24. Juni morgens um 8.30 Uhr festgesetzt.

An diesem Tag erschien Kathleen G. nicht zu ihrem ehrenamtlichen Dienst in einer Altentagesstätte, woraufhin mittags zwei ihrer Kollegen zu ihr nach Hause geschickt wurden, um nachzusehen, ob mit ihr alles in Ordnung sei. Sie fanden die Haustür nicht abgeschlossen. Drinnen auf dem Sofa lag Mrs. Kathleen G., kalt und tot. Die Kollegen riefen daraufhin ihren Hausarzt Dr. Shipman. Dieser stellte nach einer kurzen Untersuchung der Toten Herzstillstand fest und telefonierte anschließend mit dem Leichenbeschauer. Man einigte sich auf die Todesursache Altersschwäche.

Die ebenfalls benachrichtigte Polizei - dies war bei einem zunächst ungeklärten Todesfall üblich - befragte Shipman später am Tag. Er gab an, Mrs. G. am Vormittag aufgesucht zu haben, da sie sich nicht wohl gefühlt habe. Er erwähnte nichts von einer Blutentnahme und bescheinigte den Ermittlern einen natürlichen Tod der Frau. Die Beamten gaben sich, nachdem sie selbst die Leiche kurz in Augenschein genommen und nichts Verdächtiges bemerkt hatten, mit dieser Auskunft zufrieden und unternahmen keine weiteren Schritte.

Mit Kathleen G.s Tochter, der Anwältin Angela W., sprach Shipman am nächsten Tag. Er war dabei recht vage in seinen Aussagen zum Gesundheitszustand ihrer Mutter, erwähnte aber den Hausbesuch.

Am Todestag der älteren Dame hatte eine in Hyde ansässige Anwaltskanzlei, mit der Mrs. G. zuvor niemals in Kontakt getreten war, ein auf den 9. Juni datiertes Testament erhalten, in dem die Verstorbene ihr gesamtes beträchtliches Vermögen von £ 386 000 ihrem Hausarzt vermachte. Am 30. Juni erhielten die überraschten Juristen dann einen Brief von einem gewissen Mr. Smith, der mitteilte, die Tochter von Mrs. G. sei unter deren alter Adresse erreichbar. Die Anwälte legten Mrs. Angela W. nun den angeblichen letzten Willen ihrer Mutter vor. Diese war nicht nur deshalb perplex, weil sie und ihre Kinder sich immer gut mit der Verstorbenen verstanden hatten, sondern auch, weil sie in ihrer Kanzlei ebenfalls ein Testament ihrer Mutter verwahrte, in dem das Vermögen unter ihr und den Enkeln aufgeteilt wurde. Angela W. erstattete daraufhin Anzeige gegen Dr. Shipman. Die nun durchgeführte Autopsie ergab klar, dass Mrs. G. mit Morphium vergiftet worden war.

Außerdem stellte sich das neue Testament als plumpe Fälschung heraus, geschrieben, ebenso wie der Brief von Mr. Smith, auf Harold Shipmans Schreibmaschine. Der Hausarzt wurde am 7. September 1998 festgenommen.

Shipman beteuerte jedoch seine Unschuld. Während seines Prozesses behauptete er, Mrs. G. seit längerem im Verdacht gehabt zu haben, Drogen zu nehmen. Um dies beweisen zu können, habe er sich eine Blutprobe der alten Dame verschaffen wollen. Deshalb hätte er ihr am Morgen des 24. Juni daheim Blut abgenommen. Über den Verbleib dieser Probe verstrickte er sich jedoch in Widersprüche. Einmal will er vergessen haben, sie an ein Labor zu schicken und das verdorbene und unbrauchbare Sample anschließend weggeworfen haben; ein anderes Mal wollte er es dann doch abgeschickt haben, da der Pathologe es jedoch nicht vorliegen habe, müsste es dort verloren gegangen sein. Die tödliche Dosis Morphium müsse sich die Drogenabhängige nach seinem Besuch selbst injiziert haben.

Diese Erklärung wirkte jedoch extrem unglaubwürdig. Zudem gaben Nachbarn an, Mrs. G. sei sehr auf ihre Sicherheit bedacht gewesen und habe immer ihre Haustür abgeschlossen. Dass diese an ihrem Todestag offen gestanden habe, könne nur damit erklärt werden, dass sie nicht mehr in der Lage gewesen sei, hinter ihrem letzten Gast - ihrem Arzt - abzuschließen, weil sie bereits tot gewesen war. Da Shipman keinen Schlüssel hatte, konnte er hinter sich beim Verlassen des Hauses nicht absperren. Außerdem zeigte sich, dass Shipman nachträglich Kathleen G.s Krankenakte gefälscht hatte, um ihr einen schlechten Gesundheitszustand anzudichten, der ihren Tod aufgrund von Altersschwäche wahrscheinlicher hätte erscheinen lassen sollen.

Wirklich verdächtig machte sich Shipman jedoch erst durch die Testamentsfälschung. Diese war so plump vorgenommen worden, dass sie einfach erkannt werden musste. Nie zuvor hatte Shipman versucht, sich am Vermögen seiner Opfer zu bereichern, warum also in diesem Fall? Oder fertigte er den falschen letzten Willen nur deshalb auf so durchschaubare Weise an, um endlich gefasst zu werden? Wollte er das Morden beenden, war dazu aber selbst nicht in der Lage und legte deshalb eine kaum übersehbare

Fährte zu sich? Oder überschätzte er sich inzwischen so sehr und hielt sich für so viel schlauer als die Polizei, dass er nicht glauben konnte, überführt zu werden?

Da Shipman alle Mordvorwürfe abstritt, hat er auch niemals Auskunft über seine Motive gegeben. Daher bleiben nur Spekulationen: Fühlte sich der ambitionierte Mediziner, der seinen Intellekt als den meisten seiner Mitmenschen überlegen einstufte, als einfacher Kleinstadtarzt im Leben gescheitert und ließ seine Frustration deshalb an älteren Patientinnen aus? Hatten die Taten vielleicht etwas mit dem Krebstod der eigenen Mutter zu tun, der Shipman als Jugendlicher nicht hatte helfen können? Der Polizeipsychologe Dr. Richard Badcock, der sich mehrmals während der Untersuchungshaft mit Shipman unterhalten hatte, sprach von einer unbestimmten Angst des Arztes, die dieser mit Hilfe der Patiententötungen im Zaum zu halten versucht habe. Spaß habe ihm das Töten nicht gemacht, eher sei es zunehmend eine Last gewesen. Ein Kollege Shipmans vermutete dagegen, der Mediziner habe es genossen, seine Macht als Herr über Leben und Tod auszukosten.

Der Gerichtsgutachter Dr. Chris Missen erkannte in Shipmans Morden einen zunehmenden Kontrollverlust des Täters. Je größer sein Ego und der Glaube an die eigene Überlegenheit geworden sei, desto größer sei auch die Furcht des Arztes vor einer Zerstörung dieses Selbstbildes geworden. Besonders bedroht habe er sich von Frauen mittleren Alters gefühlt – die ihn an seine an Krebs gestorbene Mutter erinnert hätten. Meinte er, von diesen nicht ernst genommen oder kritisiert zu werden, sei er zunehmend weniger in der Lage gewesen, seine Wut zu kanalisieren. Nach außen verbarg er jedoch all seine negativen Gefühle, was dazu geführt habe, dass sie zunehmend unkontrollierbar aus ihm hervorgebrochen seien, wenn er sich in einer als sicher empfundenen Situation befand, z. B. allein mit einer alten kranken Frau. Dabei habe der nicht verrauchen wollende, sondern sich sogar noch steigernde Zorn dazu geführt, dass Shipman immer weniger Kontrolle über seine Taten gehabt habe. Daher entstand der Anschein, der Täter gehe immer unvorsichtiger zu Werke. Um mit den Morden fertig werden zu können, habe der Arzt eine Strategie der Negierung der Taten vor sich selbst entwickelt, die zuerst zu einer Spaltung seiner Persönlichkeit und schließlich zu einem völligen Zerfall seiner Psyche geführt habe. Dies habe in eine schwere Depression gemündet, die, wenn der Mediziner nicht verhaftet worden wäre, durchaus auch in einen Suizid hätte umschlagen können, wenn sich die Aggressionen statt gegen die Patientinnen gegen sich selbst gerichtet hätten. All dies bedeutete jedoch nicht, dass Shipman juristisch nicht für seine Taten verantwortlich zu machen sei.

Die Shipman verhörenden Beamten beschrieben ihn als arrogant und überheblich. Er schien die Beschuldigungen eher als ein Spiel zu betrachten, und erweckte den Eindruck, sich den Ermittlern intellektuell weit überlegen zu fühlen. Dies nützte ihm jedoch nichts. Nach seiner Festnahme im Fall Kathleen G. meldeten sich immer mehr besorgte Angehörige toter Shipman-Patientinnen, die sich schon immer über das sehr plötzliche Ableben ihrer Verwandten gewundert hatten und nun den Mut fassten, die jeweiligen Verdachtsmomente der Polizei mitzuteilen. Aus der Fülle von verdächtigen Todesfällen in seiner Praxis – die Ermittler hatten die Todesumstände von insgesamt 136 Patientinnen untersucht – gelang es der Polizei schließlich, 14 weitere Taten herauszufiltern, in denen Shipman eines Tötungsdeliktes überführt werden konnte:

**1.) Marie W., 81 Jahre alt (6. März 1995)**

Einige Wochen vor ihrem Tod hatte Mrs. W. ihren Hausarzt Dr. Shipman wegen Arthritis-Beschwerden aufgesucht. Er verschrieb ihr daraufhin Diamorphin-Schmerztabletten. Obwohl sie unter Asthma und Durchblutungsstörungen litt, war sie für ihr Alter ausgesprochen rüstig. Am 6. März hatte Marie W. Besuch von einer guten Freundin, Mrs. H. Diese wusste, dass am Nachmittag der Arzt einen kurzen Kontrollbesuch machen sollte. Als Shipman eintraf, hatte Mrs. H. gerade das Badezimmer aufgesucht und ging anschließend in die Küche, um die Untersuchung im Wohnzimmer nicht zu stören. Von dort hörte sie zunächst Stimmen, dann Stille. Plötzlich betrat der Doktor die Küche und wirkte erschrocken und überrascht, als er eine weitere alte Dame dort vorfand. Dennoch erklärte er unumwunden, Marie W. sei gerade verstorben und er müsse nun ihren Sohn benachrichtigen. Ungläubig ging Mrs. H. mit dem Arzt zurück ins Wohnzimmer und fand die Freundin wie schlafend in ihrem Sessel sitzend. Dr. Shipman hob das Augenlid der Toten und erklärte, da wäre nichts mehr zu machen. Mrs. H. gegenüber behauptete er, er habe sich nur einmal kurz umgedreht, um das Blutdruckmessgerät zu verstauen, und als er sich seiner Patientin wieder zugewandt habe, wäre diese bereits kollabiert gewesen. Als Todesursache nannte er einen massiven Schlaganfall. Als der benachrichtigte Sohn eintraf, soll Shipman jedoch behauptet haben, er hätte das Haus verlassen, um das Blutdruckmessgerät in sein Auto zurückzubringen; bei seiner Rückkehr sei Mrs. W. dann tot gewesen. Wiederbelebungsversuche hätten keinen Sinn mehr gemacht, da Marie W., hätte man sie wieder zurückgeholt, schwerbehindert gewesen wäre.

Da Mrs. W. verbrannt wurde, konnte später keine Exhumierung und Untersuchung der Leiche durchgeführt werden, so dass eine Vergiftung durch Shipman nicht mehr nachweisbar war. Allerdings ist vieles an dem Fall verdächtig: Shipman war mit Mrs. W. allein im Zimmer, als sie starb, auch wenn er später angab, eine Freundin der Toten sei anwesend gewesen (eine für Shipman typische Verdrehung der Wahrheit, denn Mrs. H. war zwar im Haus, aber nicht im Raum gewesen). Der friedliche Anblick der Leiche, die aussah, als ob sie schliefe, passte nicht zur angegebenen Todesursache schwerer Schlaganfall. Nachträglich konstruierte Shipman zudem eine zu dieser Todesart passende Krankengeschichte, die jedoch vom Sohn der Toten nicht bestätigt werden konnte. Außerdem benachrichtigte Shipman keinen Leichenbeschauer, obwohl ein plötzlicher Tod dies zwingend erforderlich gemacht hätte. All diese verdächtigen Umstände sprechen dafür, dass der Arzt seine Patientin – wahrscheinlich mit einer hohen Dosis Pethidin – getötet hat.

**2.) Irene T., 67 Jahre alt (11. Juli 1996)**

Irene T. hatte eine komplizierte Krankengeschichte hinter sich. So litt sie an Diabetes und Bluthochdruck und hatte eine Brustkrebserkrankung überstanden. Eine Woche vor ihrem Tod hatte sie noch einen Urlaub an der See verbracht und bei ihrer Rückkehr über eine Erkältung geklagt. Ihr Schwiegersohn empfahl ihr daraufhin, ihren Arzt anzurufen. Obwohl vormittags benachrichtigt, traf Shipman erst gegen 15.30 Uhr ein. Laut seinen späteren Angaben sei Mrs. T. völlig dehydriert gewesen, habe sich öfters und seit mehreren Tagen übergeben und sehr krank gewirkt. Die Einlieferung ins Krankenhaus habe sie jedoch abgelehnt. Shipman will daraufhin eine Urinprobe entnommen haben, die er in seiner Praxis analysieren wollte, und bat beim Verlassen des Hauses eine Nachbarin, Mrs. W., in ca. fünf Minuten nach der Kranken zu sehen. Als Mrs. W. dies tun wollte, fand sie Mrs. T. leblos im Bett liegend vor. Kurz darauf kehrte Dr. Shipman zurück und stellte den Tod der Patientin fest. Den überraschten Angehörigen teilte er mit, Irene T. habe ihre Diabetes-Medikamente nicht regelmäßig genommen und sich dann auch noch geweigert, ein Krankenhaus aufzusuchen. Sie hätte überlebt, wenn sie ihn früher benachrichtigt hätte. Als Todesursache gab er Kreislaufversagen in Kombination mit Bluthochdruck, Diabetes und Herzkrankheit an.

Gutachter stellten nach Shipmans Verhaftung fest, dass Irene T.s Gesundheitszustand zwar recht labil gewesen sein muss, ein so plötzlicher Tod jedoch unwahrscheinlich war. Wenn sie wirklich in einem so schlechten Zustand gewesen sei, wie Shipman behauptete, als er bei ihr eintraf, hätte er sich nicht mit der Entnahme einer Urinprobe aufhalten dürfen, sondern die Kranke in ein Hospital bringen lassen müssen. Da er dies nicht getan hatte, war er entweder ein inkompetenter Arzt, oder Mrs. T. war es besser gegangen als der Doktor behauptete. Bei einer Autopsie nach der Exhumierung zeigte sich darüber hinaus, dass sowohl der Diabetes als auch der Bluthochdruck gut behandelt worden und eingestellt gewesen waren. Dafür fanden die Sachverständigen Rückstände einer tödlichen Dosis Morphium im Gewebe der Toten.

Irene T.s Fall ist insofern typisch, als Shipman häufig Patientinnen tötete, deren angeschlagene Gesundheit Laien einen plötzlichen Tod zumindest wahrscheinlich erscheinen lassen konnte. Zudem sorgte er bei seinen Morden meist dafür, dass die Toten von anderen Personen entdeckt wurden – wie hier von der Nachbarin Mrs. W. – um so keinen Verdacht gegen sich aufkommen zu lassen.

**3.) Lizzie A., 77 Jahre alt (28. Februar 1997)**

Lizzie A., eine ehemalige Tänzerin, war gerade von einer Reise nach Malta zurückgekehrt, als sie über Husten und Schnupfen zu klagen begann. Ihre Tochter holte deshalb am 27. Februar ein Rezept für ein Antibiotikum aus der Praxis von Dr. Shipman. Dieses Medikament vertrug Mrs. A. jedoch nicht, weshalb sie am 28. Februar ihren Hausarzt um einen Besuch bat. Am Vormittag erledigte sie dann ihre Wäsche, kochte und war gerade mit Bügeln beschäftigt, als Shipman gegen 14.00 Uhr eintraf.

Kurz vor 15.00 Uhr wollte ein Freund, Mr. C., Lizzie A. besuchen. Er fand die Haustür unverschlossen, im Wohnzimmer stand Dr. Shipman. Er behauptete, gerade einen Krankenwagen für Mrs. A. gerufen zu haben. Mr. C. sah seine Bekannte wie schlafend in einem Stuhl sitzen, als der Arzt hinzutrat und meinte, sie sei »gegangen«. Shipman unternahm keinerlei Wiederbelebungsversuche, noch untersuchte er die Tote genauer. Er benachrichtigte jedoch die Tochter und nannte als Todesursache Lungenentzündung.

Da Lizzie A. eingeäschert wurde, konnte nach Shipmans Festnahme keine Autopsie an ihr durchgeführt werden. Dennoch erscheint ihr Tod sehr verdächtig. Obwohl der Doktor es in der Krankendokumentation so darstellte als wäre Mr. C. beim Eintritt des Todes dabei gewesen, war dieser in Wahrheit gerade erst angekommen. Außerdem kann Mrs. A.s Zustand nicht so schlecht gewesen sein, dass mit ihrem Tod zu rechnen war, denn sonst hätte sie ihre gewohnte Hausarbeit nicht erledigen können. Außerdem riet Shipman den Verwandten von einer Autopsie ab, auch dem Leichenbeschauer meldete er den plötzlichen Tod nicht. Später konnte festgestellt werden, dass von Mrs. A.s Telefon aus niemals ein Krankenwagen gerufen worden war. Die entspannte Position der Leiche im Sessel passt nicht zu einem Tod aufgrund von Lungenentzündung.

**4.) Jean L., 58 Jahre alt (25. April 1997)**

Mrs. L. war eine kranke Frau, die ein Herzleiden hatte und sich außerhalb des Hauses nur im Rollstuhl fortbewegte. Einige Tage vor ihrem Tod litt sie zudem an einer starken Erkältung. Daher kam Dr. Shipman gegen 12.00 Uhr am 25. April bei ihr vorbei. Eine Nachbarin, die wusste, dass Jean L. sich nicht wohl fühlte, sah ihn gegen 13.00 wieder gehen. Daraufhin betrat die Nachbarin das Haus um zu sehen, ob Mrs. L. etwas brauche, und fand sie tot auf dem Sofa liegen. Sie sah Dr. Shipman noch wegfahren, unternahm daher zunächst allein Wiederbelebungsversuche, und rief, als diese keine Wirkung zeigten, zuerst Shipmans Praxis und dann den Rettungswagen an. Die Sanitäter, die um 13.30 Uhr eintrafen, konnten jedoch nur noch den Tod von Jean L. feststellen. Als Todesursache vermerkte der zurückgekehrte Shipman Herzversagen. Dem Witwer erklärte er, wegen des schlechten Allgemeinzustandes seiner toten Frau sei eine Autopsie unnötig. Eine Untersuchung des exhumierten Leichnams nach Shipmans Verhaftung wies im Gewebe eine tödliche Dosis Morphium nach.

**5.) Ivy L., 63 Jahre alt (29. Mai 1997)**

Die chronisch kranke Ivy L. starb in Shipmans Praxis. Sie litt ursprünglich an Atemwegserkrankungen und war eine ausgesprochen häufige Besucherin der Shipman-Praxis (der Doktor scherzte nach ihrem Tod, fast hätte er einen eigens für sie reservierten Stuhl in seinem Wartezimmer aufgestellt), klagte an ihrem Todestag über Brustschmerzen und wollte deshalb gegen 16.00 Uhr zum Arzt. Shipman untersuchte sie zunächst und brachte sie dann in einen Behandlungsraum, um ein EKG durchzuführen. Dann behandelte er zunächst drei andere Patienten, bis er zu Mrs. L. zurückkehrte. Kurz darauf erklärte er der Sprechstundenhilfe, Ivy L. sei gestorben, sie solle den Sohn benachrichtigen. Da dieser nicht erreichbar war, rief die Sprechstundenhilfe schließlich die Polizei. Ein Beamter kam auch und ließ sich vom Arzt erläutern, Mrs. L. sei an Herzversagen gestorben. Der Polizist zweifelte diese Expertenmeinung nicht an. Ivy L.s Krankengeschichte enthielt lediglich einen weit zurückliegenden Hinweis auf ein Herzleiden. Eine Autopsie wurde nicht durchgeführt. Nach Shipmans Verhaftung ergab eine Untersuchung des exhumierten Leichnams jedoch Rückstände einer tödlichen Morphiumdosis.

**6.) Muriel G., 76 Jahre alt (14. Juli 1997)**

Mrs. G. war völlig gesund bis auf einen etwas erhöhten Blutdruck, der jedoch behandelt wurde. Ihren Hausarzt Dr. Shipman hatte sie zuletzt im Mai wegen Rückenschmerzen konsultiert. Am Morgen des 14. Juli wollte eine Freundin sie abholen. Als die Tür nicht geöffnet wurde, benachrichtigte sie die Tochter, die mit ihrem Schlüssel die Wohnung betrat. Beide Frauen fanden Muriel G. angezogen und reglos auf dem Bett liegen. Sie riefen Dr. Shipman, der die Tote kurz betrachtete und dann als Todesursache einen Herzanfall diagnostizierte. Eine nach Shipmans Verhaftung vorgenommene Autopsie wies eine tödliche Dosis Morphium nach.

**7.) Marie Q., 67 Jahre alt (24. November 1997)**

Um 18.32 Uhr am Abend des 24. November rief Dr. Shipman aus der Wohnung von Mrs. Q. ihre Freundin Mrs. H. an und teilte ihr mit, dass Marie Q. soeben an einem Schlaganfall gestorben sei. Später behauptete er, seine Patientin habe ihn gegen 17.45 angerufen und über ein Taubheitsgefühl auf der linken Körperseite geklagt. Er sei gegen 18.15 Uhr bei ihr eingetroffen, habe sie bewusstlos auf dem Küchenboden gefunden und einige Minuten später nur noch den Tod feststellen können. Von Marie Q.s Telefon ist am 24. November nie in Shipmans Praxis angerufen worden. Zudem zeigen seine Unterlagen, dass er dort um 18.16 Uhr noch einen Patienten behandelte. Dafür ergab eine nach seiner Verhaftung durchgeführte Autopsie das Vorhandensein einer tödlichen Dosis Morphium - jedoch keinerlei Hinweise auf einen Schlaganfall.

**8.) Kathleen W., 81 Jahre alt (9. Dezember 1997)**

Am 9. Dezember erschien Dr. Shipman zwischen 14.00 Uhr und 15.00 Uhr bei Mrs. W. zu Hause. Nachbarn bemerkten, dass sein Besuch sie zu überraschen schien. Am Vormittag hatte sie noch Einkäufe erledigt. Am Nachmittag klingelte Shipman dann bei einem Nachbarn und teilte diesem mit, dass Kathleen W. gestorben sei und er ihre Verwandten benachrichtigen wolle. Ihrem Sohn sagte er, dass seine herzkranke Mutter an einer Thrombose gestorben sei. Er habe noch eine Ambulanz gerufen, diese nach Mrs. W.s Kollaps jedoch wieder abbestellt. Kathleen W. wurde eingeäschert. Am Tage ihre Todes war von ihrem Anschluss aus nicht bei Shipman angerufen worden. Auch hatte mit ihrem Telefon niemand einen Rettungswagen gerufen. Außerdem litt sie an keiner Herzerkrankung, sondern war völlig gesund. All dies lässt ihren plötzlichen Tod ausgesprochen verdächtig erscheinen.

**9.) Bianka P., 49 Jahre alt (10. Dezember 1997)**

Mrs. P. litt unter Depressionen, war starke Raucherin und hatte einige Tage vor ihrem Tod über Brustschmerzen geklagt. Nachbarn gegenüber erwähnte sie, dass ihr Arzt am 10. Dezember einen Hausbesuch bei ihr machen wollte. Als gegen 17.00 Uhr an diesem Tag eine Gemeindeschwester keinen Zutritt zu ihrem Haus erhielt, sondern Bianka P. durchs Fenster reglos auf dem Sofa liegen sah, benachrichtigte sie den Sohn, der mit seinem Schüssel die Tür öffnete. Die gerufenen Sanitäter konnten nur noch den Tod feststellen und benachrichtigten den Hausarzt. Shipman erklärte dem überraschten Sohn, seine Mutter habe bereits seit zehn Monaten an einer Angina gelitten, die durch das Rauchen verschlimmert worden sei. Ihr Tod sei daher auf Herzversagen zurückzuführen. Am nächsten Tag machte Shipman gegenüber Mrs. P.s Psychiater völlig andere Angaben. Er berichtete von einem angeblich am 8. Dezember erstellten EKG, von seinem Hausbesuch am 10. Dezember, einem Kollaps der Patientin und vergeblichen Wiederbelebungsversuchen mittels eines Defibrillators. Eine Autopsie nach Shipmans Festnahme ergab eine tödliche Dosis Morphium.

**10.) Norah N., 64 Jahre alt (26. Januar 1998)**

Norah N. war extrem übergewichtig und litt unter Rheuma. Kurz vor ihrem Tod hatte sie sich eine Erkältung eingefangen, deretwegen sie am Vormittag des 26. Januar ihren Arzt Dr. Shipman aufsuchte. Ihrem Sohn gegenüber erwähnte sie, der Doktor habe ihr Medikamente verschrieben und Ruhe verordnet. Sie erwähnte jedoch keinen geplanten Hausbesuch. Als der Sohn gegen 15.30 Uhr wieder bei seiner Mutter hereinschauen wollte, sah er Shipman das Haus verlassen. Der Arzt gab an, Mrs. N. gehe es sehr schlecht, er habe einen Krankenwagen gerufen. Der Sohn stürzte daraufhin ins Haus und fand seine Mutter zusammengesunken in einem Sessel sitzend. Der Arzt hinter ihm erklärte, sie sei »gegangen«. Als Todesursache nannte er Herzversagen aufgrund eines Herzfehlers. Der Schwester der Toten gegenüber behauptete er, Norah N. habe ihn angerufen und um einen Hausbesuch gebeten. Die Erkältung sei in Wahrheit eine schwere Bronchitis gewesen. Mrs. N. wurde eingeäschert. Verdächtig ist, dass von ihrem

Anschluss weder in Shipmans Praxis noch beim Rettungsdienst angerufen wurde. Auch war Shipman kurz vor ihrem Tod mit seiner Patientin allein und unternahm keinerlei Wiederbelebungsversuche.

**11.) Pamela H., 68 Jahre alt (9. Februar 1998)**

Mrs. H. war sehr aktiv und litt lediglich unter hohem Blutdruck. Einige Tage vor ihrem Tod klagte sie über Knieschmerzen, weshalb Dr. Shipman sie am 9. Februar aufsuchen sollte. Ihre Tochter, mit der sie bis 13.00 Uhr den Vormittag verbracht hatte, bemerkte nichts auffälliges an ihr. Gegen 14.00 Uhr muss dann Shipman gekommen sein. Als die Tochter am Nachmittag ihre Mutter telefonisch nicht erreichen konnte, bat sie einen Nachbarn, mit seinem Ersatzschlüssel die Tür zu öffnen und in der Wohnung nachzusehen. Er fand Pamela H. tot auf dem Fußboden im Schlafzimmer liegend, versuchte noch Mund-zu-Mund-Beatmung und rief dann einen Rettungswagen. Die Sanitäter benachrichtigten Shipman, der nach einem kurzen Blick auf die Tote als Todesursache einen Schlaganfall feststellte. Den Notärzten erklärte er, die Polizei müsse nicht gerufen werden, da er als zuständiger Hausarzt einwandfrei einen natürlichen Tod bescheinige. Der Tochter riet er von einer Autopsie als unnötig ab. Obwohl keine Morphiumrückstände gefunden wurden, lassen insbesondere nachträglich in Mrs. H.s Krankengeschichte vorgenommene Eintragungen, die einen Schlaganfall wahrscheinlich erscheinen lassen sollten, den Verdacht aufkommen, dass auch diese Patientin von Shipman umgebracht wurde.

**12.) Maureen W., 57 Jahre alt (18. Februar 1998)**

Maureen W. hatte gerade eine Brustkrebserkrankung überstanden, wollte umziehen und am 1. März zu einer Karibikkreuzfahrt aufbrechen. Am Tag ihres Todes suchte sie deshalb ihren Arzt Dr. Shipman auf, um sich eine größere Menge ihres Krebsmedikaments verschreiben zu lassen. Gegen 15.30 Uhr am selben Tag stand der Arzt plötzlich vor der Pförtnerin ihrer Wohnanlage und teilte der verdutzten Frau mit, dass Miss W. gerade an einem Gehirntumor gestorben sei. Die Pförtnerin ging daraufhin in Maureen W.s Wohnung und fand die Frau friedlich auf dem Bett liegend. In der Küche sah es so aus, als habe Miss W. gerade ihre

Katze füttern wollen. Da die Pförtnerin das Kommen des Doktors nicht bemerkt hatte, erklärte ihr dieser, Miss W. habe ihn angerufen, da sie sich nicht wohlgefühlt habe, und dann die Tür angelehnt gelassen, damit er hereinkönne.

Shipman gab später zahlreiche weitere Versionen zur Erklärung seiner Anwesenheit in der Wohnung von Miss W. ab. Seiner Sprechstundenhilfe erzählte er, zufällig an Miss W.s Haus vorbeigekommen zu sein, als er dort einen Krankenwagen stehen gesehen habe. Auf Nachfrage wäre ihm erklärt worden, die Frau sei gerade plötzlich an Krebs gestorben. Am nächsten Tag behauptete Shipman, er wäre bei Miss W. vorbeigefahren, um ihr einen Termin zu geben, hätte sie tot aufgefunden und die Sanitäter gerufen.

Als Todesursache diagnostizierte Shipman eine Krebserkrankung, die sich bereits so stark im Körper verbreitet hätte, dass nicht mehr festzustellen gewesen wäre, welches Organversagen zum Tod geführt habe. An einem solchen Krebs stirbt man jedoch nicht plötzlich. Zudem war Maureen W. kräftig und aktiv, was mit einem solchen Leiden unvereinbar ist. Laut Shipman soll sie jedoch seit mindestens acht Wochen schwer krank gewesen sein. Skandalös ist in diesem Fall, dass die zweite Ärztin, die das Kremationsformular unterschreiben musste, Shipman blind vertraute. Hätte sie eine eingehendere Leichenschau vorgenommen oder nur kurz bei Nachbarn angefragt, hätte ihr klar werden müssen, dass die von Shipman in diesem Fall genannte Todesursache vollkommen unglaubwürdig war. Doch nichts dergleichen wurde unternommen. Shipman fälschte außerdem nachträglich die Krankengeschichte, um einen Krebstod wahrscheinlich zu machen.

**13.) Winifred M., 73 Jahre alt (11. Mai 1998)**

Mrs. M. war eine rüstige ältere Dame, die gerne mit ihren Enkeln Fußball spielte und gerade eine Reise ins Heilige Land gebucht hatte. Am Tag ihres Todes meldete sie sich jedoch in der Schule krank, in der sie ehernamtlich aushalf, erwähnte gegenüber Freundinnen am Telefon jedoch nur eine leichte Erkältung und ging sogar noch einkaufen. Gegen 15.00 Uhr sahen Nachbarn das Auto von Dr. Shipman vor ihrem Haus parken. Gegen 18.30 Uhr meldete er sich bei den Nachbarn und bat sie, die Haustür von Mrs. M. zu öffnen, da sie sich nicht wohl gefühlt habe. Beim

Betreten des Hauses fanden sie Winifred M. tot in ihrem Sessel sitzen. Den benachrichtigten Töchtern erklärte Dr. Shipman, ihre Mutter habe bereits seit einiger Zeit unter einer Angina gelitten, jedoch jede Behandlung verweigert. Als Todesursache nannte er die Verstopfung der Herzkranzgefäße.

Dies alles erschien den Töchtern seltsam. Ihre Mutter hatte nie eine ernste Krankheit erwähnt und hätte sich niemals den Anordnungen ihres Arztes widersetzt, auf den sie große Stücke hielt. Nach Shipmans Verhaftung angestrengte Nachforschungen ergaben, dass Mrs. M. an ihrem Todestag nicht mit Shipman telefoniert hatte, weshalb unklar ist, warum er sie am frühen Nachmittag aufsuchte. Dafür ergab eine Autopsie die Injektion einer tödlichen Dosis Morphium. Am Nachmittag gegen 16.00 Uhr des Todestages waren zudem am Computer in Shipmans Praxis Änderungen in Mrs. M.s Krankengeschichte vorgenommen worden, die eine Herzerkrankung belegen sollten.

**14.) Joan M., 73 Jahre alt (12. Juni 1998)**

Mrs. M. fühlte sich an den Tagen vor ihrem Tod nicht wohl und klagte über Husten. Am Morgen des 12. Juni suchte sie daher Shipmans Praxis auf. Er verschrieb ihr ein Antibiotikum und schickte sie nach Hause. Einem Freund gegenüber gab sie an, der Doktor habe eine Lungenentzündung diagnostiziert, und der Mann wunderte sich, warum sie dann nicht ins Krankenhaus eingeliefert worden sei. Er versprach, nachmittags nach ihr zu sehen. Als er gegen 17.45 Uhr eintraf, fand er Mrs. M. tot im Sessel sitzen. Die Leiche war bereits kalt. Er alarmierte Dr. Shipman, der bei seinem Eintreffen als Todesursache Lungenentzündung feststellte. Am nächsten Tag erklärte der Arzt der Nichte der Toten, Joan M. habe bereits bei ihrem Termin am Morgen einen sehr schlechten Eindruck gemacht. Er habe sie nach Hause geschickt und mit ihrem Tod gerechnet. Den Transport ins Krankenhaus hätte sie nicht überlebt.

Wann Shipman die Frau ermordet hat, ist jedoch unklar. Nach einer Exhumierung fanden sich zwar Reste einer tödlichen Dosis Morphium, doch einen Besuch Shipmans bei seiner Patientin hat niemand bemerkt. Allerdings hatte er auch in diesem Fall die Krankengeschichte nachträglich abgeändert, um eine tödlich verlaufene Atemwegserkrankung glaubhaft zu machen. Die Autopsie ergab jedoch lediglich Anzeichen einer leichten Infektion, die mit dem verschriebenen Antibiotikum gut hätte behandelt werden können.

All diesen Frauen injizierte er eine tödliche Dosis Diamorphin. Die Taten ereigneten sich alle zwischen 1995 und 1998, doch bereits zum Zeitpunkt ihrer Aufdeckung glaubte niemand, dass der Doktor erst Mitte der 1990er Jahre mit dem Töten begonnen hatte. Dennoch kamen nur diese 15 Tötungsdelikte zur Anklage, als Shipman zwischen dem 8. Oktober 1999 und dem 31. Januar 2000 der Mordprozess gemacht wurde.

Während der Verhandlung bestand die Verteidigungsstrategie des Angeklagten weiterhin darin, alle gegen ihn erhobenen Vorwürfe abzustreiten. Dadurch zwang er die Anklage, alle 15 Fälle detailliert aufzurollen und den Verwandten der Opfer zuzumuten, diesen Ausführungen lauschen zu müssen. Dabei zeigte Shipman nicht ein bisschen Mitgefühl für die Angehörigen seiner toten Patientinnen, die er teilweise gut kannte. Überhaupt erschien Shipman während des ganzen Prozesses als kalt, arrogant und unnahbar. Wiederholt fuhr er seiner eigenen Anwältin über den Mund und gebärdete sich auch ansonsten in keiner Weise schuldbewusst, sondern beinahe unerträglich dominant und selbstherrlich. Andererseits versuchte er den Eindruck zu erwecken, dass einzige bemitleidenswerte Opfer der ganzen Affäre sei er selbst.

Am 31. Januar 2000 sprach ihn die Jury in allen 15 angeklagten Fällen des Mordes schuldig. Der Richter verhängte für jede Tat eine lebenslange Freiheitsstrafe. Da nun die Vorsitzenden in Strafprozessen aufgefordert waren, dem Innenministerium gegenüber Empfehlungen zum Strafmaß abzugeben, äußerte der Richter seine Auffassung, dass, da Shipmans Taten so außergewöhnlich abscheulich seien, in seinem Fall lebenslang wirklich auch lebenslang bedeuten müsse. Er bezeichnete die Morde an kranken Frauen, die ihrem Arzt vertraut hatten, welcher ihre Hilflosigkeit schamlos ausgenutzt hatte, als unbeschreiblich böse und hinterhältig.

Welch ungeheures Ausmaß Shipmans Mordserie annehmen sollte, erkannte die Öffentlichkeit erst langsam. Ermittler und Anklage waren sich bewusst gewesen, dass sie Shipman nur einen Bruchteil der von ihm begangenen Morde gerichtsfest würden nachweisen können. Nach Ende der Verhandlung sickerten nun nach und nach immer höhere Opferzahlen durch. Diese Gerüchte und Ungewissheiten führten dann schließlich zur Einsetzung der Untersuchungskommission im Jahre 2001, die keine Beweise für weitere Anklagen finden, sondern lediglich alle im Zusammenhang mit Shipmans Tätigkeit als Arzt dokumentierten Todesfälle untersuchen und die Wahrscheinlichkeit von Fremdeinwirkung feststellen sollte. Dabei zeigte sich, dass Shipmans erste Tötungen Männer betroffen hatten, was die These von der Rache an den älteren Damen zunächst auszuhebeln schien. Bei der Betrachtung der Entwicklung der Mordserie entsteht der Eindruck, Shipman habe zunächst, wie viele Patientenmörder, besonders lästige Kranke aus dem Weg geräumt. Dann scheint er, zur Rechtfertigung der Taten vor sich selbst, in seiner Meinung nach aussichtslosen Fällen getötet zu haben, in denen für die Kranken keine Aussicht auf Genesung mehr bestand. So konnte er sich als Wohltäter fühlen, der zwar gesetzlich illegale, menschlich jedoch sehr wohl akzeptable Sterbehilfe praktizierte. Damit stand und steht Shipman unter seinen Kollegen nicht allein da. Wann bei ihm jedoch der fatale Mechanismus einsetzte, der zur reihenweisen Ermordung älterer Patientinnen führte, ist unklar. Hier manifestiert sich Shipmans zunehmender Kontrollverlust, u. U. dadurch begünstigt, dass ihm das Töten über Jahre hinweg fast schon zur Routine geworden war. Doch niemand bemerkte etwas von diesen Taten, oder wollte etwas bemerken.

Daher empfahl die Kommission in ihrem Abschlussbericht 2005 zahlreiche Verbesserungen als Lehren aus dem Fall Shipman. So muss die Überwachung gerade allein und nicht in Praxisgemeinschaften tätiger Ärzte verstärkt werden. Die Qualität der Leichenschau muss verbessert werden. Die gegenseitige Kontrolle der Ärzte beim Ausstellen von Totenscheinen und Kremationserlaubnissen muss verfeinert werden. Die Verschreibung und der Einsatz potenziell tödlicher Medikamente muss besser reguliert werden.

Shipmans Mordserie war nur möglich, weil zahlreiche offizielle Kontrollstellen versagt haben. Die Polizei nahm im März 1998 die gegen den Arzt erhobenen Vorwürfe nicht ernst - so konnte Shipman noch drei weitere Morde begehen. Das General Medical Council, das im Auftrag der Regierung die Zulassung von Ärzten überwacht, hat keine Anstalten unternommen, den wegen Drogenvergehen vorbestraften Doktor weiterhin im Auge zu behalten. Kollegen und Leichenbeschauer haben zu leichtsinnig und vertrauensselig den Angaben Shipmans geglaubt. Der geringste Vorwurf ist sicher den Angehörigen zumachen, die den Angaben des Arztes - einer fachkundigen Respektsperson - glaubten, auch wenn sie sich teilweise sehr über das plötzliche Eintreten des Todes wunderten. Niemand von ihnen wollte unnötigen Ärger provozieren oder durch eine ungerechtfertigte Autopsie Umstände verursachen.

Neben Kritik an offiziellen Stellen musste sich die britische Öffentlichkeit jedoch auch nach ihrem generellen Umgang mit alten Menschen fragen lassen. Dass in keinem Fall bei Shipmans ermordeten Patientinnen Fremdeinwirkung festgestellt wurde, wirft nicht nur ein schlechtes Licht auf die Qualität der Leichenschau; diese ist auch nur Ausdruck einer weit verbreiteten Geringschätzung alter Menschen. Da bei ihnen eher mit dem Tod gerechnet werden muss, sie meist keine produktiven Mitglieder der Gesellschaft mehr sind und ihr Leben bereits gelebt haben, wird bei Senioren oft weniger gründlich nachgeforscht als beim Tod jüngerer Menschen - sie gelten einfach als weniger wichtig und damit auch als weniger wert. Auch mit dieser bitteren Wahrheit konfrontierte der Fall Shipman die englische Bevölkerung.

Daneben erschütterte der mörderische Doktor das Vertrauen der Engländer in ihre Ärzte zutiefst. Ihr Gesundheitssystem, der National Health Service, das steuerfinanziert eine Basiskrankenversorgung für jedermann zusichert, ist immer noch - trotz Finanzschwierigkeiten, überbordender Bürokratie und langen Wartezeiten - eine der sozialen Errungenschaften des 20. Jahrhunderts, auf die die Briten besonders stolz sind. Nun hatte ein Angehöriger dieses angesehenen Systems entsetzlich versagt und drohte, einen ganzen Berufsstand in den Abgrund zu ziehen.

Allein praktizierende Ärzte verloren immer mehr Patienten, das Vertrauen in die Zunft schwand mit jedem nach Shipman neu aufgedeckten Ärzte-Skandal mehr und mehr dahin. Auch diesem Trend sollte durch die Bemühungen um eine ernsthafte Aufarbeitung des Falles Shipman ab 2001 entgegengewirkt werden.

Harold Shipman selbst entzog sich einer weiteren Auseinandersetzung mit seinen Taten. Er erhängte sich am 13. Januar 2004, nachdem ihm mitgeteilt worden war, dass er seine Strafe wirklich bis zu seinem Tode würde verbüßen müssen. Die meisten Hinterbliebenen empfanden dies als erneuten Schlag ins Gesicht, da sie nun niemals mehr Aufklärung über Shipmans Motive und die wahre Zahl seiner Opfer würden erhalten können. Ihnen bleibt als Ort der Trauer und des Gedenkens lediglich ein 2005 in Hyde eingeweihter Garten der Erinnerung.

## Epilog: Die Erben Jack the Rippers

Was hat uns nun die Betrachtung eines Jahrhunderts britischer Kriminalgeschichte(n) gezeigt? Zunächst einmal sind viele der hier beschriebenen Taten auch in Deutschland vorstellbar, besonders Gattenmorde stellen in Zeiten mit eingeschränktem Scheidungsrecht ein universales Delikt dar. Allerdings war Großbritannien hier mit seinen Reformen und der Verabschiedung eines liberaleren Familienrechts - verglichen mit Deutschland - relativ spät dran. Das gleiche gilt für die Abschaffung der Todesstrafe, die in Westdeutschland mit der Annahme des Grundgesetzes erfolgte, in England jedoch erst 20 Jahre später ausgesetzt wurde. Wenn eine Gesellschaft also wirklich - wie Dostojewski fordert - danach zu beurteilen ist, wie sie mit ihren Kriminellen umgeht, können hier in der Nachkriegszeit für England gegenüber Deutschland durchaus Defizite erkannt werden. Wie auch englische Kritiker anmerkten, kann die lange Beibehaltung zumindest der Option der Todesstrafe durchaus auf ein starkes Rachebedürfnis verweisen, das eigentlich im Widerspruch zu einem aufgeklärten modernen Staat stehen sollte.

Inwieweit das sehr unterschiedliche Rechtssystem Auswirkungen auf die Strafen der Mörder hatte, ist unklar. Die Annahme, eine Jury urteile menschlicher und milder als ein Berufsrichter, konnte jedoch beispielsweise mit dem Fall Edith Thompson widerlegt werden. Zwölf Geschworene schützen ein Rechtssystem auch nicht besser als ein einzelner Jurist davor, zeitgenössische Vorurteile und Moralvorstellungen zur Basis von Strafurteilen zu machen. Vielleicht sind in England Strafverfahren transparenter, weil sie nicht so sehr auf rechtlichen Kategorien und Definitionen, sondern eher auf dem gesunden Menschenverstand zu fußen scheinen, allerdings öffnet dies dem Spiel mit Gefühlen und Vermutungen anstelle harter Fakten und Beweise Tür und Tor, wie der Fall Rosemary West gezeigt hat, deren Verurteilung nach deutschem Recht ausgesprochen fraglich gewesen wäre.

Aber wäre ein Freispruch in ihrem Fall wirklich wünschenswert gewesen?

Die Auseinandersetzung um das jeweilige Strafmaß ist uns auch aus Deutschland bekannt, mit dem Unterschied, dass hierzulande bereits mit der Urteilsverkündung durch Feststellung oder Verneinung einer besonderen Schwere der Schuld die Haftlänge ungefähr absehbar ist und ein wirkliches Lebenslänglich seit den 1970ern nicht mehr existiert; wohingegen in England das Strafmaß erst während der Haft festgelegt wird und die Verbüßung in besonders schweren Fällen zumindest momentan noch bis zum Tode des Gefangenen dauern kann.

Ein großer Unterschied bei der Betrachtung deutscher und englischer Kriminalgeschichte ist jedoch, dass England, im Gegensatz zu Deutschland, keinen Bruch im 20. Jahrhundert verkraften musste. Ein verbrecherisches System wie der Nationalsozialismus konnte im Mutterland der europäischen Demokratie - das immer noch eine konstitutionelle Monarchie ist - trotz starker konservativer Traditionen und ethnischer Spannungen nicht Fuß fassen. Zwar war England in zwei Weltkriege verwickelt, brach diese jedoch nicht vom Zaun. Somit ist der britische Nationalstolz - ungeachtet der kolonialen Vergangenheit - fast ungetrübt, die Identifizierung der Briten mit ihrer Insel sehr stark (was sich besonders in ihrer Skepsis gegenüber der EU zeigt). Andererseits ist dieses Verhältnis nicht blind und unkritisch, Versäumnisse werden sehr wohl wahrgenommen und thematisiert, allerdings meist höflicher und indirekter als bei uns. Doch kein menschenverachtendes Justizsystem wurde hier implementiert, die Todesstrafe nicht mehr als ohnehin üblich angewandt. Dies mag jedoch auch Reformen im Strafrecht verzögert haben. In Deutschland erfolgte aufgrund der schrecklichen Erfahrungen mit dem Nationalsozialismus ein zügigerer Umbau der Justiz als in England, wo Traditionen noch bis in die 1960er Jahre weiter wirken konnten.

Eine weitere Besonderheit sind die vielen Serientäter, die England im 20. Jahrhundert hervorgebracht hat, und besonders die Mörderpaare bestehend aus einem Mann und einer Frau. Wenn in Deutschland zu Beginn des 20. Jahrhunderts zahlreiche spektakuläre Mordserien auftraten - beispielsweise Fritz Haarmann und

Peter Kürten zur Zeit der Weimarer Republik – kamen diese in der zweiten Hälfte jedoch nur noch relativ selten vor. In England ist dies anders, dort scheint die Welle brutaler Serienmorde – nach einigen frühen Fällen wie dem viel beschworenen Jack the Ripper oder Dr. Thomas Neill Cream (1881–1892) zum Ende des 19. Jahrhunderts – erst nach dem Zweiten Weltkrieg hereinzubrechen. Neben den hier erwähnten Taten kann beispielsweise auf »Jack the Stripper« verwiesen werden, der 1964–65 in London sechs Prostituierte ermordete, deren nackte Leichen dem Killer seinen Namen eintrugen, denn er wurde – ähnlich wie sein Namenspatron 1888 – nie gefasst, auch wenn in letzter Zeit wieder Spekulationen über seine Identität aufgekommen sind und der Name des Mörders der Polizei damals angeblich bekannt war. Als aktuelles Beispiel mag der so genannte Ipswich-Ripper dienen, der Ende 2006 Frauen in Ostengland in Angst und Schrecken versetzte.

An der Vielzahl britischer Serienmörder mag einmal die sensationslüsterne englische Boulevardpresse schuld sein, die solchen Taten ungeheuer große Aufmerksamkeit zollte und die daher stärker ins Bewusstsein drängen. Eine andere Theorie besagt, dass die schlechte Wirtschaftslage, die ungerechte Klassengesellschaft und die allgemeine Ungleichheit der Chancen, z. B. im Bildungswesen, Ursachen der großen Zahl von Serienmorden nach 1945 sein könnten. Sicher können diese Erklärungsmuster auf die Moor-Mörder oder den »Yorkshire Ripper« angewendet werden, die in Zeiten und Gegenden großer wirtschaftlicher Depression töteten. Auch die Wests in Gloucester oder Harold Shipman in Hyde lebten weit entfernt von der Glitzerwelt des neuen England – sowohl geographisch als auch milieubedingt. Allerdings erklärt dieser Ansatz nicht, warum zu Zeiten ebenso großer, wenn nicht noch schlimmerer Nöte und Klassengegensätze wie in den 1920er und 1930er Jahren Serienmorde in England recht selten waren.

Auch das Phänomen der (mit)mordenden Frau wie im Fall Myra Hindley oder Rosemary West ist noch nicht aufgeschlüsselt worden. Einige Experten sehen in den Frauen die wahren Anstifterinnen der Taten, andere halten sie lediglich für willig gemachte Mitläuferinnen, die gänzlich von den männlichen Tätern abhängig waren. In diesen Erklärungsansätzen manifestiert sich jedoch eher das Frauenbild der jeweiligen Autoren - meist sind es Männer - sie liefern wenig Aufschluss über die inneren Motive der Täterinnen. Die Strafprozesse gegen Hindley und West und Gespräche mit ihnen haben zur Aufklärung der Gemengelage ebenfalls nicht wirklich beitragen können. Alles, was sich dabei zeigte, war die geschickte manipulative Art dieser Mörderinnen. Sie und ihre brutalen Morde bleiben ein Rätsel.

## Literatur- und Quellenangaben


### 1. Mörderisches Albion

Christoph von Bernstorff: Einführung in das englische Recht. Beck, 3. Auflage, München 2006.

### 2. Edith Thompson, die »Messalina von Ilford«

René Weis: Criminal Justice. The True Story of Edith Thompson, Hamilton, London 1988.

Außerdem befindet sich ein umfangreicher Bestand zu dem Fall im National Archive London (Schriftwechsel, Presseausschnitte, Zeugenaussagen), wobei einige Akten erst 2005 zugänglich wurden:

CRIM 1/206/5
HO 144/2685
J 121/7775
PCOM 8/436, 8/22, 9/1983

### 3. Mord in der Villa Madeira: Alma Rattenbury (1935)

Frank Jones: Murderous Women. True Tales of Women who Killed, Headline, London 1991.

Im National Archive London findet sich ein Ordner zu den Vorgänge (CRIM 1/778 Rattenbury/Stoner), der die polizeilichen Zeugenaussagen sowie einige Briefe, die Alma Rattenbury im Gefängnis schrieb, enthält.

### 4. The Last to Hang: Ruth Ellis

Frank Jones: Murderous Women. True Tales of Women who Killed, Headline, London 1991.

Im National Archive London befindet sich ein umfangreicher Aktenbestand zu dem Fall, der Polizeiberichte, Tatortfotos, Zeugenaussagen und Schriftwechsel umfasst:

CRIM 1/2582
DPP 2/2430/1, 2/2430/2
HO 291/235, 291/236, 291/237, 291/238
MEPO 26/145
PCOM 9/2084

**5. »Moor Murderers«: Myra Hindley und Ian Brady**

Frank Jones: Murderous Women. True Tales of Women who Killed, Headline, London 1991.

Deborah Cameron/Elizabeth Frazer: Lust am Töten. Eine feministische Analyse von Sexualmorden, aus d. Engl. von Margarete Längsfeld, Fischer Taschenbuch, Frankfurt/M. 1993.

Im National Archive London befindet sich umfangreiches Aktenmaterial zu dem Fall, das jedoch nur unter Aufsicht zugänglich ist. Es enthält Verhandlungsprotokolle, Abschriften von Zeugenaussagen und Fotos. Innerhalb dieser Akten unterliegen große Teile noch einer Sperrfrist bis 2067:

ASSI 84/425, 84/426, 84/427, 84/428, 84/429, 84/430, 84/431

JA 2/3 ist noch für 91 Jahre gesperrt.

DPP 2/5366 enthält Material zum Ausbruchsversuch Hindleys 1974.

Ein ausführliches Pressearchiv zu dem Fall bietet http://www.bernardomahoney.com/keithbennett/main.shtml, eingerichtet von Angehörigen des bisher nicht gefundenen Opfers Keith B.

**6. Peter Sutcliffe, der »Yorkshire Ripper«**

Nicole Ward-Jouve: Ein Mann namens Zapolski: Der Yorkshire Ripper. Aus d. Franz. von Simon Werle u. Evelyn Schels, Neue Kritik, Frankfurt/M. 1983.

http://www.execulink.com/~kbrannen/ bietet umfangreiches Material zu dem Fall (u. a. Polizeiberichte, Aussagen, die Ripper-Briefe, Phantombilder, Presseausschnitte).

**7. Dennis Nilsen: Killing for Company**

Brian Masters: Leblose Liebhaber. Die Morde des Dennis Nilsen, aus d. Engl. von Christoph Schuenke, Rowohlt, Reinbek bei Hamburg 1994.

**8. »House of Horrors«: Fred und Rosemary West**

Brian Masters: She Must Have Known. The Trial of Rosemary West, Doubleday, London 1996.

**9. Thomas Hamilton: Das Massaker von Dunblane**

The Hon. Lord Cullen: The Public Inquiry into the Shootings at Dunblane Primary School on 13 March 1996 (fertiggestellt am 16. Oktober 1996), online benutzbar unter http://www.archive.official-documents.co.uk/document/scottish/dunblane/dunblane.htm.

**10. »Dr. Death«: Harold Shipman**

The Shipman Inquiry. Independent Public Inquiry into the Issues Arising from the Case of Harold Fredrick Shipman, Chairman Dame Janet Smith DBE, online benutzbar unter http://www.the-shipman-inquiry.org.uk.